DE LA

CONDITION JURIDIQUE

DES

SOCIÉTÉS COMMERCIALES ÉTRANGÈRES

EN FRANCE

PAR

Louis DROUIN

DOCTEUR EN DROIT

AVOCAT A LA COUR D'APPEL

PARIS

LIBRAIRIE NOUVELLE DE DROIT ET DE JURISPRUDENCE

ARTHUR ROUSSEAU

EDITEUR

14, rue Soufflot et rue Toullier, 13

—

1898

DE LA

CONDITION JURIDIQUE

DES

SOCIÉTÉS COMMERCIALES ÉTRANGÈRES

EN FRANCE

DE LA
CONDITION JURIDIQUE
DES
SOCIÉTÉS COMMERCIALES ÉTRANGÈRES
EN FRANCE

PAR

Louis DROUIN

DOCTEUR EN DROIT

AVOCAT A LA COUR D'APPEL

PARIS
LIBRAIRIE NOUVELLE DE DROIT ET DE JURISPRUDENCE
ARTHUR ROUSSEAU
ÉDITEUR
14, rue Soufflot et rue Toullier, 13

1898

BIBLIOGRAPHIE.

Nous n'indiquons ici que les ouvrages et articles généraux : les ouvrages et articles spéciaux sont cités au fur et à mesure que nous étudions les matières dont ils traitent.

Annales de Droit commercial et industriel, *français, étranger et international,* 1886-1897.

Annuaire des valeurs admises à la cote officielle de la Bourse de Paris. Paris, 1894. (*Publié par la Chambre syndicale des agents de change*).

Arthuys. Observations sur la condition faite aux sociétés étrangères en France, d'après le projet de loi voté par le Sénat. *Revue critique*, 1889, p. 582 et suiv.

Asser et Rivier. Eléments de droit international privé ou du conflit des lois. Paris, 1884.

Badon-Pascal. Condition légale des sociétés étrangères en France. *Revue de la Finance*, 25 septembre et 16 octobre 1880.

Bard. Précis de droit international pénal et privé, in-8, 1883.

Beauchet. Condition légale des sociétés étrangères en France. *Gazette du Palais*, 29 mai, 6 et 25 juin, 10 juillet 1886.

Bozérian. De la condition des sociétés étrangères en France relativement à l'exercice de leurs droits. *La propriété industrielle*, 12 février, 12 mars, 16 avril et 7 mai 1863.

Bozérian. Société constituée à l'étranger, inapplicabilité de la loi de 1867, *le Droit financier*, 20 janvier 1889.

Bravard, Veyrières et **Demangeat.** Traité de Droit commercial. 2e édit. 1888-1892, 6 vol. in-8.

Brocher. Cours de droit international privé, t. Ier, 1882.

Buchère. De la condition des sociétés étrangères en France dans le projet de loi sur les sociétés par actions. *Journ. de Dr. int. priv.*, 1883, p. 79.

Castier. Condition légale des sociétés étrangères en France et dans les pays voisins. Douai, 1884. (Thèse de doctorat).

Chervet. Les sociétés commerciales en Droit international privé. Paris, 1886. (Thèse de doctorat).

Compte rendu sténographique des séances du congrès international des sociétés par actions, tenu à Paris en 1889. Paris, 1890.

Coste. De la condition légale en France des sociétés anonymes étrangères, spécialement des sociétés italiennes depuis la loi du 24 juillet 1867. *Loi* des 9 et 11 juin 1887.

De Courcy. Les sociétés étrangères d'assurances sur la vie. *Revue critique*, 1883, p. 118.

Dalloz. Répertoire Alphabétique. Supplément. V° *Sociétés*, n° 2260 et suiv.

Decourdemanche. Manuel des valeurs cotées hors parquet. Paris, 1893.

Deloison (Georges). Traité des Sociétés commerciales, françaises et étrangères, 1881, 2 vol.

Fiore. Le droit international privé ; trad. Ch. Antoine, 2e édition, t. I. n°s 302 à 322.

Fœlix et Demangeat. Traité de droit international privé. 4e édit. 1866, 2 vol.

Grandperret. Condition juridique en France des Sociétés étrangères. Lyon. 1893. (Thèse de doctorat).

Houpin. Traité théorique et pratique des Sociétés par actions françaises et étrangères. Paris, 1889, 2 vol.

Jobit (M.). Régime fiscal des valeurs mobilières étrangères, 1893. Supplément paru en 1896.

Journal du Droit international privé, 1880 à 1896.

Journal des Sociétés civiles et commerciales, 1880 à 1896.

Laurent Principes de Droit civil international, t. IV.

Lescœur. Essai historique et critique sur la législation des Sociétés commerciales en France et à l'étranger. Paris, 1877.

Lyon-Caen. De la condition légale des Sociétés étrangères en France. Paris, 1870.

Lyon-Caen. Des divers systèmes législatifs concernant la condition légale des Sociétés étrangères par actions et des réformes à apporter à la législation française. *J. du Dr. int. priv.*, 1885, p. 265.

Lyon-Caen et Renault. Traité de droit commercial, t. 2, 1892.

Méplain. Condition juridique des Sociétés étrangères en France. Paris, 1897. (Thèse de doctorat).

Moutier. Du droit pour les sociétés commerciales étrangères d'ester en justice en France. *Journ. du Dr. int. priv.*, 1894, p. 954 et suiv.

Pineau. Les sociétés commerciales en droit international privé. Bordeaux, 1893. (Thèse de doctorat).

Pipi. Condition légale des sociétés étrangères en France. Paris. 1884. (Thèse de doctorat)

Pont (Paul) Traité des Sociétés civiles et commerciales, t. 2.

Revue des Sociétés, par Vavasseur, 1883-1896.

Rollin (Albéric). Principes de Droit international privé, 1897, t. I.

Rousseau (Rodolphe). Des Sociétés commerciales, françaises et étrangères 2 vol., 1878.

Rousseau (Rodolphe). Questions nouvelles sur les sociétés commerciales, 1882.

Ruben de Couder. Dictionnaire de Droit commercial. V° *Sociétés Etrangères*.

Surville et Arthuys. Cours élémentaire de Droit international privé, 1895. 2e édition.

Thaller. Traité élémentaire de droit commercial. Paris, 1898.

The Stock Exchange year Book and Diary containing a digest of information relating to the joint-Stock Companies and public securities. Edited by Thomas Skinner. London. 8 vol. in-8, 1875 à 1883.

Travaux préparatoires de la loi du 30 mai 1857. D. 1857, IV, p. 75.

Vavasseur. Traité des sociétés civiles et Commerciales 2 vol. 1897.

— Des Sociétés étrangères. Quels sont les droits que les sociétés anglaises limited et en général les sociétés étrangères peuvent exercer en France *Journal du droit international privé*, 1875, p. 5.

— Des Sociétés constituées à l'étranger et fonctionnant en France, *ibid* p. 345.

Vincent et Penaud. Dictionnaire de Droit international privé. Paris, 1887.

— Suppléments au dictionnaire, 1888 et 1889.

— Revue pratique de Droit international privé, 1890 à 1892.

Weiss. Traité élémentaire de droit international privé, 1890. 2e éd. Liv. I, ch III.

— Traité théorique et pratique de Droit international privé, t. 2, 1894, chap. IV.

— Manuel de Droit international privé, 1895.

Worms (Fernand). Bulletin bibliographique des traités ou articles publiés sur la situation légale des Sociétés françaises à l'étranger, et des Sociétés étrangères en France. Paris 1890.

X. De la condition juridique des Sociétés étrangères en France. *Gaz des Trib.*, 6 et 7 octobre 1888.

OBJET ET PLAN GÉNÉRAL DE L'OUVRAGE

1. Nous nous proposons, dans la présente étude, d'examiner la condition juridique appartenant aux sociétés étrangères qui font des opérations en France (1).

(1) La question est analogue à celle que tranche l'art. 4 du Code civil, lequel a pour objet de déterminer les droits des étrangers, personnes physiques: toutes deux, questions très délicates, quoique reposant sur des causes différentes de difficultés.

A vrai dire, lorsqu'il s'agit des individus, les hésitations de l'interprète, les contradictions de la jurisprudence derivent d'une source unique : l'obscurité de l'expression « droits civils », ce qui n'empêche pas d'ailleurs cette obscurité de planer sur tout le code.

Il est impossible de ramener à un seul point de départ les questions complexes qu'il va nous falloir résoudre : Evidemment, le caractère d'ordre public de la loi française sur les sociétés joue un grand rôle et la difficulté, bien des fois, se réduit à savoir si cette loi doit régir les sociétés étrangères, mais très souvent aussi, c'est pour d'autres raisons que l'interprète est embarrassé. Parfois, en l'absence de textes positifs, il se voit obligé de recourir à des principes qui, à l'époque où ils furent élaborés pour la première fois, ne se référaient dans la pensée de leurs auteurs qu'aux personnes physiques (personnalité de la loi, impossibilité de changer de nationalité par un effet spontané de sa propre volonté, etc.). D'autre part, lorsque ces textes existent, il arrive qu'ils ont vieilli et ne correspondent plus aux modes actuels de constitution des sociétés étrangères qu'ils ont pour effet d'habiliter, d'où obligation pour l'interprète de chercher à concilier une disposition surannée avec un régime légal nouveau (loi de 1857 parlant des sociétés autorisées par leurs gouvernements respectifs, tandis qu'à

Nous supposons qu'une société qui n'est pas française, qui a à l'étranger la plus grande partie de ses affaires, vient à passer des contrats avec des individus habitant notre pays, c'est-à-dire le plus souvent des Français : nous nous demandons alors dans quelle situation se trouvent ces derniers vis-à-vis d'elle, à quel tribunal ils doivent s'adresser pour obtenir justice, à quelle loi il leur faut se référer pour savoir si l'opération est valable, s'ils peuvent enfin faire mettre leur débitrice en faillite. Nous étudierons, ainsi qu'on le verra, un nombre de questions beaucoup plus grand, mais toutes ces questions se ramènent à celles que nous venons d'indiquer en quelques mots.

Afin de limiter notre sujet, nous nous sommes interdit toute étude des lois étrangères relatives à la constitution des sociétés. Nous supposons toujours que la société étrangère qui fonctionne en France est parfaitement en règle avec sa loi nationale. Autrement dit, cet ouvrage relève du droit international et non du droit comparé.

Dans le même but, nous avons restreint nos investigations en nous plaçant toujours au point de vue français (1) :

peu près partout l'autorisation gouvernementale a été supprimée). Enfin, le jurisconsulte doit veiller à prévenir la fraude : l'extrême diversité des lois des différents pays ayant pour objet l'organisation et le fonctionnemement des sociétés est, pour les fondateurs des dites sociétés ,une perpétuelle invite à recourir à la loi la plus douce en dépit du lieu où la future société doit vivre, invite dont ils profitent souvent aux dépens de ceux que leur loi nationale avait voulu protéger contre leur crédulité et leur inexpérience des affaires. Cette recherche de la fraude, en même temps que sa découverte, imposent au jurisconsulte une mission particulièrement délicate, etc.

(1) V. cependant nos 27, 47 et 48.

étudier la condition juridique des sociétés étrangères en Angleterre, en Allemagne, en Italie, etc., nous aurait entraîné très loin, outre qu'il eût été impossible d'être aussi complet que nous avons essayé de l'être pour la France.

Pour une raison analogue, nous nous sommes imposé de nous maintenir exclusivement sur le terrain juridique, préférant l'examen des controverses nombreuses que soulève l'application de la loi du 30 mai 1857 à la discussion des réformes dont cette loi a failli à plusieurs reprises être l'objet. Nous sommes le premier à reconnaître la nécessité de ces réformes, et si nous gardons le silence à leur égard, c'est seulement parce qu'aucun des nombreux projets de loi sur les sociétés dont les auteurs les plus compétents se sont attachés à faire l'éloge ou la critique comme s'ils allaient devenir le lendemain des lois véritables, aucun de ces projets, disons-nous, n'a abouti (1).

Voici en quelques mots le plan par nous suivi :

Après avoir discuté si en droit pur, abstraction faite de ce qu'ont pu décider à cet égard les lois françaises, les sociétés étrangères peuvent prétendre à l'existence en France, nous avons cherché à déterminer à quels signes on pouvait reconnaître leur nationalité. L'étude de cette question nous a paru devoir se placer en tête de notre ouvrage, car la nationalité, une fois connue, nous savons du même coup quelle loi a présidé à la constitution, quelle loi préside au fonctionnement de la société.

Dans le chapitre deuxième, nous passons à l'examen de la législation en vigueur en France, aux controverses multiples qu'engendre l'application de la loi du 30 mai 1857, fondamentale en la matière.

(1) La loi du 1er juillet 1893 est muette sur les sociétés étrangères.

Nous cherchons ensuite à faire le départ fidèle entre l'application de la loi française et celle de la loi étrangère à l'exercice des droits de la société qui nous occupe. Ainsi qu'on le verra, le droit d'ester en justice donne lieu, dans la pratique, à un grand nombre d'hypothèses délicates qu'il faut résoudre. La condition fiscale de la société, la situation du propriétaire de titres étrangers au porteur dépouillé de son bien complètent l'objet de ce troisième chapitre.

Nous passons enfin à l'examen des sociétés fonctionnant en France sans autorisation, réservant pour le dernier chapitre (v) la délicate question de la faillite.

Un court appendice est consacré à la condition juridique des sociétés étrangères d'assurances.

CHAPITRE I

DE L'EXISTENCE INTERNATIONALE ET DE LA NATIONALITÉ DES SOCIÉTÉS

SECTION Ire

LES SOCIÉTÉS ÉTRANGÈRES PEUVENT-ELLES, DÈS QU'ELLES SONT EN RÈGLE AVEC LEUR LOI NATIONALE, PRÉTENDRE A L'EXISTENCE JURIDIQUE EN FRANCE, ABSTRACTION FAITE DE CE QUE PEUVENT DÉCIDER A CE SUJET LES LOIS FRANÇAISES.

2. Du principe posé par Merlin ; solutions consacrées par la Jurisprudence et l'Administration durant la première moitié de ce siècle.
3, 4 et 5. Doctrine de M. Laurent.
6, 7, 8, 9 et 10. Critique de cette doctrine, théorie de M. Lainé.
11. Conclusion.

2. Cette question fait partie d'une autre, plus générale, qui se discute pour toutes les personnes civiles et qui, en jurisprudence aussi bien qu'en doctrine, fait actuellement l'objet de très graves controverses, tandis qu'à l'époque où le Code civil fut promulgué, sa solution ne paraissait pas douteuse. Merlin dit en effet : « Dès qu'un corps existe légitimement, dès qu'il est capable par état de contracter et d'acquérir, son existence et sa capacité doivent influer sur les biens, même situés hors de la sphère de la loi qui lui a donné l'une et l'autre (1). »

Aussi ne faut-il pas s'étonner que durant la première moitié de ce siècle, des sociétés étrangères aient opéré et même plaidé en France sans que nos tribunaux leur en aient jamais contesté le droit (2). Notre pays y trouvait intérêt puisqu'il servait ainsi de théâtre à un plus grand nombre d'opérations commerciales tout en restant protégé contre celles qui auraient porté atteinte à la morale ou à l'ordre public. L'administration était moins libérale : L'exemple de la Compagnie anglaise *Le Phénix* a été souvent rapporté (3). Comme c'était une société anonyme et qu'à cette époque (1820) l'article 37 du Code de commerce était en vigueur, l'Administration se fondant sur ledit article s'opposa à ce qu'elle s'établît chez nous, et pour justifier qu'elle n'agissait pas dans un but purement vexatoire

(1) MERLIN *Répertoire*. V° Mainmorte (Gens de) § VII, II.

Cette doctrine, formulée dès la première édition de cet ouvrage parue en 1775 se référait au droit en vigueur à cette époque ; mais il ne semble pas qu'aux yeux de Merlin le droit nouveau y ait rien changé puisque les additions faites postérieurement en vue de mettre le *Répertoire* en harmonie avec les lois nouvelles ne contiennent rien qui modifie le texte précité (*ibid.*, § VIII).

(2) Conf. trav. prép. de la loi du 30 mai 1857. D. 57, IV, p. 75. Elles semblaient protégées par l'art. 3, al. 3 du C. civ., ainsi conçu : « Les lois concernant l'état et la capacité des personnes régissent les Français, même résidant en pays étranger. »

Bien que ce texte ne parle que du Français à l'étranger, on considère généralement qu'il peut être invoqué par l'étranger en France ; il est, en effet, l'application du principe de la personnalité de la loi, consacré implicitement par le législateur, la proposition soumettant la personne de l'étranger à la loi française ayant été formellement repoussée. V. LOCRÉ, 1827, t. I, pp. 380, 399 et 400.

(3) V. D. *eod. loc.*, p. 76. Rapp. de M. BERTRAND.

elle indiquait elle-même le moyen de tourner sa prohibition : « Au lieu de fonctionner sous votre nom impersonnel de *Phénix*, disait-elle, ce qui est la caractéristique de la société anonyme, opérez sous une raison de commerce contenant le nom de vos associés ; il y aura alors de votre part une affaire de commerce ordinaire, pour laquelle il ne saurait être question d'exiger d'autorisation (1). »

3. Si l'on se reporte aux écrits des jurisconsultes de

(1) La société intéressée ne profita pas de ce détour : elle opéra ouvertement sous son nom de *Phénix*. L'Administration sévit contre elle en ordonnant l'enlèvement des plaques apposées dans ses bureaux. Par la suite, toutefois, l'Administration se montra moins rigoureuse et, comme la compagnie française d'*Assurances Générales*, vers 1833 se plaignait de l'établissement en France de sociétés belges non autorisées dans les termes de l'article 37, elle répondit qu' « il n'y avait pas de loi pénale applicable aux assureurs étrangers ». Or ce que demandait la compagnie française, c'était le renouvellement des mesures déjà prises à l'égard du *Phénix*. Quoiqu'il en soit, l'Administration resta insensible sans d'ailleurs pouvoir justifier son inaction par le désir d'éviter des mesures de représailles de la part du gouvernement belge, puisque celui-ci en 1834 exclut de Belgique les compagnies françaises qui s'y étaient établies. D'ailleurs elle ne paraissait pas avoir une idée très nette de l'étendue de ses pouvoirs. En 1836, au directeur d'une banque foncière de Bruxelles qui demandait à être autorisé à agir en France conformément à l'article 37, il fut répondu que la faculté de faire le commerce sous la forme anonyme était une dérogation si exorbitante au droit commun qu'il convenait d'en laisser le privilège aux Français. Malgré cette diversité des décisions, ne peut-on pas, abstraction faite des mesures prises en 1820, contre le *Phénix*, caractériser ainsi la manière d'agir de l'Administration : « S'opposer à l'établissement en France des sociétés étrangères, lorsqu'elles auront la naïveté de prévenir le gouvernement ; s'abstenir de les inquiéter lorsqu'en fait cet établissement aura eu lieu. »

la même époque, on voit que Fœlix adopte sans le discuter le principe de Merlin. En Belgique, au contraire, vers 1845, une doctrine nouvelle apparaît (1), dont M. Leclercq, procureur général près la Cour de Cassation de ce pays, à l'occasion d'un procès entre un Belge et une Société française établie en Belgique s'est fait le vigoureux champion et que M. Laurent a reprise et developpée. Elle se résume en ce principe : *Une personne morale n'a pas d'existence en dehors du pays où s'applique la loi qui lui a donné naissance.*

La faveur qui s'attache à cette doctrine, principalement en Belgique (2), nous fait un devoir de l'exposer assez longuement :

(1) V. Les articles de MM. Arntz, Bastiné et Bartels, avocats à Bruxelles dans la *Belgique judiciaire*, t. IV, n°° 104 et 105. V. aussi dans le même recueil, t. V, n° 11, la réponse de M. Hubert-Dolez avocat près la Cour de Cassation de Belgique.

Les tribunaux belges, dès 1844, rendirent quelques décisions contraires à la doctrine traditionnelle. V. D. 1847, III, p. 68. La Cour de Cassation ne se prononça dans le sens de ces tribunaux qu'en 1849 (8 février 1849, Pas. belge 49.1.221). En 1847, la même Cour, en dépit des conclusions de M. Leclercq, était restée fidèle à la doctrine de Merlin (22 juillet 1847. D. 47. II, 170.)

(2) Laurent *Princ. de Dr. civ. int.*, IV, n°° 100 et suiv.. 119 et suiv. *Princ. de Dr. civ.* I, n°° 299 et suiv., 306 et suiv., A. Rollin, *Pr. de Dr. int. priv.*, 1897, I, n° 27, p. 164, Cass. Belgique 8 fév. 1849 déjà cité. En France, dans le même sens, Weiss, traité, t. II, p. 396, Moreau, *J. de Dr. int. priv.*, 1892, p. 337. Cass 1er août 1860, D. 1860.1.444.

Toutefois, comme le fait remarquer M. Lainé (*J. de Dr. int. priv.*, 1893, p. 288), ces deux arrêts ne s'appuient pas principalement sur la doctrine de M. Laurent, mais sur l'interprétation qu'il convient de donner à l'article 37, C. com. V. la bibliographie complète relative à cette question. Vincent et Penaud, Dict. V° *Personnes civiles*, n°° 2, 3 et 4.

M. Laurent, se plaçant d'abord au point de vue interne, compare dans le pays même où elles sont nées une personne naturelle et une personne civile.

L'existence de l'une, dit cet auteur, vient de Dieu seul ; celle de l'autre, au contraire, est l'œuvre de l'homme, c'est aussi celle de la loi, pour tout dire, c'est l'œuvre de tous les hommes d'un même pays. Différence d'origine fertile en conséquence : Dieu seul engendre la vie, l'homme ne peut rien que d'artificiel et de fictif, à peine transmettra-t-il à sa chose quelques-unes des facultés qui lui appartiennent de sorte que celle-ci se verra attribuer la qualité de « personne ». Il n'en est pas moins vrai que le nombre de ces facultés est limité, et que s'il réussit par l'effet de son intelligence à créer un être immatériel ayant en dehors de lui une vie et un patrimoine propres, il n'atteindra jamais à la conception d'une personne aussi complète que lui-même : Blackstone l'a dit en termes énergiques, *les personnes civiles n'ont point d'âme*, elles échappent à tous les droits que le Code civil réglemente au livre premier.

L'individu n'a qu'à paraître pour que j'admette son existence ;que m'importe son origine, qu'ai-je besoin de savoir à quel titre il se présente à moi. La personne morale, au contraire, m'inspire instinctivement de la défiance (1). Si,

(1) M. de LIPPENS (*Législation civile sur les droits des étrangers*, n° 174), écrit : « Quant aux personnes civiles artificielles, utiles ici, elles sont nuisibles ailleurs ; nécessaires aujourd'hui, elles constituent demain une superfétation, et c'est pour cela que nous ne pouvons leur reconnaître d'existence en Belgique, si elles n'ont obtenu du pouvoir qui en est dépositaire le droit d'être des personnes ; cette autorisation qui leur est ainsi donnée nous est une garantie qu'elles répondent chez nous à un besoin : or, c'est leur seul motif d'être. Sans cela, qu'arriverait-il ? c'est que bientôt l'État se verrait enrayé dans sa marche par ces institutions qui

par hasard, il en est autrement, si je suis prêt à lui témoigner les mêmes égards qu'à la personne physique, la loi y met des entraves ; à ma place, elle exige des justifications : « qui vous a créé, lui dit-elle ? Votre fonction, quelle est-elle, et le droit que vous revendiquez, lui, est-il conforme... etc. ? » C'est ainsi que les hommes reconnaissant combien ce qu'ils font est inférieur à ce qui vient de Dieu se garantissent les uns les autres contre les petites faiblesses qu'ils pourraient avoir à l'égard des êtres tout artificiels qu'ils créent. Le Code civil lui-même porte la trace de cette méfiance ; chaque fois qu'il parle des personnes civiles n'est-ce pas pour marquer les différences profondes qui les séparent des personnes physiques (1) ?

auraient bien vite, à raison même de leur immortalité et de leur unité d'action, acquis une puissance considérable. »

Comp. Nancy, 14 déc. 1887. *Loi* 6 janv. 1888. Adde. Aix 2 mars 1874. S. 75, 2, 71.

(1) N'avons nous pas dit que par son silence, le Code civil soustrait les personnes civiles aux droits du livre Ier sauf quant au domicile ? Ce silence était impossible dans le livre IIe où il s'est agi de régler les conditions du droit de propriété. En effet, dit Savigny (V. Laurent. *Droit civ int.* IV, p. 216), bien que la loi n'ait pas créé les personnes juridiques pour être propriétaires, il n'en est pas moins vrai qu'elles jouissent toutes de ce droit de propriété qui est pour elles le moyen d'arriver à leur but, c'est-à-dire à concourir à l'intérêt d'un très grand nombre de personnes, à l'intérêt public. M. Laurent (*Ibid.*, p. 218) fait donc remarquer l'opposition contenue dans l'art. 537 civ. « Les particuliers ont la libre disposition des biens qui leur appartiennent sous les modifications établie par les lois. Les biens qui n'appartiennent pas à ces particuliers sont administrés et ne peuvent être aliénés que dans les formes et suivant les règles qui leur sont particulières ».

Les *non particuliers*, c'est-à-dire les personnes morales ont donc un droit de propriété différent de celui *des particuliers*, c'est-à-dire les personnes physiques. Et M. Laurent ajoute : « Ce que la loi dit du droit de propriété, il faut l'entendre de tous les droits

4. Puis M. Laurent passe au point de vue externe : En ce qui concerne la personne physique, rien n'est changé à sa condition, si elle se trouve dans un pays étranger comme la France, qui consacre l'idée de la personnalité de la loi et laisse entière l'existence de l individu en tant que sujet susceptible de droits. La personne morale, au contraire, la frontière passée n'est plus que le néant (1) et cela dérive des conditions elles-mêmes dans lesquelles elle est née : résultat d'une fiction, elle ne saurait être opposée qu'à ceux qui ont coopéré à la faire naître. Le législateur a beau être le porte parole d'intérêts généraux il ne saurait rendre de loi applicable en dehors de son territoire. Chaque État reste maître chez lui, et alors même qu'une personne civile répondrait à un intérêt commun en fait à plusieurs nations, elle ne saurait sortir des limites de l'empire de la loi qui l'a fait naître. L'existence de la personne physique ignore ces contingences, puisque,

dont jouissent les personnes juridiques ». Ainsi la faculté d'acquérir est différente pour les unes et pour les autres : Pour les personnes civiles, le principe c'est l'incapacité, sauf autorisation qui rende capable (V. LAURENT. Droit civil, XI, p. 254, n° 187). En outre, cette incapacité ne peut être levée par une autorisation que dans les limites du service auquel la personne physique est affectée (Adde, pour le droit d'usufruit, l'art. 619, civ. « L'usufruit qui n'est pas accordé à des particuliers ne dure que trente ans »).

(1) Sauf une exception à faire en faveur de certaines personnes morales dont la détermination est d'ailleurs susceptible de discussion, d'après M. LAURENT (t. IV, p 252) et parmi lesquelles il faut compter l'Etat. Ce sont les personnes appelées par M. de SAVIGNY, *les personnes nécessaires*. Quoiqu'il en soit, il est certain que les sociétés commerciales ne peuvent à aucun titre, être comptées, d'après M. LECLERCQ et M. LAURENT, parmi les personnes nécessaires. D'ailleurs, enfin, l'existence internationale des personnes nécessaires n'est pas incontestée. V. MOREAU. *J de D. I. P.* 1892, p. 348, adde LAURENT. Principes de Droit civ., I, n° 311.

nous l'avons dit, elle est un fait indéniable dont la réalité n'est pas contestée et ne peut l'être, par les hommes les plus dissemblables de climat, de race, de langage. D'ailleurs, cette existence universelle absolue ne s'explique-t-elle pas clairement par la mission qu'a reçue de Dieu la personne physique ? Cette mission est illimitée, il est vrai, et doit, pour cette raison, se remplir par tous les moyens possibles, mais en fait, elle se borne le plus souvent à une seule chose, *vivre* ; l'accomplissement d'une œuvre utile ne vient qu'ensuite, subsidiairement. Pour ce qui est du droit de vivre, lequel appartient à l'individu, c'est assurément le dernier dans les pays civilisés tout au moins, que les hommes se contestent. Quel sort différent que celui de la personne morale ! Sa raison d'être réside aussi dans la poursuite d'une mission, mais quelle autre mission ! On ne la crée pas pour lui donner le simple plaisir de vivre. Ceux qui la forment ont en vue la satisfaction d'un intérêt plus ou moins général : le jour où elle ne répond pas à leur désir, ils n'hésitent pas à l'anéantir (1). Etant donné qu'elle a une vie aussi fragile, on comprend aisément qu'il n'y ait pas d'injustice à lui refuser toute existence en dehors même du pays où elle est née, sauf aux autres pays à lui donner asile chez eux, s'ils le jugent utile.

5. Si l'on vient objecter à cette doctrine que l'art. 3, al. 3, C. civ., ne fait pas de distinction, M. Laurent répond : Soutenir que l'art. 3, al. 3, a entendu viser les personnes morales aussi bien que les personnes physiques, c'est faire une supposition toute gratuite. N'avons-

(1) Cela est surtout vrai des sociétés de commerce : la pensée de fondateurs, c'est de gagner de l'argent ; le jour où ils en perdent, sans espoir de le retrouver plus tard, ils liquident.

nous pas dit que ces êtres artificiels échappent par leur nature aux droits de famille ? Or, qui sait si l'article 3 n'a n'a pas entendu viser seulement l'*état* qui dérive des droits de famille (1) ? En tout cas, il faut se demander si les lois, administratives, commerciales ou autres qui ont présidé à la formation d'une personne morale peuvent avoir le caractère de rentrer dans son statut personnel. Merlin pensait que oui, mais Laurent est d'un autre avis ; en effet, dit-il dans la théorie traditionnelle, on part de cette idée que les lois sont en principe réelles : elles ne s'appliquent que sur l'étendue du pays sur lequel le législateur a la souveraineté. Cependant, si pour les personnes physiques on a admis dans une certaine mesure que leur loi pourrait les suivre à l'étranger, cela tient à certaines circonstances qui ne se produisent pas pour les personnes civiles — il est tout naturel que la femme du midi, dont la puberté, sous l'influence du climat est plus précoce, puisse se marier dans le nord lorsqu'elle est pubère suivant sa loi nationale, alors même qu'elle ne le serait pas suivant la loi du pays où se célèbre le mariage : de même, il est naturel de conserver à la femme née dans un pays où son initiative est très développée, la capacité qu'elle a dans ce pays d'origine, alors même qu'elle voudra l'invoquer sur le territoire d'une nation où ses semblables mènent une vie végétative et effacée.

Ces raisons particulières n'existant pas pour les personnes civiles, il convient donc de s'en tenir au droit commun, au principe de la réalité de la loi.

D'ailleurs, n'y a-t-il pas ici une considération de plus en faveur de cette manière de voir ? — Au lieu d'un être

(1) V. Laurent. Droit civ. int., IV, p. 235.

naturel, nous avons un être artificiel avec des garanties artificielles elles aussi — si bien que ce qui ici était utile, ou inoffensif ou nuisible, pourra avoir un tout autre caractère dans des lieux et des circonstances différentes — quoique l'objet de la fiction ni aucun des actes qui doivent en sortir aient rien d'illicite en eux-mêmes. En définitive, les lois d'où dérivent de pareilles fictions ont dans tous les pays un caractère d'ordre public absolu, si bien qu'une personne morale née en France ne pourra prétendre à rien en Belgique non seulement parce que la loi française est inapplicable en Belgique, mais encore parce que la loi belge s'oppose à ce qu'une pareille personne puisse prétendre à rien en Belgique, sans lui avoir fait soumission (Leclercq).

6. Telle est, ainsi résumée, la doctrine de M. Laurent : nous allons examiner maintenant si elle est conforme aux principes du droit international privé considérés abstraction faite de ce qu'ont pu décider les lois des différents pays, notamment la loi française de 1857.

Disons immédiatement qu'un assez grand nombre d'auteurs (1) repoussent la doctrine de M. Laurent. M. Brocher dit notamment : « la distinction profonde qu'on voudrait établir entre les personnes morales et les personnes naturelles est-elle bien facile à maintenir en termes absolus ? n'est-ce pas en ces dernières que gît la véritable vie et la raison d'être des personnes civiles ?... Celles-ci réclament une certaine force expansive pour arriver au but qu'elles

(1) De Bar. *Théorie und Praxis*, 1re éd. § 41. Brocher, *Cours de Dr. Int. priv.* I, p. 385 et suiv. Pierantoni, *Rassegno di diritto commerciale* (juillet 1884). Bard, *Précis de dr. int.* p. 197. Vincent et Penaud, *Dict.* V. *Personnes civiles*, n° 2, 3 et 4, etc.

doivent poursuivre : « ceci admis, est-il bien pratique de les forcer à se faire autoriser ou reconnaître d'avance dans tous les États, sur le territoire desquels le hasard des affaires pourra leur donner des intérêts à débattre ». La même idée se retrouve chez M. Lainé (1) : cet auteur, à propos d'un procès récent (2), a étudié la question qui nous occupe et c'est lui qui a fait la réfutation la plus réfléchie de la doctrine de M. Laurent, en reprenant un à un tous les arguments de ce dernier, et en y répondant d'une manière que nous croyons exacte. Si quelques-uns peuvent encore hésiter à suivre M. Lainé dans ses conclusions, ils doivent reconnaître, ce nous semble, que cet auteur a fortement ébranlé la doctrine belge.

Partisan de l'opinion de M. Lainé, nous allons l'exposer en nous l'appropriant :

Il est bien vrai, dirons-nous, que dans le monde physique, l'homme est un être parfaitement réel, comme le sont la mer, les rochers, les fleuves, etc., tandis que la personne morale est une conception abstraite de l'intelligence que nos sens ne perçoivent point. Mais il faut aussi reconnaître que, à côté du monde réel il y a, si l'on peut dire, le monde juridique, le seul que connaisse le jurisconsulte, et dont les choses du monde physique ne font partie que si la loi leur y a donné expressément une sorte de droit de cité. C'est ainsi que, bien que très différentes l'une de l'autre, lorsqu'elles se rencontrent dans le monde réel, la personne naturelle et la personne morale

(1) LAINÉ. *Les personnes morales en Dr. int. priv J. De Droit int. priv.* 1893, p. 273.

(2) L'affaire du testament de la marquise Plessis Bellière, qui instituait le Pape légataire universel. V. SIREY. 1893-2-5, la note de M. PILLET qui contient tous renseignements bibliogr. et autres relatifs à ce procès.

sont admises dans le monde juridique presque sur le même pied. L'homme évidemment peut se voir reconnaître plus de droits que la personne civile, parce que la loi n'est pas sans tenir compte le plus souvent de la place qu'il occupe dans le monde naturel, mais il faut bien avouer que la loi agit en souveraine maîtresse, et que s'il lui plaît de refuser à l'homme toute individualité juridique en l'appelant « esclave », ce dernier n'a aucun recours contre elle. *Il conservera le parfait exercice de ses fonctions naturelles, mais la loi pourra dénier toute efficacité juridique à l'accomplissement de ces fonctions.* Ainsi elle ne saurait lui interdire de s'unir à une femme, mais elle lui refusera de pouvoir se dire « époux » de telle ou telle. De même un étranger pourra bien entrer en possession de telle ou telle maison, cultiver ce champ ou cet autre, mais la loi se réserve de valider cet état de fait et, si elle n'admet pas les étrangers à jouir sur son territoire du droit de propriété qu'elle reconnaît aux nationaux, notre aubain n'aura pas de protection à attendre des tribunaux indigènes, le jour où ce qu'il croira son droit sera menacé par la prétention d'autrui, notamment par la mainmise de l'État. En donnant ainsi une même origine aux droits de l'homme et aux droits des personnes civiles, nous résolvons implicitement la question de savoir de quel statut relève la loi qui organise ces dernières, et nous supprimons les motifs qu'il pourrait y avoir de distinguer. Merlin (1) pensait aussi que les lois concernant les gens de mainmorte sont personnelles : « La personnalité d'un statut, disait-il, ne peut résulter que de deux causes : ou de ce qu'il détermine l'état

(1) MERLIN. *Rép. loc. cit.*, § VII, I et II.

universel d'une personne, tel est celui qui fixe à vingt-cinq ans la majorité et la faculté d'aliéner, qui en est la suite ; ou de ce qu'il fait à l'état d'une personne une exception dont l'objet est personnel ; tel est celui qui défend à une femme majeure de s'obliger pour autrui. D'après cela, il est clair que les lois relatives à l'établissement des gens de mainmorte sont personnelles, puisqu'elles en déterminent l'état, soit en autorisant leur existence, soit en la détruisant ». Merlin, on le voit, donne son autorité considérable à la thèse que nous défendons à savoir qu'il n'y a pas aux yeux du législateur de droits naturels qui s'imposent et que l'homme, au point de vue de l'existence juridique, tient tout de la loi aussi bien que la personne morale (1).

7. D'autre part, pourquoi dire que les personnes civiles ne sont que des fictions ? Sont-ce donc des êtres immatériels abandonnés à eux-mêmes une fois qu'ils ont reçu

(1) L'arrêt rendu par la Cour de Cassation française en 1860, déjà cité plus haut (D. 1860, 1. 444) reconnaît bien la toute puissance de la loi sur les droits naturels des personnes physiques, mais il considère que cette loi en organisant leur existence juridique ne fait que réglementer les droits qui leur appartenaient déjà en qualité de personnes naturelles. « Attendu, dit cet arrêt, que l'on ne saurait confondre quant à l'autorité qu'elles peuvent avoir au dehors du pays pour lequel elles sont faites les lois qui créent la personne et lui donnent l'existence, et celles qui ne font que réglementer ses droits et déterminer les conditions de son existence ».

Nous nous en tenons, quant à nous, à notre manière de voir : il nous semble, en effet, qu'obtenir de la loi un droit que nous avions déjà en vertu de notre nature, mais que la loi avait tout pouvoir de nous refuser, sans appel, c'est être redevable beaucoup plus à celle-ci qu'à celle-là.

de l'homme et de la loi le souffle de vie? Nullement, l'homme ne délaisse pas son œuvre, pas plus que Dieu ne se désintéresse de la sienne ; il l'aide au contraire à vivre, à remplir la fonction pour laquelle il l'a créée. Bien plus, fruit du concours de plusieurs, elle continue en quelque sorte à centraliser leur activité, car ces individus sentent que leurs efforts, mis en commun, constituent plus que la simple addition de ce qui eussent été les efforts de chacun, resté à l'écart, et agissant tout seul. Et, comme la force attire la force, mille volontés qui eussent végété, isolées, viennent en quelque sorte se fortifier à son contact. Autrement dit, la personne civile est un composé d'éléments humains, elle dissimule des personnes physiques, et s'il en avait été autrement, « si elle n'avait eu sous la main de la matière humaine pour la mettre en œuvre » la loi, malgré sa toute puissance ! n'aurait rien pu faire. Comme le dit très heureusement M. Lainé (1), « les personnes morales ne sont pas autre chose que des modalités de la vie juridique des personnes naturelles ». Le rôle des personnes naturelles y est plus ou moins grand, plus ou moins éloigné, mais il existe toujours (2).

(1) *Ibid.*, p. 279.

(2) M. Lainé cite les hospices publics comme exemple de personne civile où le rôle des personnes naturelles est le moins apparent. « L'hospice, dit-il, *loc. cit.*, p. 280, est un organisme constitué pour la mise en œuvre du devoir d'assistance qui incombe à l'État ou à la commune », il pourrait, comme d'autres services de l'État ou de la commune, n'avoir pas d'existence propre. On lui en a cependant donné une afin d'exciter les citoyens riches et charitables à lui faire des dons qu'ils n'adresseraient peut-être pas à l'État ou à la commune elle-même. Malgré cela, il reste une « délégation de la personnalité de ces derniers, qui, eux, reposent certainement sur des associations d'hommes. »

En sens inverse, c'est assurément dans cette sorte de personnes

8. La commune origine de la personne physique et de la personne morale étant démontrée, il nous semble que la question qui nous occupe doit se résoudre désormais sans difficulté. L'existence juridique des personnes naturelles étant admise d'un pays à l'autre, il devra en être de même de l'existence juridique des personnes morales. L'article 3, il est vrai, ne parle que de celles-là, aussi n'est-ce pas son texte lui-même mais plutôt son esprit que nous invoquerons, et cet esprit est le suivant : il convient d'appliquer aux êtres ayant une existence juridique dans un pays la loi qui règle cette existence, alors même que ces êtres viendront à se trouver dans une autre pays, et en dépit de la loi de ce dernier pays. On aurait tort de nous objecter que l'article 3 étant une dérogation au principe normal de la réalité des lois doit être interprété restrictivement, et que par conséquent on doit s'en tenir à ce qu'il dit, bien plus qu'à ce qu'il a peut-être voulu dire. Nous répondrons que raisonner ainsi, c'est retarder de plusieurs siècles, c'est se retrancher derrière un argument qui avait peut-être quelque valeur à l'époque de d'Argentré où le principe de la réalité de lois — s'il était déjà violé — pouvait cependant passer pour inviolable ; mais qui aujourd'hui est

civiles qu'on appelle les sociétés commerciales que le rôle des personnes physiques qui les fondent apparaît comme le plus actif ; ainsi le sort de la société en nom collectif, par exemple, repose entièrement sur les fondateurs devenus des gérants, il faut le fait incessant de ces derniers pour que la société prospère et réponde au but en vue duquel elle a été formée. De même, n'allons pas croire que dans les sociétés de capitaux, les actionnaires cessent tout rôle actif du jour où ils ont versé leur argent En réalité, ils se sont seulement déchargés sur les administrateurs, leurs mandataires, qui les convoquent pour leur rendre des comptes, et leur justifier de l'état de prospérité de la société.

absolument mis à néant par l'existence même du Droit international privé devenu l'une des branches les plus pratiquées du Droit. Ainsi que le fait remarquer M. Lainé, il n'existe pas aujourd'hui de pays civilisé, sur l'étendue duquel, sans distinction ni réserve aucune, tous les litiges doivent être tranchés par la loi locale (1). Quant à nous, nous considérons donc le principe, sinon le texte de l'article 3, comme parfaitement applicable aux personnes civiles. C'est qu'en effet cet article ne se fonde pas uniquement, comme le dit M. Laurent, sur des raisons propres aux personnes physiques, telles que l'influence du climat, l'éducation propre aux habitants de chaque pays, il a sa raison d'être dans une certaine déférence que les nations ont les unes pour les autres et qui ne se manifeste pas seulement dans les rapports de puissance à puissance, mais encore dans les relations de l'une avec les sujets de l'autre, que ces sujets soient des personnes naturelles ou civiles.

D'où il suit que la personne morale aura à l'étranger l'état et la capacité qu'elle a dans son pays d'origine. Il ne sera naturellement pas question pour elle des droits de famille qui constituent l'état de la personne physique. Mais de ce qu'elle ne pourra être père, majeure ou femme mariée, on aurait tort de conclure qu'elle ne pourra avoir d'état. Merlin, dans le fragment cité plus haut parle des lois qui établissent ou détruisent l'existence des personnes de mainmorte comme ayant pour effet d'en « déterminer l'état » ; nous approuvons son langage.

L'état de la personne civile, et, partant, sa capacité, dériveront de la loi sous l'empire de laquelle elle s'est for-

(1) V. Lainé. *J. de D. I. P.* 1896, p. 241.

mée en même temps que des statuts de son acte constitutif qui auront précisé sa durée, son domicile, sa mission, l'étendue des actes qu'elle pourra ou ne pourra pas faire. Il y aura alors là un état différent de celui de la personne physique, mais ce n'en sera pas moins un état.

De même, quoique M. Laurent déclare cela « absurde », nous pensons que la personne civile pourra avoir une nationalité. Lorsqu'il s'agira d'une société, et que cette société se trouvera à l'étranger, elle devra, pour connaître exactement les droits dont elle pourra jouir, combiner ceux que la loi locale reconnaît aux étrangers, avec ceux que lui attribuent ses statuts et sa loi nationale.

9. Mais M. Laurent ne se laisse pas abattre, et tout en admettant que les lois étrangères puissent dans certaines circonstances s'appliquer dans tel ou tel pays, il déclare qu'en ce qui concerne les personnes morales, pareille chose est impossible, pour cette raison, que les lois qui organisent la formation des êtres juridiques présentent dans tout les pays un caractère d'ordre public absolu, à tel point qu'elles seraient obligatoires même pour les étrangers. A quoi M. Lainé répond par une distinction très ingénieuse en même temps que fort exacte et déjà formulée par M. de Martens, (*Nouv. Rec.* 2e série, t. 2, p. 146); il distingue la fonction d'une personne civile et les différents actes qui ont pour effet de concourir indirectement à l'accomplissement de cette fonction. La fonction seule est d'ordre public, elle seule doit être remplie dans le pays de la loi qui a organisé la personne. Les autres actes ont un caractère impersonnel qui permet de les accomplir n'importe où. Cette distinction présente de l'intérêt surtout lorsqu'il s'agit des Etats étrangers, dont les services, et ceux des Etablissements publics qui se rattachent à eux ne sauraient fonctionner en dehors du territoire de chacun de ces Etats.

Ainsi le gouvernement italien ne pourrait prétendre établir en France une partie de son administration, par exemple une dépendance du ministère des finances pour payer directement les coupons des titres de rente italienne appartenant à des porteurs français : il y aurait là empiètement sur notre territoire de la fonction de l'Etat italien, laquelle ne doit s'exercer que dans la péninsule, et qui consiste, entre autres choses, à payer des arrérages à ceux qui lui ont prêté de l'argent. Mais rien n'empêcherait ce même gouvernement d'établir ouvertement en France un magasin où il débiterait les produits dont il pourrait chez lui avoir le monopole. La fonction de l'Etat italien n'est pas, en effet, de vendre des marchandises, mais la vente de ces marchandises contribue néanmoins en fait à l'accomplissement de cette fonction puisqu'elle a pour effet de mettre de l'argent dans le Trésor italien (1).

Nous pourrions multiplier les exemples : En voici un qui nous est fourni par la jurisprudence de l'Ancien Droit (2). Une corporation enseignante qui avait obtenu des lettres patentes du Parlement de Rouen lui conférant la personnalité civile, voulut fonder une école dans le ressort du Parlement de Paris ; ce dernier s'y opposa.

(1) Ne pourrait-on pas dire que les états étrangers n'ont à ce point de vue une existence internationale que lorsqu'ils agissent en tant que personnes civiles, tandis que s'ils agissent en qualité de puissances publiques, ils doivent se tenir strictement dans les limites de leur territoire.

(2) Nouveau DENIZART V° *Corps*, § IV. rapp. dans LAURENT *Dr. civ. int.*, t. IV, n° 122.

Nous l'approuvons entièrement : la fonction de cette corporation était de fonder des Ecoles, et cette fonction était d'ordre public ; elle ne pouvait donc être exercée en dehors du Parlement de Rouen. Au contraire, les opérations juridiques concourant à l'accomplissement de cette fonction, comme l'achat de livres, de vivres ou de vêtements destinés aux élèves de l'école pouvaient se conclure en n'importe quel lieu, notamment dans le ressort du Parlement de Paris, qui en aurait certainement reconnu la validité s'il avait eu l'occasion de statuer à ce sujet. Méconnaissant la distinction rappelée par M. Lainé, M. Laurent croit pouvoir triompher avec cet arrêt, qui est au contraire en parfait accord avec la doctrine de Merlin.

10. L'important est donc de faire la distinction entre la fonction et les actes qui y concourent indirectement. Et encore, cette distinction n'est-elle pas toujours nécessaire, car la fonction peut n'être pas d'ordre public : c'est ce qui arrive pour les sociétés commerciales qui, bien qu'important à l'intérêt général, ont principalement en vue la satisfaction des intérêts personnels des associés. Elles doivent dès lors une fois qu'elles sont constituées conformément à leur loi nationale pouvoir, s'établir et fonctionner n'importe où, tandis que les autres personnes morales, dont la fonction est d'ordre public ne peuvent accomplir dans les mêmes pays que les actes de le vie civile. Cependant, et nous l'avons déjà dit, les États restent libres de s'armer contre elles de toutes les mesures qu'ils prennent parfois à l'égard des aubains, personnes naturelles. C'est ainsi qu'avant 1857 la question a été souvent soulevée de savoir si l'article 37 du Code de commerce était applicable aux sociétés étrangères ; sans vouloir résoudre pour le moment la difficulté, nous devons nous demander, au cas où l'affirmative serait admise, s'il y a lieu de faire réapparaître la distinction sus-indiquée, et de décider que l'article 37 n'entendait prohiber que la fonction, ou si, au contraire, toute distinction est inutile, l'article 37 s'opposant à ce qu'une société anonyme, non autorisée par ordonnance du roi des Français, fit en France une opération quelconque.

Il nous semble, quant à nous, que si l'article 37 est jugé applicable, on doit l'interpréter dans le sens le plus rigoureux. Prenons un exemple : Une banque belge, établie ou non en France, peu importe, consent un prêt à Paris. Une difficulté s'élève, elle va en justice : conformément à l'article 37 elle devra être repoussée, car il y a là un acte émanant d'une personne civile étrangère, et relatif à la fonction de cette personne. Si, au contraire, cette banque fait à Paris une affaire qui n'ayant pas un caractère de spéculation ne rentre pas directement dans sa « fonction » — par exemple elle achète du mobilier pour garnir ses locaux de Bruxelles — l'article 37 s'oppose-t-il à ce qu'elle soit recevable à plaider en France ? — nous considérons que oui, car la pensée de cet article paraît être, au cas où on l'estime applicable aux sociétés étrangères — que ce qui est dangereux ce n'est pas telle ou telle affaire mais toutes les affaires, sans distinction, faites avec une société anonyme non autorisée.

11. On voit quel est le nombre, et qui plus est, la valeur des arguments mis en avant par M. Lainé à l'appui de sa doctrine. Nous croyons, pour notre part, qu'ils suffiraient par eux-mêmes pour entraîner la conviction s'ils n'étaient pas encore fortifiés par des raisons qui ne sont pas sans valeur aux yeux du jurisconsulte, quoique d'un autre caractère. Nous voulons parler des impérieux besoins de la vie sociale, pour la satisfaction desquels il faut souvent recourir aux capitaux de plusieurs pays. Ces besoins étaient bien moindres autrefois,à une époque où par suite de la difficulté des communications les marchés d'une même province avaient chacun une vie autonome et presque indépendante; et cependant, nos anciens rois avaient été frappés de la nécessité de faire affaire avec les étrangers. Philippe VI de Valois, par exemple, dans une ordonnance rendue en 1349 admit expressément à « marchander dans les foires » les Italiens « Outramontains » Florentins, etc. Ceux-ci, sans cette concession expresse, eussent été incapables de contracter chez nous. Aussi convenait-il de les protéger. Aujourd'hui que le commerce est libre presque dans tout l'univers et que la distinction entre étrangers et nationaux tend à s'atténuer, aujourd'hui qu'on ne dit plus comme on l'a fait remarquer (1) le marché de Londres, le marché de New-York, le marché de Paris, mais qu'on tend à dire plus exactement le marché du cuivre, le marché du blé, du fer, etc., on comprendrait malaisément qu'on voulût exclure les commerçants étrangers qui se présentent sous la forme de personnes civiles (2).

(1) M. Henri Décugis. *Rev. de Sociologie* 1894 p. 499.

(2) M. Brocher s'exprime ainsi : « De puissantes nécessités sociales réclament qu'on ne renferme pas l'activité des personnes morales dans les limites du territoire sur lequel elles sont établies, et s'il est vrai que la personnification peut rendre de grands services au développement social, il y a là une tâche commune pour l'accomplissement de laquelle les souverainetés doi-

SECTION II.

DE LA NATIONALITÉ DES SOCIÉTÉS COMMERCIALES.

12. Intérêt de la question.
13. Position du sujet.
14. A. De l'influence de la nationalité des associés sur celle de la société.
15 B. De l'influence du lieu où la société a été constituée.
16. Critique de l'idée d'après laquelle la société aurait la nationalité de son choix.
17. Des tempéraments apportés à cette idée par ceux-là même qui la défendent.
18. Réfutation du système qui reconnaît à la société la nationalité du lieu de sa constitution.
19. C. De l'influence du domicile.
20. Doctrine de M. Lyon-Caen.
21. Adoption de la doctrine d'après laquelle le domicile de la société est au lieu de son siège social.
22. Détermination du siège social. Système de M. Thaller.
23. Solution consacrée par la jurisprudence ; aff. du Crédit Foncier Suisse, etc.
24. De quelques points accessoires.
25. α. Influence du déplacement soit du principal établissement, soit du siège social, soit de l'un et de l'autre.
26. β. De la nationalité des Sociétés propriétaires de navires.
27. γ. Quelques solutions du droit étranger.

12. Nous sommes parvenu à l'étude d'une question qui passe avec raison pour des plus délicates : il s'agit de spécifier à quelles conditions une société doit obéir pour pouvoir invoquer telle ou telle nationalité.

vent se venir réciproquement en aide. *Cours de Dr. int. priv.*, t. 1er, p. 178.

L'admission des êtres juridiques à l'existence internationale, dit en substance M. Fiore, se justifie sur cette conception proclamée par la science moderne que les Etats, conformément au

Cette question présente de l'intérêt à un double point de vue, et il convient de la résoudre dès maintenant, — le Code civil, avant de s'occuper des différents droits qui peuvent appartenir aux individus ne précise-t-il pas au préalable qui est Français ou étranger ?

Disons d'abord, en restant en France, qu'il ne suffit pas de savoir si une société est française ou étrangère — nous verrons, en effet, que les droits dont elle jouit en France varient suivant qu'elle a l'une ou l'autre qualité — il faut encore connaître sa nationalité véritable. Elle sera en effet soumise, au point de vue de ses conditions d'existence, à la loi du pays dont on lui aura attribué la nationalité (1). Ce second intérêt de la question qui nous occupe a été contesté très vivement en 1889 lors du Congrès international des sociétés par actions tenu à Paris. Par suite, croyons-nous, d'une interprétation inexacte de l'article 129 de la loi belge du 18 mai 1873, plusieurs auteurs, et, parmi eux, M. Lyon-Caen lui-même ont été amenés à dire (2) que ce qu'il importait avant tout de savoir, c'était la loi à laquelle il convenait de soumettre la Société, la question

principe de la communauté de droits qui tend à s'établir entre eux, ne doivent pas s'ingénier mutuellement à mettre obstacle au développement réciproque de leurs intérêts, mais, au contraire, regarder comme un bien acquis au patrimoine commun de la famille humaine, tout avantage obtenu par l'un d'eux dans tel ou tel pays. Pasq. FIORE. *Dr. int. priv.*, 2e édit., trad de Ch. Antoine, t. 1, no 316 et suiv. *passim*.

(1) Ce second intérêt de la question subsistera tant que la matière des sociétés n'aura pas été réglée uniformément en tous pays. Or nous sommes loin, actuellement, d'être arrivés à pareille perfection ; en effet, la réglementation des sociétés de chaque Etat a un lien trop intime avec le crédit public pour que ce dernier soit sacrifié au noble désir d'eviter les conflits de lois.

(2) V. *Compte rendu sténographique.* Vo séance, p. 214 et suiv.

de nationalité restant au second plan, et se présentant seulement dans les pays où la condition juridique des Sociétés étrangères est différente de celle des Sociétés nationales. Après une discussion assez longue, les orateurs, notamment MM. Guillery (1) et Renault (2), finirent par tomber d'accord sur ce point que la Société est en principe soumise à sa loi nationale, mais que la loi des Etats sur l'étendue desquels elle vient à faire des opérations peut — en plus — lui être appliquée dans une mesure plus ou moins grande. M. Thaller (3) adopte cette doctrine, et MM. Lyon-Caen et Renault dans leur *Traité de Droit commercial* (4) y adhèrent formellement en disant que pour découvrir le statut personnel d'une Société, il faut recourir à sa loi nationale (5).

(1) *Ibid.*, p. 226 et suiv.

(2) *Ibid.*, p. 231 et suiv.

(3) *Ann. de Droit Commercial*, 1890, II, p. 258.

(4) T. II. 1892. nos 1118 et s.

(5) M. Thaller fait en outre remarquer qu'il est assez difficile d'admettre qu'il puisse y avoir à côté des sociétés soumises dans leur constitution, leur fonctionnement, leur nationalité aux lois d'un État d'autres sociétés se rattachant à cet État par leur nationalité mais y échappant quant au reste. Nous partageons l'opinion de cet auteur. Pourrait-on concevoir qu'une société constituée dans un pays A conformément à la loi qui y est en vigueur et sans aucune pensée de frauder telle ou telle loi étrangère vienne à faire par la suite des opérations dans un pays B, dans une mesure telle qu'il la réclame comme nationale, sans pourtant lui reprocher de ne pas s'être conformée à la loi de sa vraie patrie, de sorte qu'elle reste soumise à la loi du lieu de sa naissance. Nous estimons, quant à nous, pareille chose impossible : le principe est en effet qu'une personne physique, du jour où elle se voit attribuer une nationalité nouvelle, acquiert un état régi uniquement par la loi de sa nouvelle patrie aux yeux de laquelle l'état ancien, dans le présent et l'avenir tout au moins, ne compte plus. Pourquoi faudrait-il en décider autrement pour les personnes morales ?

On peut dire sans exagération que les lois des divers pays diffèrent entre elles à peu près sur tous les points de la matière des sociétés ; néanmoins, on peut classer ces divergences sous trois chefs.

1° Conditions d'existence (1).

2° Fonctionnement (2).

3° Liquidation (3) et faillite (4).

La nationalité d'une société une fois connue, et partant la loi qui la régit, il devrait n'y avoir jamais de conflit à ces divers points de vue, en quelque lieu que la société vînt à passer des contrats. Et pourtant, des difficultés se produisent, car bien souvent, la loi locale, sévère pour

(1) En France, le capital doit être intégralement souscrit, et versé au moins dans la mesure d'un quart : le taux minimum des actions varie avec l'importance du capital social (l. 1867, art. 1er, modifié en 1893). En Belgique, il suffit d'un versement du quart (l. 18 mai 1873, a. 29, modifié l. 27 mai 1886). En Italie (C, de co. a. 131)., on exige la souscription intégrale et le versement des 3/10 du capital.

En Angleterre, rien de pareil n'est exigé au double point de vue de la souscription et du versement du capital. De même en Allemagne (C. de co. a. 210. modifié l. 18 juillet 1894) : en Suisse, en Portugal, il y a des règles particulières différant de celles de la loi française, en même temps qu'elles diffèrent entre elles.

(2) En France, les administrateurs doivent être nécessairement choisis parmi les associés. V. l. de 1867, art. 22. Rien de pareil n'est exigé en Allemagne (C. co. a. 227. modifié en 1884.)

(3) En France les liquidateurs d'une société ont le droit de poursuivre les actionnaires en paiement de ce qu'ils doivent sur les actions qu'ils ont souscrites sans les libérer intégralement. Ce droit des liquidateurs n'est pas reconnu par toutes les lois étrangères, notamment par la loi anglaise. V. à ce sujet, Paris, 23 janvier 1889. D. 90, 2, 1.

(4) Au point de vue du tribunal compétent pour la prononcer, tout au moins dans la doctrine consacrant le principe de l'unité de la faillite.

les sociétés indigènes, exige certaines garanties équivalentes des sociétés étrangères qui viennent fonctionner sur son territoire. N'en est-il pas de même pour les individus, qui sont tenus de se conformer aux lois dites d'ordre public international, avec cette différence que les lois concernant les sociétés ont le plus souvent ce caractère, tandis que les individus étrangers ne sont obligés que très exceptionnellement de se soumettre aux lois civiles locales. Reconnaissons toutefois que lorsqu'il s'agit de ces derniers, d'autres conflits sont très fréquents, auxquels les sociétés échappent presque complètement : on sait combien les États considèrent aujourd'hui qu'il est plus facile d'acquérir une nationalité que de la perdre, de sorte que beaucoup d'individus ont deux nationalités. Pareille chose, disons-nous, est très rare chez les personnes morales : cela vient de ce que les lois étant le plus souvent muettes sur les caractères constitutifs de la nationalité des sociétés, le juge laissé alors libre de se décider suivant les circonstances évite d'attribuer telle nationalité à une société qui en a déjà une et ne l'a pas perdue.

13. L'intérêt de la question une fois connu, remarquons que très souvent elle se présente dans des termes fort simples ; il est évident que si une personne physique ou morale passe sa vie entière dans les limites du territoire d'un seul État, sans prendre aucun contact avec l'étranger, il ne saurait s'élever de doutes sur sa nationalité (1) ; c'est, au contraire, lorsque cette personne, ou,

(1) De même, la solution est tout indiquée au cas où la société a reçu son existence d'une autorisation administrative : elle se rattache alors à l'Etat de qui émane cette autorisation, sans qu'y change rien le seul fait d'avoir obtenu postérieurement dans d'au-

plus spécialement cette société, constituée par exemple dans un pays par des étrangers a son siège social dans un second pays, son principal établissement dans un troisième. Comme on ne saurait lui attribuer la nationalité que d'un seul de ces trois pays, il faudra choisir celui avec lequel elle a le lien le plus intime. La loi française, ainsi d'ailleurs que presque toutes les lois étrangères, ne donne aucune indication à ce sujet, et c'est alors à l'interprète à découvrir un critérium. La difficulté est très grande à cause du nombre d'éléments en jeu, lesquels en se combinant engendrent une multitude d'hypothèses que tout système proposé doit savoir résoudre. En ce qui nous concerne, la tâche qui nous incombe, consiste beaucoup moins à prétendre réussir là où tant d'autres ont échoué (1), c'est-à-dire à chercher, nous aussi, la solution de la difficulté, qu'à exposer les différents systèmes présentés et à en faire la critique.

Nous allons étudier successivement l'influence que les auteurs et la jurisprudence ont cru pouvoir attribuer sous ce point de vue, à la nationalité des associés, au lieu de la constitution, enfin au domicile social.

A. *De l'influence de la nationatité des associés sur celle de la Société.*

14. Nous ne sachons pas que ce critérium ait été jamais

tres pays, une autorisation d'une même ou d'une autre nature. Mais l'autorisation primitive donnée par un État ne couvre pas la fraude et le juge reste libre de tirer de cette fraude les conséquences qu'elle comporte.

(1) V. le Congrès international des soc. par actions. V[e] séance. Compte-rendu sténographique, p. 198 et suiv.

proposé comme susceptible de déterminer la nationalité de toutes les sociétés commerciales ; il suffit, en effet, de remarquer que le sort d'une société de capitaux n'est en rien affecté par la personnalité de ses membres, abstraction faite du cas particulier où ils sont administrateurs : son existence n'est nullement affaiblie ou fortifiée par le décès, la faillite ou l'enrichissement de ses actionnaires qui ne lui doivent rien une fois leurs apports effectués. Pourquoi leur nationalité aurait-elle plus d'effet ?

La situation est tout autre dans le cas d'une société par intérêts qui est à la merci de l'incapacité ou de la mauvaise fortune de son gérant et qui, à ce titre, ne fait en quelque sorte qu'un avec lui. Il semble alors naturel de lui attribuer la nationalité de celui-ci (1), d'autant plus qu'on enlève ainsi à l'étranger le moyen d'échapper aux incapacités juridiques qui le frappent comme tel, principalement à l'obligation de fournir la caution *judicatum solvi*. Solution d'un intérêt pratique considérable, puisque la société n'est qu'un être fictif, ne présentant de surface que par la personne de ses gérants, s'évanouissant le jour où ceux-ci disparaissent (2).

Si séduisante que soit cette doctrine, elle ne s'appuie que sur des arguments de fait qui doivent d'autant moins nous toucher qu'ils violent les principes élémentaires du droit, notamment celui d'après lequel la société commerciale a une personnalité distincte de celle de ses gérants à quelque degré que son sort repose sur le leur, personnalité qui se suffit à elle-même, qui a une capacité détermi-

(1) V. Paris, 4 novembre 1886, Trib. Nancy, 16 avril 1883, Seine, 26 mai 1884. S. 88. 2. 89 et la note de M. Chavegrin. Périgueux, 6 août 1891. J. de D. I. P. 1891. p. 1183.

(2) M. Brocher a adopté cette doctrine *op. cit.*, 1, p. 192.

née, des droits, notamment un domicile, qui lui sont propres, et, par conséquent, une nationalité qu'il n'y a aucune raison de lui dénier (1). Spécialement, en ce qui regarde la caution *judicatum solvi* on s'aperçoit aisément qu'une société fonctionnant en France et composée exclusivement d'étrangers ne représente pas que des intérêts étrangers. En se plaçant à un point de vue un peu élevé, ne voyons-nous pas que les affaires de cette société se passant pour la majeure partie chez nous, le mouvement général de notre commerce n'est pas sans en tirer profit. Un intérêt français étant en jeu, ne convient-il pas de le protéger s'il est attaqué, soit en le dispensant des formalités imposées à l'intérêt étranger qui se trouve dans le même cas, soit en lui permettant d'exiger l'accomplissement des mêmes formalités par l'étranger qui viendrait à lui porter atteinte (Civ. art. 14 et 15)(2). Enfin, est-il bien sérieux de prétendre que les étrangers gérants d'une société française vont préférer passer la frontière, c'est-à-dire ruiner la société et peut-être eux-mêmes plutôt que d'exécuter une condamnation prononcée contre eux ? En effet, l'importance de pareille condamnation sera presque toujours in-

(1) Conf. trib. civ. de la Seine, 17 juillet 1897. (5e ch.) V. *Le Droit* du 30 septembre.

(2) Cette idée mise en lumière par M. Chavegrin (*loc. cit.*) ne nous paraît pas décisive. Les affaires faites en France par des étrangers non associés ne contribuent-elles pas tout autant au mouvement général des transactions que celles faites par des étrangers associés ? Et pourtant, dans la doctrine que nous défendons, et qui est aussi celle de M. Chavegrin, celles-ci seules, et non celles-là, au cas de litige, pourront être dispensées de l'obligation de fournir la caution *judicatum solvi*. — Ce serait répondre bien faiblement que de dire qu'il convient d'encourager l'association commerciale.

férieure à l'intérêt que la société a à continuer à vivre ; s'il en est parfois autrement, l'inconvénient qui pourra en résulter sera, certes, contrebalancé par l'intérêt que le commerce en général retirera du fait d'être exercé par des sociétés ayant la qualité de sociétés françaises (1).

La nationalité des associés est donc, suivant nous, sans effet sur celle de la société.

B. De l'influence du lieu où la société a été constituée.

15. Un auteur resté anonyme, examine dans le *Journal de Droit International privé* (1888, p. 652) la question de savoir si une société qui s'est constituée en France et s'est conformée en tous points à notre loi de 1867 ne doit pas avoir la nationalité française alors même que son principal établissement serait à l'étranger : il estime, quant à lui, qu'on ne saurait longtemps hésiter puisque les fondateurs, en s'adressant à notre loi, manifestent, tacitement tout au moins, le désir d'attribuer à la société la nationalité de notre pays. Pareille solution se concilie d'ailleurs, d'après lui, avec la pensée de nos législateurs qui considèrent que les lois qu'ils font sont les meilleures, et que c'est plutôt avantage qu'inconvénient que d'avoir la qualité de Français. Enfin prenant pour exemple la Compagnie du canal de Suez, constituée en France suivant nos lois, nous voyons, dit le même auteur, qu'on n'a jamais mis en doute sa nationalité française, bien qu'elle déclare dans ses statuts être Egyptienne.

(1) En dehors des arguments juridiques que nous avons fait valoir, il est impossible de reconnaître à la société la nationalité de ses membres, dans le cas où ceux-ci sont de nationalités diverses.

L'année suivante, en 1889, lors du congrès des sociétés par actions, quelques orateurs reprirent la même idée : ils estimèrent que le fait d'aller dans un pays y constituer une société révélait le désir d'attribuer à la société la nationalité de ce pays. « Si vous ne voulez pas avoir la nationalité anglaise, disait en substance M. Brunard, avocat à Bruxelles, n'allez pas en Angleterre. Pour éviter toute difficulté, dites formellement dans les statuts quelle nationalité vous choisissez, et en principe, le juge ne la contestera pas (1). Mais si vous gardez le silence, il sera bien obligé de rechercher quelle était votre intention restée secrète : voyant que la société s'est constituée, par exemple, en Angleterre, et s'est conformée en tous points à la loi anglaise, il en concluera que les fondateurs ont voulu évidemment qu'elle fût anglaise. N'est-ce point d'ailleurs conforme au principe d'après lequel, dans un contrat, les parties entendent généralement se référer à la loi locale en ce qui concerne l'étendue de leurs droits et de leurs obligations ? »

16. Nous n'hésitons pas à repousser cette doctrine, car elle a le tort à nos yeux de reposer sur l'idée que la société doit se voir reconnaître la nationalité qu'elle s'attribue dans ses statuts. Or cette idée est manifestement inexacte (2); nous considérons qu'il ne dépend pas plus

(1) V. Compte rendu sténographique. p. 213. V. aussi M. Buchère, *ibid*, p. 235 : « *La société devra déclarer sa nationalité* ».

(2) Nous la retrouvons dans le Rapport de la commission extraparlementaire du 14 février 1882 à l'appui d'un projet de loi sur les sociétés, publié par M. L. Arnault (Paris 1884, p. 147 et 148). Le rapporteur estime que la loi ne doit pas statuer par voie de disposition générale sur la nationalité des sociétés : « en effet, dit-il.

d'une personne morale qu'il n'est au pouvoir d'uue personne physique de revendiquer la nationalité qu'il lui plaît. La nationalité est un état juridique résultant de telles et telles circonstances de fait, et qui reste absolument en dehors du domaine des conventions. Exiger, comme le faisait M. Droz, avocat à la Cour de Paris (C. R. Stén., p. 221), que les sociétés déterminent elles-mêmes leur nationalité, ce n'est nullement supprimer la difficulté. Non seulement le juge ne saurait être lié par une pareille clause, mais encore il devrait la considérer comme non écrite, c'est-à-dire comme n'étant même pas susceptible de constituer un élément de fait capable en s'ajoutant à d'autres de déterminer sa conviction. C'est pourquoi nous ne nous laissons pas davantage ébranler par le principe de Droit international privé invoqué par le même orateur et déjà indiqué plus haut, à savoir qu'un contrat est implicitement réglé par la loi du pays où il est passé. D'ailleurs ce principe n'a de valeur qu'en ce qui concerne la forme des actes ; encore pourrait-on l'invoquer à l'occasion des conditions de fond que cela ne serait admissible en matière de société que dans la mesure où pareil contrat ressemble aux contrats ordinaires. Si la convention de société engendre comme ceux-ci des droits et des obligations. il est vrai aussi qu'à son occasion se produit un phénomène juridique tout à fait extraordinaire : la naissance d'une personnalité nouvelle. Il convient donc de la soumettre par analogie aux règles qui s'appliquent à l'occasion de la nais-

une Société comme celle du Canal de Panama, dont tous les travaux, tout le trafic se font à l'étranger devrait dès lors être considérée par la loi comme étrangère. Or, serait-ce juste, s'il plaît à cette société d'être française, si la loi ou le gouvernement du pays où elle opère, consent à lui reconnaître notre nationalité ? »

sance des individus. Or la tendance générale des lois actuelles sur la nationalité des individus est toujours, malgré quelques défaillances, d'accorder la suprématie au *jus sanguinis* sur le *jus soli*, en considération de ce fait que la naissance d'un enfant sur tel territoire plutôt que sur tel autre peut être très souvent l'effet d'un pur hasard. N'en doit-il pas être de même pour les personnes morales ? Mais s'il paraît plus raisonnable de se référer à la nationalité des parents pour déterminer celle de leur enfant, nous n'avons pas la même ressource pour les personnes morales, qui échappent par définition à des liens d'une pareille nature. Lorsqu'il s'agit d'elles, à quoi alors se référer, sinon au domicile, qui révèle d'une façon saisissante l'attache que les individus peuvent avoir avec le sol.

Nous étudierons bientôt dans quelles conditions le domicile d'une société peut être attributif de nationalité. Pour le moment, nous critiquons l'idée que la société pourrait elle-même faire son choix. Nous estimons qu'elle doit subir celle qui résulte des circonstances dans lesquelles elle naît et fonctionne ainsi que l'enfant subit, au jour de sa naissance, celle de ses parents (1). La société qui opère sur le territoire de plusieurs États et qui, à raison de ce fait va même jusqu'à se qualifier d'*Internationale* (2) ne peut pas, en vertu d'une clause statutaire, se rattacher à celui qui lui plaît, pas plus, et cela n'est contesté par aucun, qu'elle ne saurait tirer de sa qualité d'internationale le droit d'échapper à toute nationalité.

(1) « On ne peut reconnaître aux fondateurs d'une société la faculté de décider eux-mêmes, à leur gré, si la société qu'ils créent sera française ou étrangère. » LYON-CAEN et RENAULT. *Traité*, t. II n° 1164.

(2) La Compagnie internationale des Wagons-Lits par exemple.

17. D'ailleurs MM. Droz et Brunard, défenseurs de la doctrine ici combattue, le reconnaissent eux-mêmes, et ils apportent à leur principe des restrictions si importantes qu'elles le limitent en fait presque complètement. En théorie ce principe subsiste, aussi nous le combattons, mais nous avouons que nos conclusions pratiques ne diffèrent guère de celles de ces auteurs. Si M. Brunard (*op. citato*, p. 212) décide que la société aura la nationalité du lieu où l'acte constitutif a été passé, c'est qu'il tient compte de ce fait que la loi exige en général que le siège social soit dans ce même lieu de la passation du contrat. De sorte que sous une autre forme, la doctrine de M. Brunard revient à dire que la nationalité de la société dépend du lieu du siège social. Mais il est certain que cette doctrine perd toute base sérieuse dans les pays où la loi n'exige pas que la société s'établisse là où a été passé son acte constitutif, en France par exemple.

Aussi le principe adopté lors du congrès de 1889 (Résolution XXI) qui décide que la société a la nationalité du lieu où elle est constituée se complète par celui-ci : la société doit avoir son siège social et se constituer dans le même lieu (1).

De même si M. Droz (*op. cit*, p. 221 et s.) n'a pas les mêmes exigences que les lois invoquées par M. Brunard il n'est pas sans restreindre les droits de la société au point de vue qui nous occupe. D'après lui, celle-ci ne peut choi-

(1) Remarquons que cette résolution XXI exige non seulement que l'acte constitutif mais encore toutes les formalités nécessaires pour la constitution de la société se soient passés dans le même pays. (Voir à ce sujet les observations de M. Larombière, président du Congrès de 1889. Compte Rendu sténographique. V· séance). On ne peut donc plus dire que la naissance de la Société sur tel ou tel territoire est l'effet du hasard.

sir qu'entre deux pays : celui du siège social et celui de l'exploitation. Elle devra se conformer à la loi du pays choisi par elle. L'orateur réserve d'ailleurs même dans cette hypothèse le cas où le choix serait frauduleux.

Il est évident qu'ainsi restreint, le système de MM. Brunard et Droz, et d'une façon générale, le système contenu dans la Résolution XXI est susceptible de trancher bien des difficultés — mais il faut bien reconnaître qu'il n'est pas capable de le faire actuellement, car il suppose certaines questions résolues au préalable par la loi, notamment l'obligation, pour les fondateurs, de mettre le siège social là où la société a été constituée, obligation qui, nous l'avons dit, n'est pas imposée par la loi française, de sorte que, s'il se rencontre une société, dont le siège social est à Paris, mais qui a été fondée à Londres, le question restera entière de savoir quelle nationalité lui attribuer.

18. — Que décider alors? Dira-t-on que la société est anglaise de plein droit, parce que les fondateurs ont montré l'intention de lui attribuer cette qualité, en la constituant en Angleterre ? Non ! Adopter une pareille solution, ce serait fournir le moyen commode d'échapper aux rigueurs des lois des divers pays sur les sociétés : pour se soustraire à ces rigueurs, il suffirait, en effet, de passer dans le pays où la loi est la plus douce ; il est vrai, qu'en cas de fraude, le juge ne serait pas désarmé, il démasquerait la manœuvre et attribuerait à la société sa nationalité véritable. Mais, cette concession faite, la théorie devient-elle acceptable? Nous ne le pensons pas. La stabilité dans les lois, les tarifs, les institutions politiques, etc.. est la condition *sine qua non* de la prospérité commerciale. Qu'arrivera-t-il alors si, chaque jour, des sociétés, qui passaient pour anglaises, se voient accuser de n'avoir qu'une nationalité fictive, et si, par conséquent, le juge leur ayant attribué leur nationalité véritable, ceux qui ont traité avec elles, leur accordant peut-être de longs crédits, n'ont plus en face d'eux que des sociétés de fait qu'il faut liquider à la hâte, au grand dommage de tous, avant de les reconstituer conformément aux règles, nécessairement plus dures, de leur loi vraiment nationale?

Est-ce à dire d'ailleurs que la société n'aura jamais la nationalité du pays où elle s'est formée ? Nullement. On comprend, en effet, que les associés n'iront pas, quand ils seront honnêtes et consciencieux, constituer dans ce pays une société qui doit fonctionner entièrement dans un autre. Ils la constitueront là où ils ont l'intention d'établir son domicile social.

C. De l'influence du domicile sur la nationalité d'une société.

19. Nous avons déjà laissé entendre quel système avait nos préférences : croyant en effet, que c'est encore avec le pays où elle fonctionne qu'une société a les liens les plus solides, nous disons avec MM. Thaller (1) et Lyon-Caen (2) que la découverte de sa nationalité se ramène forcément à la détermination de son domicile. Mais la difficulté reste aussi grande, car il faut préciser ce qu'on entend par *domicile d'une société*. Deux doctrines divergentes se présentent à ce sujet qui jouissent auprès des auteurs d'une faveur égale ; d'après la première, ce domicile se trouverait au centre d'exploitation, d'après la seconde, il con-

(1) *Loc. cit.*, p. 258.
(2) Traité II, n° 1167.

viendrait de le placer au siège social. Exposons ces deux doctrines.

20. M. Lyon-Caen est l'un de ceux qui se réfèrent au principal établissement. Il part de cette idée que c'est assurément le pays où se trouve le champ d'exploitation le plus important de la société qui est le plus intéressé au bon fonctionnement de celle-ci. La présence de la société sur son territoire pourra être, suivant les circonstances, une cause de richesse ou de ruine pour ses habitants. La première mesure qu'il prendra donc, s'il veut assurer sa prospérité sera de la soumettre à sa loi, laquelle présente nécessairement à ses yeux plus de garantie que les lois étrangères. Or, lui imposer sa loi n'est-ce pas lui imposer sa nationalité ? M. Lyon-Caen ajoute que de la sorte, on évite bien des fraudes, car il est impossible de déguiser le véritable champ d'opérations de la société (1).

(1) Conf. Lyon-Caen, *J. des Soc.* 1880, p. 32 et suiv., note *in fine* sous Cass. 4 mars 1885. S. 85.1.169. Weiss, *J. des Soc.* 1885, p. 429 ; *Traité* t. 2. p. 417. Asser et Rivier, *El. de Dr. int. priv.*, p. 197, note 1. Bard, *Précis de Dr. int. priv.*, nº 208. Despagnet, *Précis de Dr. int. priv.*, 2e éd., p. 83. Vavasseur, *J. de Dr. int. priv.* 1875, p. 345 ; *Traité des Soc.*, 4e éd., nº 952. Renault, *Rev. crit.*, 1883, p. 705, 1885, p. 602.

La jurisprudence française n'a pas consacré expressément cette doctrine. On peut seulement argumenter de quelques arrêts qui considèrent que le siège social d'une société n'est pas par lui-même attributif de juridiction s'il ne se trouve pas là où la société a son principal établissement. Cass. 4 mai 1857. D. 57. 1.408, 10 février 1863. D. 63.1.238, S. 63.1.199, 13 mars 1865, D. 65.1.228. On tire de ces arrêts cette conclusion que si le principal établissement constitue seul un domicile suffisant pour être attributif de compétence, il doit, à plus forte raison, en être ainsi pour constituer la nationalité de la société.

21. Nous préférons, quant à nous, l'opinion d'après laquelle le vrai domicile de la société se trouve au siège social indiqué dans les statuts, sauf à réserver le cas où il serait fictif et placé sous la protection de telle loi pour se soustraire aux rigueurs de telle autre. Nous échappons alors aux difficultés insolubles dans l'autre doctrine et qui se présentent au cas où une société fait dans plusieurs pays des affaires en quantité égale, moins par suite d'une prospérité inespérée que parce que telle était dès le premier jour l'intention bien arrêtée de ses fondateurs. Nous n'avons pas alors à faire de choix entre plusieurs pays, puisqu'il n'y a jamais qu'un seul siège social, lequel se trouve là où les administrateurs fréquemment se réunissent pour conférer des opérations de la société, là où il convoquent annuellement les actionnaires. Ce n'est pas un point idéal du globe une « expression géographique » choisi arbitrairement. Non ! Par la force des choses les fondateurs le placent là où eux-mêmes ont l'habitude de demeurer, là où la société est susceptible de faire le plus d'affaires, le plus souvent dans le pays où ils ont fait appel aux souscripteurs, en un mot là où eux-mêmes devenus administrateurs, périodiquement se réunissent, car c'est en eux que réside tout entière la personnalité juridique de la société. C'est par eux seuls que celle-ci vit et fonctionne ; l'exploitation n'a aucune existence au point de vue du droit, son caractère est strictement matériel et mécanique. D'ailleurs, notre doctrine s'impose encore à un autre égard si l'on tient compte que bien des sociétés tirent leurs richesses de pays restés dans un état de civilisation si peu avancé qu'aucune loi ne les régit. De sorte que si l'on attribuait à ces sociétés, la nationalité de ce pays, elles échapperaient à toute espèce de lois, au grand détriment de

ceux qui traiteraient avec elle. Le siège social se trouvant le plus souvent dans un pays moins primitif, les intéressés seront assurés d'une protection légale si la société est soumise à la loi du pays où ce siège se trouve.

22. Reste à déterminer maintenant ce que l'on doit entendre par *siège social*. Nous avons dit que c'était, suivant nous, l'endroit où se trouve la haute direction de la société, où se réunissent les administrateurs et les actionnaires. Quelques auteurs ont voulu préciser davantage : « il existe, dit M. Thaller, une solidarité nécessaire entre la nationalité d'une société, son domicile, son siège social, la loi à observer et le pays des souscriptions ». Autrement dit, M. Thaller estime que la société ne saurait avoir d'autre nationalité que celle du pays qui lui a fourni les fonds ; qu'on remarque, en effet, que toute loi sur les sociétés est faite dans la pensée de protéger l'argent des nationaux contre les dilapidations que des individus sans vergogne peuvent facilement commettre en recourant au contrat de société ; c'est donc violer l'esprit de cette loi que de permettre (en établissant le siège social, même d'une façon sérieuse, à l'étranger) à des sociétés dites étrangères de drainer l'argent de notre pays, — si l'on suppose qu'on se place au point de vue de la France,— avec l'aide de leurs lois nationales. Les lois des différents pays, sont à cet égard, des lois de police : « En conséquence, si un individu prend part en France à une souscription publique, il a droit à la protection de la loi française, il doit être convoqué à des assemblées générales qui se tiendront en France, composées d'administrateurs se réunissant habituellement en France ». On ne doit pas pouvoir le promener à cinq cents ou mille lieues afin de prendre part à des délibérations sanctionnées par une loi, dont il ne soupçonne même pas la teneur. *Le siège social doit donc être là où le capital a été souscrit.* » (*loc. cit*, p. 264).

Ce raisonnement de M. Thaller est des plus sérieux, et nous convaincrait, s'il n'engendrait pas des difficultés insolubles. En pratique, la souscription du capital social est loin d'être une chose parfaitement *une* : un grand nombre de personnes y participent qui habitent des pays différents : il se pourra qu'une société anglaise, par exemple, dont une partie des titres a été souscrite en Angleterre fasse pour le surplus de ses titres appel à l'épargne française : il se pourra de même qu'elle s'adresse à plusieurs pays à la fois. Comment faire alors ? M. Thaller, qui prévoyait la question n'y a pas sérieusement répondu. Il argumente par analogie de la solution adoptée dans la doctrine de la multiplicité des faillites : quand une société cesse ses paiements, on découpe son capital en autant de tranches qu'il y a d'États détenteurs de valeurs sociales. Dès lors, dit-il, pourquoi les fondateurs ne dresseraient-ils pas autant d'actes de société distincts avec des séries de capital afférentes à chacun des États où ils entendent placer leurs actions, dussent ces actes de société se copier les uns les autres ? Il est aisé de répliquer à cette solution proposée par M. Thaller qu'une société qui entend recueillir des capitaux dans plusieurs pays ne limite pas d'habitude les sommes jusqu'à concurrence desquelles les souscriptions seront possibles sur le territoire de chacun d'eux. D'ailleurs cette limitation fût-elle faite, en serions-nous plus avancés ? Nullement, il est impossible qu'une société redige autant d'actes de société qu'il y a de pays à l'argent desquels elle entend recourir ? Les lois auxquelles elle serait alors obligée de se conformer peuvent se contredire, de sorte qu'il lui serait interdit d'obéir à toutes. La société aurait ainsi plusieurs nationalités, plusieurs sièges sociaux....!

M. Thaller reconnaît lui-même à quelles conséquences singulières sa doctrine le conduit, aussi la limite-t-il à ceci : La nationalité d'une société se règle par son siège social qui sera non forcément dans le pays de l'exploitation, mais dans celui où a eu lieu au moins une fraction suffisamment élevée de souscriptions que le tribunal aura à apprécier.

Même ainsi restreinte la doctrine de M. Thaller n'est pas pour nous convaincre, car elle présente dès lors cet inconvénient, grave à nos yeux, de laisser au juge une grande liberté d'appréciation, lequel inconvénient veulent justement éviter tous ceux qui ont écrit sur la question qui nous occupe.

En résumé, nous considérons quant à nous qu'on aurait tort de multiplier les conditions que doit remplir le siège social pour être attributif de nationalité. Nous nous en tenons a cette définition : Le siège social est le lieu où se réunissent habituellement soit les gérants, soit les administrateurs, où sont convoqués les actionnaires, en un mot le lieu d'où émane la direction générale de l'entreprise. Nous ne nous inquiétons pas de savoir quel pays a fournis les fonds, estimant que ce serait indirectement attribuer à la société la nationalité de ses membres, doctrine que tout le monde est d'accord pour repousser. Nous laissons d'ailleurs toute latitude au juge d'examiner si le siège social n'est pas fictif, c'est-à-dire s'il n'est pas placé dans un pays plutôt que dans un autre où son intérêt bien entendu commandait de l'établir en espérant toutefois que le juge ne sévira que contre la fraude parfaitement caractérisée, la découverte de la fraude devant avoir cet effet très dur de faire considérer la société comme nulle puisqu'elle ne sera pas conforme à la loi du pays dont la nationalité lui sera attribuée (1).

La doctrine que nous venons d'exposer a été adoptée par plusieurs auteurs (2) ; seule, elle a été consacrée formellement par la Jurisprudence.

23. En 1870 la Cour de Cassation eut à statuer sur la nationalité d'une société créée en France, suivant notre loi, avec des capitaux français ; le conseil d'administration, les actionnaires se réunissaient en France, mais l'objet de la société se trouvait à l'étranger : il consistait dans la construction d'un débarcadère maritime pour le port de Cadix. La cour estima que la société était française (3) parce que son siège social était en France. Un grand nombre de faits se trouvaient réunis dans l'espèce, qui imposaient cette solution, il n'en est pas moins vrai que cette société, dans la doctrine de M. Lyon-Caen, se serait vu attribuer à ce qu'il semble, la nationalité espagnole. La Cour de Paris, par arrêt du 23 juin 1889 (D. 90. 2. 1), a consacré le même principe : il s'agissait alors d'une société de banque fondée en Angleterre, conformément à la loi anglaise, dont le siège social était à Londres, tandis qu'elle n'avait à Paris qu'une succursale. La cour estima que dans ces conditions la société devait être réputée anglaise,

(1) Il a été jugé que les administrateurs peuvent être rendus responsables civilement, et même pénalement, au cas où il est démontré qu'ils ont voulu violer la loi de 1867. V. aff. *Etoile Française. Le Droit*, 18 novembre 1875.

(2) Vincent et Penaud. *Dict. de Dr. Int. Priv.* V. *Société*, nos 5 et suiv. Pipi. *Soc. Étr.*, p. 173. Chervet. *Soc. en Dr. Int. priv.*, p. 130. Vavasseur (*loc. cit.*), qui s'en rapporte au siège social, à condition qu'il remplisse certaines conditions particulières.

(3) 20 juin 1870. D. 70.1.416.

sans qu'il y eût à se préoccuper de la nationalité de ses actionnaires, ni des opérations faites par elle en France (1).

Voilà donc deux arrêts se prononçant expressément sur la question qui nous occupe. Il nous a été impossible d'en trouver d'autres qui aient la même importance (2) ; au contraire, les recueils de Jurisprudence abondent en décisions judiciaires qui tranchent le point de savoir où se trouve le domicile d'une société au point de vue du tribunal compétent pour juger des actions relatives à cette dernière, principalement pour la déclarer en faillite. Cela vient de ce que, le juge ayant posé le principe, les conséquences de celui-ci découlent toutes seules, sans qu'il ait à intervenir. Ainsi une fois qu'il est reconnu que le domicile de la société est bien, en fait, au lieu du siège social, il s'ensuit que celle-ci a la nationalité du pays, où le siège social se trouve, et qu'elle est soumise à la loi de ce pays. Nous allons en fournir la preuve :

Le Crédit foncier suisse était une société anonyme dont le siège social était officiellement à Genève, en même temps qu'elle avait à Paris un établissement des plus importants. Par jugement du tribunal de commerce de Genève, en date du 3 février 1874 il fut mis en faillite. Un jugement du tribunal de commerce de la Seine, le 5 février 1874, prononça aussi cette faillite (3). Conflit ; laquelle des deux décisions faisait double emploi avec

(1) Sic. jug. du trib. de com. Seine, 8 février 1892, rapporté en note sous un jug. du trib de Nevers du 16 décembre 1891, *Rev. Prat. de Dr. int. priv.*, 1892, I. p 188.

(2) Trib. civ. de la Seine, 5e ch. 17 juillet 1897. *Le Droit*, 30 septembre 1897.

(3) *Journ. de Dr. Int. Priv.*, 1874, p. 94.

l'autre ? Le traité franco-suisse du 15 juin 1869, conférant à chaque État le droit de mettre en faillite les nationaux de l'autre, ayant chez lui leur principal établissement commercial, il fallait connaître quel était le lieu du principal établissement : Or les tribunaux français et suisse n'étaient pas d'accord, puisque, nous l'avons dit, ils s'étaient crus l'un et l'autre en droit de prononcer le mise en faillite de la société. Le désaccord persista en appel, la Cour du canton de Genève (25 juin 1874), la Cour de Paris (5° ch. 20 juin 1874), confirmèrent respectivement l'une et l'autre décision (1). Enfin le conseil fédéral (21 janvier 1875) (2), se rangea à l'avis du tribunal français. Tout conflit disparaissait donc : le domicile de la société étant jugé se trouver en France, la société était française et soumise en conséquence à nos lois. Cependant, si le conseil fédéral s'en était tenu là, on aurait pu argumenter de sa décision pour dire qu'il consacrait la doctrine de M. Lyon-Caen, il ne l'a pas voulu. Il estimait en effet que le principal établissement du crédit foncier suisse devait être considéré comme se trouvant en France, non seulement par suite de l'importance des affaires que la société y faisait, mais encore à cause du caractère fictif du siège social fixé à Genève. Dès lors, il décide que ce siège social étant fictif, placé en Suisse afin d'échapper à la loi française, la société est vraiment française. Mais on peut soutenir qu'il était inutile qu'il se prononçât sur ce point (3), puisque la natio-

(1) *Ibid.*, p. 154.

(2) *Ibid.*, 1875, p. 80 et D. 75.1.159.

(3) Il l'a fait pour manifester son désir de mettre fin au conflit, qui menaçait de devenir insoluble, en même temps qu'il était tout à fait contraire à la pensée du traité franco-suisse de 1869.

nalité de la société découlait implicitement de la situation du domicile (1).

24. Il nous reste maintenant, pour épuiser la question de la nationalité des sociétés à traiter quelques points accessoires.

25. *α.* Influence que peuvent avoir sur la nationalité d'une société le déplacement soit de son siège social, soit de son principal établissement, soit de tous les deux à la fois.

Nous avons dit plus haut que la société ne pouvait pas d'elle-même par l'effet d'une simple clause statutaire, s'attribuer la nationalité de son goût, mais nous avons reconnu

(1) Parmi les décisions judiciaires auxquelles nous faisions allusion tout à l'heure et qui déterminent le lieu du domicile d'une société sans s'inquiéter de sa nationalité, nous pouvons citer les suivantes, qui confirment notre doctrine.

Un arrêt de la Cour de Chambéry (*aff. Ch. de fer Victor-Emmanuel*, 1er décembre 1866. D. 1866. 2. 246), s'exprime ainsi : « Si une société commerciale, et notamment une compagnie de chemin de fer, peut, indépendamment du domicile général établi à son siège social en vertu des statuts, avoir d'autres domiciles distincts, sinon dans toutes les localités où elle possède une gare, au moins aux lieux où elle a un centre important d'opérations et d'administration », il n'en est pas moins vrai que « ces divers domiciles ne sont attributifs de juridiction que relativement aux intérêts et aux affaires qui y sont traités ; le tribunal du domicile social reste seul compétent pour statuer sur les différends affectant la société tout entière ».

V aussi un arrêt de la Ch. des Req (1er févriér 1881. D. 81, 1. 314) conçu à peu près en ces termes : « Pour une société établie en France, qui a son usine principale à l'étranger, le domicile sera au siège social, c'est-à-dire au lieu où se tenaient habituellement les assemblées générales, où se réunissaient mensuellement le conseil de surveillance, d'où l'administrateur délégué dirigeait la fabrication des marchandises et donnait ses ordres au perqu'elle n'était pas sans jouir d'une certaine latitude à ce sujet, puisque, cette nationalité résultant de la situation du principal établissement et du siège social, elle était libre de placer ces derniers où elle voulait — cette liberté étant en fait limitée par le respect de son intérêt bien entendu. Nous considérons qu'elle se trouve dans la même condition lorsqu'elle veut changer de nationalité.

Quelques distinctions sont nécessaires.

A. Il s'agit d'une société qui est française et qui émigre à l'étranger.

1. *La société a en France son siège social et son principal établissement.*

sonnel de l'usine, et où aboutissaient les effets à payer ou à encaisser par la société ».

Quelque temps après cette décision, la Ch. des requêts a rendu à nouveau deux décisions dans le même sens : V. 9 août 1881. D. 82.1. 408, 30 janv. 82. D. 83. 1. 223. adde. *aff. Chandora* c.*Banque Européenne*. Trib. de com., de la Seine 10 février 1881. J. de D. I. P. 1881, p. 158, confirmé par la Cour de Paris V. *ibid.*, 1882., p. 317.—Trib. de com. de la Seine, 8 février 1892, *aff. Dufour*. *Loi* 24 février 1892.

V. aussi Dall., codes annotés. Code de com. art. 440 n° 51. C. de Pr. civ., art. 59, nos 609 et 626.

Notons pour terminer les solution, adoptées :

1° Au congrès tenu à Montevideo du 25 août 1888 au 18 fév. 1889 (Rev. de Droit Int. 1889, p. 576 et 577. article de M. Pradier Fodéré). Cette solution est très vague : tit. 2, art. 4. « Le contrat social se règle tant en sa forme qu'en ce qui concerne les relations juridiques entre les associés et entre la société et les tiers par la loi du pays où la société a son *domicile commercial*. » (?)

2° Au congrès tenu à Hambourg en septembre 1891. « On doit considérer comme pays d'origine d'une société par actions, le pays dans lequel est établi sans fraude son siège social légal.

Nous avons dit plus haut la résolution adoptée à Paris en 1889 au Congrès international des sociétés par actions.

Si elle ne déplace que son siège social, la principal établissement restant en France, sa nationalité, suivant nous, ne sera pas altérée : les attaches qu'elle conserve dans ce cas avec notre pays nous paraissent suffisantes pour qu'on en puisse conclure qu'elle n'a pas entendu cesser d'être française, elle conservera donc cette qualité, d'après nous, sans qu'on puisse avoir à craindre ainsi qu'on le verra plus loin qu'elle acquière la nationalité du pays où elle émigre et ait ainsi deux nationalités. La solution sera, à plus forte raison, la même au cas où elle ne déplace que son principal établissement puisque, en principe, il est sans influence sur la nationalité.

Au cas où la société transporte à l'étranger son principal établissement et son siège social, elle cesse certainement d'être française.

2. *La société n'a en France que son siège social* :

A raison de ce fait, elle était française, elle perd cette qualité en transportant ce siège social à l'étranger.

Pas de question au cas où la société qui n'a en France que son principal établissement le transporte à l'étranger.

B. Il s'agit d'une Société étrangère qui vient en France.

1. La société avait déjà en France son principal établissement.

Elle n'était alors pas française, mais elle l'est devenu en fixant chez nous son siège social.

2. Elle n'avait en France ni principal établissement, ni siège social.

Elle ne devient pas française en apportant chez nous l'un ou l'autre. — Elle le deviendra, au contraire, si elle fixe en France son siège social et son principal établissement.

Ces diverses solutions concordent entre elles de telle

sorte qu'elles n'engendrent pas de conflit de lois. Nous reconnaissons toutefois qu'elles ne répondent pas à toutes les hypothèses :

Ainsi nous décidons qu'une société étrangère ne devient pas française par cela seul qu'elle apporte en France son siège social. Or il est possible que par le fait de ce transfert en France elle perde la nationalité du pays de son siège social, ce qui arriverait au cas où elle n'aurait pas dans ce pays son principal champ d'exploitation, de sorte que notre société va se trouver sans nationalité ; mais quoi ! on ne peut pourtant pas lui conserver la nationalité du pays où se trouvait ce siège social, puisqu'elle n'a plus désormais aucune attache avec ce pays. Ne supprimerait-on pas la difficulté en complétant ainsi la solution proposée plus haut : la société qui transfère en France son siège social seulement ne devient pas française, à moins que par ce transfert elle perde sa nationalité primitive.

Quoiqu'il en soit, dans tous les cas où nous avons conclu à un changement de nationalité de la société, une chose certaine se produit, à savoir la dissolution *ipso facto* de la société : la personnalité que lui avait imprimée son ancien statut disparaît : ce n'est plus qu'une société de fait : il convient dès lors qu'elle se reconstitue conformément à la loi du pays auquel désormais elle se rattache. (Aix. 14 juin 1879. *J. des Soc.*, 1880, p. 203.)

D'ailleurs la société ne peut changer de nationalité que sur l'autorisation expresse de tous ses associés. En cas de refus de quelques-uns, ceux-ci ont le droit de faire procéder à la liquidation : Si elle se reconstitue avant qu'ils aient exercé leurs droits, elle n'en est pas moins débitrice envers eux, et en cas de faillite, on doit les considérer non comme des créanciers de la nouvelle société, mais comme des créanciers de l'actif qui est passé de l'ancienne dans la nouvelle (1).

26. β *De la nationalité des Sociétés propriétaires de navires.*

La question de la nationalité des sociétés présente un intérêt spécial au cas où il s'agit d'une société propriétaire de navires.

On sait que les navires jouissent d'un véritable état-civil, puisqu'ils ont une sorte d'acte de naissance (l'acte de francisation), un domicile légal, représenté par le port d'attache, une nationalité.

Or la nationalité d'un navire présente une grande importance ; car, en temps de paix, dans un grand nombre de pays, et surtout chez nous, des faveurs très nombreuses sont accordées aux navires nationaux, en même temps qu'en cas de guerre les principes du droit des gens reconnaissent aux Etats belligérants le droit réciproque de se saisir de leurs navires, même marchands, avec la cargaison qu'ils contiennent.

L'acte de navigation du 21 sept. 1793 modifié par la loi du 9 juin 1845 art. 11 (reproduit dans le Règlement de 1866 sur la marine marchande, art. 141) exige, entre autres conditions, pour qu'un navire soit français, qu'il appartienne au moins pour moitié à des Français. Etant donné que les navires devront avoir la nationalité de la société à laquelle ils appartiennent, maintiendrons-nous pour celle-ci les règles que nous avons posées plus haut ? — Nous les maintiendrons, car les raisons de droit sont les mêmes,

(1) V. sur ces divers points, VAVASSEUR, *J. de Dr. Int. Priv.* 1875, p. 350. PINEAU, *Soc Etrang*. p. 150. PIPI, *op. cit.*, p. 174.
Adde Cass 11 mars 1868, D. 68. 2. 63, Cass. 7 juin 1880. *J. de Dr. Int. Priv*, 1881. 1, p. 221.

tout en reconnaissant cependant que cette solution n'est pas sans inconvénients, car il pourra arriver ainsi que des étrangers bénéficient plus que dans la mesure permise par la loi d'avantages que celle-ci entendait réserver en grande partie à ses nationaux (1).

Des lois étrangères, muettes pour la plupart sur la nationalité des sociétés en général se sont prononcées formellement sur le droit qui peut leur appartenir d'armer des navires sur pavillon national. En Belgique, en Angleterre, un navire est national s'il appartient à une société établie sur territoire belge ou anglais. En Italie, la loi du 24 mai 1877 (art. 40, t. 1, chap. 3) modifiant le code de la marine marchande du 25 juin 1865, fait une intéressante distinction qui s'appuie sur le caractère anonyme ou non de la société : la société en nom collectif ou en commandite pourra avoir des navires italiens, si l'un des associés qui figurent dans la raison sociale est Italien, en quelque endroit que la société soit établie. Le même droit appartient à la société anonyme qui a son siège social dans le Royaume et qui y tient ses réunions d'actionnaires. Les sociétés qui ne remplissent pas ces conditions pourront jouir du droit de posséder des navires voguant sous pavillon italien à la condition d'être fixées depuis 5 ans en Italie (2).

(1) C'est ce qui explique que le conseil d'Etat estime que le gouvernement a toute latitude pour accorder ou refuser selon les cas la francisation aux navires dépendant de sociétés anonymes françaises où prédominent toutefois l'élément étranger. V. Av. du Cons. d'Etat, 5 avril 1887. *J. de Dr. Int. Priv.*, 1887, pp. 250 et 251.

(2) V. Ann. de Lég. Etrang. 1877, p. 352 et 353.

Pour le droit en vigueur en Allemagne, v. PERELS, *Manuel de Droit maritime international* (trad. Arendt. 1883).

27. γ. *État du Droit étranger.*

Donnons enfin, pour terminer, quelques indications sur la solution en vigueur à l'étranger.

Dans un certain nombre de pays, la nécessité de l'autorisation préalable a été maintenue, de sorte que pour les sociétés qui s'y sont soumises, il est aisé, en principe, de déterminer leur nationalité : Parmi ces pays, il faut compter l'*Autriche*, où s'applique encore le Code de commerce allemand (art. 207 et suiv.), tel qu'il était en vigueur en Allemagne avant la loi du 11 juin 1870, la *Hollande* (Code de commerce de 1838, art. 36 et 37) (1) ; la *Suède* (l. du 6 oct. 1848 et du 12 juin 1874), la *Norvège* (l. du 3 juin 1874), la *Russie* (C. de commerce, art, 499), la *Finlande* (l. du 20 nov. 1864), la *Grèce*, la *Principauté de Monaco*, la *Turquie*, la *Pologne*, pays qui suivent encore la législation française de 1807, l'*Egypte* (C. de commerce égyptien, art. 46 et 47).

Dans d'autres pays, la loi est muette et l'opinion dominante est celle qui rattache la nationalité de la société au lieu du siège social.

En *Allemagne*, la doctrine et la jurisprudence sont d'accord pour considérer comme une règle de droit coutumier que la société a la nationalité du lieu de son siège social (1), à moins que celui-ci soit fixé arbitrairement ailleurs qu'au lieu d'exploitation, cas auquel il faut déterminer quel est alors le vrai établissement.

En *Angleterre*, la loi du 7 août 1862 sur les Joint Stock companies, n'a pas tranché la question, mais il paraît que

(1) V. O. BORCHARDT. *Die geltenden Handelsgesetze des Erdballs* 2e éd. T. III, p. 677 et 682.

(2) V. PINEAU *Op. cit.*. p. 181 et Trib de Leipzig, 25 nov. 1871. *J. de Dr. int. priv.*, 1874, p. 82.

la Chambre des Lords a décidé que le fait pour une société d'avoir à l'étranger le centre de ses opérations, ne l'empêche pas d'être anglaise si elle est constituée et enregistrée en Angleterre et y établit son siège social (1).

Espagne (V. nouv. Code civil de 1888, art. 28 et 41).

Suisse. Le Code fédéral des obligations ne dit rien à ce sujet (art. 524 à 719). Un arrêt du tribunal fédéral suisse (19 oct. 1888. *Semaine judiciaire*, 1889, p. 161, conf. même tribunal, 22 juillet 1889. *Rev. des Soc.* 1890, p. 49), décide que ce code n'est applicable qu'aux sociétés ayant leur siège social en Suisse.

Belgique. L'article 129 de la loi belge du 18 mai 1873, bien que M. Lyon-Caen (*J. des Soc.* 1880, p. 32 et suiv.), d'autres auteurs et même plusieurs tribunaux belges, aient pensé le contraire, ne tranche pas la question : il entend seulement soumettre à la loi belge la société fondée à l'étranger qui a en Belgique son établissement principal, sans pour cela lui attribuer la nationalité belge (2).

Pays qui s'attachent au centre d'exploitation.

Italie. L'article 230 *in fine* du Code de commerce de 1882 s'exprime ainsi :

« Les sociétés constituées en pays étrangers, qui ont en Italie leur siège et l'objet principal de leur entreprise, sont considérées comme sociétés nationales et sujettes, même pour la forme et la validité de leur acte constitutif quoique

(1) Rand-Bailey, *les Sociétés anglaises limited*, p. 134. Comp. Haute Cour de Justice. Division de Chancellerie, 17 juillet 1890. *Journ. de Dr. int. priv.*, 1891, p. 587 et suiv. Pineau, *op. cit.*, p. 182.

(2) V. la discussion intéressante qui a eu lieu sur ce point au Congrès de 1889. *CompteRendu sténographique*, p. 200 à 211.

passé en pays étranger, à toutes les dispositions du présent code ».

Il semble naturel de conclure de ce texte, que la société constituée à l'étranger qui n'a, en Italie, que son siège commercial ou bien seulement « l'objet principal de son entreprise » (l'oggetto principale della loro impresa), n'est pas italienne. Cependant, la pensée du législateur a été de qualifier italienne, la société qui a en Italie le centre de son action. Et la jurisprudence locale en a tenu compte : elle qualifie d'italienne la société qui « concentre en Italie ses forces économiques et y développe son activité commerciale ou industrielle ». (V. Cour de Cassation de Rome, 31 mars, 13 sept. 1887. *J. de Droit int. priv.*, 1889, p. 510, 1890, p. 162) (1).

Voir dans le même sens que l'Italie, le *Portugal* (C. de commerce de 1888, art. 110), la *Roumanie* (Code de commerce de 1887, art. 239, qui est d'une sévérité draconnienne).

(1) Pour plus de détails, V. PINEAU, *op. cit.*, p. 189 à 195 et DANIELI, *Les Sociétés étrangères en Italie. Journ de Dr. int. priv.*, 1888, p. 33.

CHAPITRE II

DE LA LOI FRANÇAISE DU 30 MAI 1857.

28. Régime légal des sociétés étrangères en France ; historique de la loi du 30 mai 1857.
29. Observations générales sur le texte de cette loi. Enumération des décrets rendus par le gouvernement français.
30. Des divers moyens accordés au gouvernement français pour habiliter les sociétés étrangères ; spécialement, du traité franco-anglais.
31. Des difficultés qui naissent de l'habilitation des sociétés étrangères par la voie des traités ; de la clause de la nation la plus favorisée.
32. Suite de la même question ; l'expression « sujets » est-elle assez large pour s'appliquer aux sociétés ?
33, 34 et 35. De la condition juridique en France des sociétés Alsaciennes et, plus généralement, des sociétés allemandes.
36. De l'esprit dans lequel a été conçue la loi de 1857, critique de la doctrine de MM. Alauzet et Pouillet.
37. Pensée véritable de cette loi.
38. A quelles sociétés se réfère la loi de 1857.
39. Difficultés relatives aux sociétés anonymes.
40. Des commandites par actions.
41. Des conséquences que l'évolution vers la liberté de l'anonymat a pu avoir sur la loi de 1857. Dédoublement de la question.
42. 1re question. Effets de la loi française du 24 juillet 1867.
43. Critique de l'arrêt de la Cour de Paris du 8 juillet 1881.
44. 2e question. Effets des lois étrangères ; quelle est la situation des sociétés appartenant à des pays où l'autorisation gouvernementale a été supprimée ? Doctrine de M. Thaller.

28. Nous avons conclu, on se le rappelle, à la fin de la section première du chapitre précédent que les personnes civiles, et spécialement les sociétés commerciales avaient une existence internationale, sauf aux lois des pays où elles voudraient fonctionner à réglementer cette existence.

Nous devons étudier maintenant comment la loi française organise sur notre territoire l'existence et le fonctionnement des sociétés étrangères.

Sous l'empire du Code de commerce de 1807, la question s'était, on se le rappelle, présentée de savoir si les sociétés anonymes (1) étrangères pouvaient agir en France, sans avoir obtenu du gouvernement français une autorisation dans les termes de l'article 37, avec l'état et la capacité que leur donnait leur loi nationale. Nous avons dit que nos tribunaux, à la différence de l'administration, n'avaient jamais émis de doute sur ce point (2), tandis que la cour de Cassation de la Belgique régie, elle aussi, par le code français, estima dès 1849 que l'article 37 était une loi de police, à laquelle devaient se soumettre étrangers et

(1) Cela n'a pas été contesté pour les autres sociétés sauf depuis la loi du 17 juillet 1856 pour les commandites par actions.

(2) Cette doctrine était-elle exacte ? MM. Lyon-Caen et Renault ne sont pas de cet avis (*Traité*, II . 1094). Nous adoptons leur opinion, ainsi qu'on le verra plus loin. Conf. Weiss *Traité* t. 2. p 423, Thaller, Rev. des Soc. 1881, p. 107, Contra, Cour Cass. du Luxembourg. 13 juin 1890. *Rev. Prat. de Dr. Int priv.*, 1890-91, p. 333.

nationaux. Une pareille solution, on le comprend, n'était pas sans causer de gros préjudices aux sociétés étrangères établies en Belgique, principalement aux sociétés françaises. Aussi le gouvernement belge, résolut-il, dans l'intérêt de ces dernières, de trancher législativement la difficulté.

Au traité de commerce intervenu entre la Belgique et la France à la date du 27 février 1854, fut annexée cette clause : « La faculté de faire valoir leurs droits devant les tribunaux belges étant contestée aux sociétés anonymes françaises et des inconvénients sérieux pouvant résulter de cet état de choses pour les associations commerciales, industrielles ou financières des deux Etats, le gouvernement de sa majesté le Roi des Belges s'engage à présenter aux Chambres Législatives, dans le delai d'un an, un projet de loi qui aura pour objet d'autoriser les sociétés anonymes et les autres associations qui sont soumises à l'autorisation du gouvernement français et qui l'auront obtenue, à exercer tous leurs droits et à ester en justice en Belgique, conformément aux lois du pays, moyennant la réciprocité de la France ».

En exécution de cet engagement, fut promulguée en Belgique le 14 mars 1855, une loi autorisant (art. 1) les associations anonymes, commerciales, industrielles ou financières françaises à exercer tous leurs droits et à ester en justice en Belgique toutes les fois que les associations de même nature légalement établies dans ce pays jouiraient des mêmes droits en France.

La Jurisprudence française n'ayant jamais mis en doute la faculté pour les sociétés anonymes belges d'agir et plaider en France, nos sociétés pouvaient se croire fondées à penser que la condition de réciprocité exigée par la loi belge était implicitement remplie et qu'elles étaient en droit de jouir en Belgique du traitement de faveur que cette loi leur promettait. C'était là une illusion : il leur fut répondu qu'une base aussi fragile que la jurisprudence alors en faveur ne pouvait constituer la « réciprocité » (1). Le gouvernement français dut donc, à son tour, rédiger un projet de loi, afin d'assurer d'une façon incontestable aux sociétés belges une situation juridique que nos tribunaux ne leur avait pas déniée jusqu'alors.

Ce projet est devenu la loi du 30 mai 1857 ; son texte est celui-ci (2) :

« Art. 1er. Les sociétés anonymes et les autres associations commerciales, industrielles ou financières qui sont soumises à l'autorisation du gouvernement belge et qui l'ont obtenue, peuvent exercer tous leurs droits et ester en justice en France, en se conformant aux lois de l'Empire.

« Art. 2. Un décret impérial rendu en Conseil d'État peut appliquer à tous autres pays le bénéfice de l'art. 1er. »

29. Avant d'examiner quels droits appartiennent désormais en France aux sociétés étrangères autorisées conformément à cette loi, il convient de faire dès maintenant sur son texte ainsi que sur le principe qu'elle pose, quelques observations.

L'article 1er a pour seul but de répondre à la condition de réciprocité voulue par la loi belge. L'article 2 étend le

(1) Au sujet de la réciprocité, la loi belge disait dans l'article 3 : « cette réciprocité sera constatée soit par les traités, soit par la production des lois ou actes propres à en établir l'existence. »

(2) V. l'exposé des motifs et le rapport du projet de loi. Dall. 1857. IV. p. 75. La loi belge et la loi française sont conçues toutes deux presque dans les mêmes termes.

bénéfice de cet article aux sociétés étrangères appartenant à d'autres pays, sans exiger, comme le fait l'article 2 de la loi belge, la réciprocité. Le gouvernement français reste donc parfaitement libre ; ce qui ne peut être qu'avantageux : comme le fait remarquer le rapporteur du projet, « le gouvernement saura maintenir avec fermeté le principe de la réciprocité toutes les fois qu'il le reconnaîtra nécessaire à l'intérêt du pays ; il l'abandonnera au contraire s'il devient utile d'accorder le droit de s'établir et d'ester en justice à des sociétés anonymes autorisées par des gouvernements avec lesquels un traité de réciprocité ne serait pas immédiatement possible, lorsque les propositions de ces sociétés ou leur genre de commerce seraient de nature à procurer à la France des produits qui lui seraient nécessaires, ou des transactions avantageuses. »

Nous voyons, d'autre part, que le gouvernement français reçoit de la loi délégation de procéder non par des mesures individuelles à chaque société, ainsi que cela se passait sous le régime de l'ancien article 37 du Code de commerce, mais par des dispositions collectives s'appliquant à toutes les sociétés d'un même pays. On comprend aisément pourquoi : il suffit, en effet, de voir contre quel danger il fallait se prémunir ; ce qui était à craindre, ce n'était pas que fonctionnât en France telle société anglaise plutôt que telle autre, celle-là faisant aux sociétés indigènes plus de concurrence que celle-ci ; la pensée qui animait le législateur était plus haute : il voulait protéger les Français, individus ou personnes morales, contre les périls que présentaient les lois étrangères elles-mêmes, donc contre toutes les sociétés formées avec l'aide de ces lois. Ceci admis, nous sommes porté à croire que le gouvernement ne pourrait procéder par mesures individuelles.

Il doit rendre une disposition s'appliquant en principe à toutes les sociétés d'un même pays, sauf à exclure, s'il lui plait, tel ou tel genre de sociétés, les sociétés d'assurances sur la vie, par exemple (1).

30. L'art. 2, disons-nous, permet d'accorder le bénéfice de l'article 1er aux sociétés autres que les sociétés belges, par le moyen d'un décret rendu en Conseil d'État. En présence du laconisme de cet article, on s'est demandé si le gouvernement ne pouvait pas procéder autrement que par décret, notamment par la voie d'un traité (2).

La question s'est posée à l'occasion de la convention franco-anglaise, en date du 30 avril 1862 . Nous lisons dans cet acte diplomatique :

« Les hautes parties contractantes déclarent reconnaître mutuellement à toutes les compagnies et autres associations commerciales, industrielles et financières *constituées ou autorisées* suivant les lois particulières des deux pays, la

(1) Conf. Lyon-Caen et Renault. *Traité*. t. 2. n° 1099. Contra Weiss. *Traité*, t. 2, p. 428. Voici la liste des décrets rendus en exécution de la loi de 1857. Ils sont tous conçus dans les mêmes termes : Turquie et Egypte D. 7 et 18 mai 1859. Duvergier, *Coll. des lois*. 1859, p. 106 Sardaigne. D. 8 septembre 1860, *ibid.*, 1860, p. 51, — Portugal. D. 27 février 1861, *ibid.*. 1861, p. 122. — Luxembourg. D. 27 février 1861, *ibid.* 1861, p. 122. — Suisse. D 11 mai 1861 *ibid.*, 1861, p. 196. — Espagne. D. 5 août 1861, *ibid.*, 1861, p. 462 ; — Grèce, D 9 nov. 1861, *ibid.*, 1861, p 439. — Etats Romains, D. 7 fév. 1862, *ibid.*, 1862, p. 38. — Pays-Bas, D. 22 juillet 1863, *ibid.*, 1863, p. 635. — Russie, D. 25 fév. 1865, *ibid.*, 1865 p. 40 — Prusse, D. 19 déc. 1866, *ibid.*, 1866, p. 512. — Saxe, D 23 mai 1868. *ibid* , 1868, p. 182. — Autriche, D. 20 juin 1868, *ibid.*, 1868, p. 244. — Suède et Norvège. D. 14 juin 1872, *ibid.*, 1872, p. 281. — Etats-Unis, D. 6 août 1882, *ibid.*, 1882, p. 368.

(2) Il est évident que le gouvernement pourrait recourir à la voie législative.

faculté d'exercer tous leur droits et d'ester en justice devant les tribunaux, soit pour intenter une action, soit pour y défendre, dans toute l'étendue des états et possessions de l'autre puissance, sans autre condition que de se conformer aux lois des dits États et possessions ».

Ainsi qu'on le voit, ce texte est conçu dans des termes plus larges que ceux de l'article 1er de la loi de 1857, puisqu'il vise non seulement les sociétés *autorisées*, mais encore les sociétés *constituées* suivant la loi anglaise, et ayant, en l'absence d'une autorisation administrative, une existence juridique; (nous voulons parler des Joint Stock Companies limited). Aussi a-t-on soutenu que pour habiliter en France de pareilles, sociétés un décret eût été impuissant ; il eût fallu soit une loi, soit, comme cela s'était passé dans l'espèce, un traité, lechef de l'État ayant alors la prérogative constitutionnelle de donner par sa seule signature force de loi aux traités qu'il pouvait passer avec d'autres puissances (1). Nous partageons cette opinion : nous croyons que le pouvoir exécutif n'avait reçu délégation que pour les associations se formant dans leur pays d'origine avec l'autorisation gouvernementale (2).

(1) Conf. Weiss, *Traité*, t. 2, p. 428. Notons au point de vue constitutionnel qu'une convention diplomatique du genre de traité franco-anglais de 1862 ne serait exécutoire, aujourd'hui, qu'après avoir été approuvée par le Parlement. L. 16 juillet 1875, art. 8.

Comp. la constitution de 1852, art. 6.

(2) Si nous parcourons le texte des différents decrets rendus en exécution de la loi de 1857 et dont l'énumération est indiquée plus haut, nous voyons qu'ils n'habilitent jamais que les sociétés soumises dans leur pays d'origine à une autorisation administrative.

Le procureur général Dupin (S. 1863. I. p. 353) nous fait connaitre quels ont été les scrupules de l'Administration lorsqu'elle

Mais, d'autre part, un traité était-il suffisant pour habiliter en France les Joint Stock Companies ? La Cour de Rennes (arrêt du 26 mars 1862) ne le pensa pas. Elle décida que la convention de 1862 avait eu pour seul effet d'obliger le gouvernement français à rendre un décret habilitant les sociétés anglaises, et que tant que ce décret n'était pas rendu, la convention n'était pas obligatoire pour les citoyens et les tribunaux ; elle ne pouvait avoir d'effet qu'entre les parties contractantes. La Cour de Cassation (19 mai 1863. S. 1863.1.353) cassa cet arrêt sur les conclusions conformes du Procureur général Dupin qui s'exprimait ainsi : « La Cour de Rennes a confondu deux ordres de choses absolument différentes, l'exercice du pouvoir de l'Empereur par la voie diplomatique au moyen des traités, et l'exercice de ce même pouvoir par la voie administrative au moyen des décrets. Elle n'a pas vu que le souverain était resté le maître de choisir, suivant les circonstances, la voie la plus simple et la mieux appropriée à la situation des États (1) ».

a pensé à habiliter en France les sociétés anglaises. Se référant à une lettre du ministre des affaires étrangères, il dit ceci (S. p. 355) : « En Angleterre, le nombre des sociétés soumises à l'autorisation du gouvernement est très restreint : la forme des sociétés à responsabilité limitée y domine. La loi de 1857 ne les comprenait pas dans sa disposition, et d'ailleurs, les difficultés d'application en quelques sortes matérielles se présentaient ; un traité pouvait facilement en triompher. Voilà pourquoi : le traité du 30 avril 1862 a été signé ; sa rédaction, plus élastique, règle tous les droits, et prévoit les espèces : il suffit, pour la voir, de rapprocher son texte de celui de la loi de 1857. »

MM. Pipi, *op. cit.*, p. 114, et Chervet, *op. cit.*, p. 181 estiment qu'un traité n'était pas nécessaire pour habiliter les Joint Stock companies.

(1) La convention franco-anglaise de 1862 n'est pas restée isolée :

31. La possibilité pour le gouvernement français une fois reconnue d'habiliter les sociétés étrangères au moyen d'un traité, des difficultés naissent de la mise en pratique de ce procédé. Elles résultent principalement de *la clause de la nation la plus favorisée* qui est pour ainsi dire de style dans les traités de commerce et d'après laquelle chaque signataire du traité se fait reconnaître le droit de profiter de tous les avantages commerciaux que l'autre État pourrait dans la suite accorder à un État étranger. On s'est donc demandé si une société appartenant à un État

nous trouvons au *Bulletin des Lois*, 1865, nº 1293, un décret qui promulgue le traité de commerce conclu le 4 mars 1865 entre la France et les villes hanséatiques (Brême, Hambourg, Lubeck), dont l'art. 19 est ainsi conçu :

« Les hautes parties contractantes déclarent mutuellement reconnaître à toutes les compagnies et autres associations commerciales industrielles et financières, ainsi qu'aux sociétés à responsabilité limitée et autorisées suivant les lois particulières de l'un des deux pays, la faculté d'exercer leurs droits, d'ester en justice, soit pour y intenter une action, soit pour y défendre, dans toute l'étendue du territoire de l'autre État, sans autre condition que de se conformer aux lois de cet État ». Ce même article contenait en outre cette disposition qui ne figurait pas dans la convention franco-anglaise : « Il est entendu que la disposition qui précède s'applique aussi bien aux compagnies et associations constituées et autorisées antérieurement à la signature du présent traité qu'à celles qui le seraient ultérieurement ».

L'art. 20 du traité de commerce conclu le 9 juin 1865 avec le Grand-Duché de Mecklembourg-Schwerin reproduit textuellement cette disposition.

V. le aussi Décret impérial du 24 juin 1865. *Bull. des Lois*, 1865. (Partie principale, 1er semestre, p. 847) qui étend à la Prusse le bénéfice des dispositions du traité conclu avec les villes hanséatiques. Cela en 1865, tandis que les Sociétés prussiennes ne furent habilitées par un décret rendu en conformité de la loi de 1857 que le 19 décembre 1866.

en faveur duquel n'a pas été rendu un décret général d'autorisation, mais qui a conclu avec notre pays un traité contenant la clause en question pourrait s'appuyer sur celle-ci pour invoquer la situation faite en France aux sociétés des autres États habilitées chez nous par une loi, un décret ou un traité.

Certains ont douté que cette clause pût avoir des conséquences aussi larges, prétendant qu'une sorte de droit coutumier en limitait l'effet aux droits d'entrée et de sortie, au transit, en un mot à la généralité des intérêts réglementés par la législation douanière ; on a dit que cette clause n'apportait aucune amélioration notable à la condition juridique des citoyens des États contractants, que notamment « elle ne leur donnait pas le droit de former dans leur propre pays des sociétés anonymes habiles à agir dans l'autre pays contractant » (1).

Il suffit, pour réfuter cette manière de voir, de montrer que la clause de la nation la plus favorisée n'est jamais conçue dans des termes identiques. L'article 11 du traité de Francfort contient une formule beaucoup plus extensive, on le verra plus loin, que celle du traité de commerce conclu le 25 mars 1865 entre la France, la Suède et la Norvège et qui visiblement ne se réfère qu'aux intérêts douaniers, et qui est ainsi conçue :

« Les hautes parties contractantes se garantissent réciproquement le traitement de la nation la plus favorisée pour tout ce qui concerne l'importation, l'exportation et le transit. Chacune d'elles s'engage à faire profiter l'autre de toute faveur, de tous privilèges ou abaissements dans les tarifs des droits à l'importation ou à l'exportation des ar-

(1) LYON-CAEN et RENAULT, t. 2 n° 1102, p. 790.

ticles mentionnés ou non dans le présent traité, qu'elle pourrait accorder à une tierce puissance. Les hautes parties contractantes s'engagent en outre à n'établir l'une envers l'autre aucun droit ou prohibition d'importation ou d'exportation qui ne soit en même temps applicable aux autres nations (1). »

Nous estimons donc, quant à nous, que la question de savoir si la clause de la nation la plus favorisée peut réagir sur le régime juridique des sociétés appartenant aux pays ayant passé avec le nôtre un traité où cette clause se rencontre, est une question d'interprétation qui se résout par l'examen du texte du traité.

32. Ceci admis, une autre difficulté se présente tout à fait semblable à celle que nous venons de résoudre : elle porte sur le sens qu'il convient d'attribuer au mot *sujet* qui figure souvent dans les conventions diplomatiques. Faut-il lui reconnaître le sens le plus compréhensif, c'est-à-dire décider qu'il embrasse même les sociétés de commerce, ou bien le sens le plus étroit, et le restreindre aux personnes physiques ?

On a soutenu qu'il convenait d'adopter cette dernière interprétation. « Tant qu'il ne s'agit que d'individus, dit M. Thaller (2), il y a parité de situation entre les résidents des divers pays séjournant sur un même territoire. Les individus étrangers ayant telle origine valent en droit les individus ressortissant d'un autre État. Au contraire, la situation change quand on passe aux sociétés : on ne

(1) Les sociétés suédoises-norvégiennes n'ont été autorisées à fonctionner en France que par un décret rendu le 14 juin 1872.

(2) *Les compagnies françaises d'assurances et le gouvernement d'Alsace-Lorraine*, p. 39 et suiv.

peut mettre dans la même balance les sociétés anonymes de deux pays distincts, tout simplement parce qu'elles sont constituées suivant deux législation différentes et sur deux. types non conformes ».

Les tribunaux français ont à plusieurs reprises adopté cette doctrine : ainsi en 1859 et 1860, une société suisse, la *Caisse Franco-Suisse*, cessionnaire des droits de la Compagnie française, *le Cheptel*, s'est vu dénier le droit d'ester en justice en France, non pas tant par ce fait qu'il n'avait pas été rendu en faveur des sociétés de son pays un décret général d'autorisation, mais encore parce que la convention franco-suisse du 18 juillet 1828 (1), seule invoquée dans l'espèce, n'avait entendu accorder le droit d'ester en justice en France qu'aux particuliers et non aux êtres moraux (Orléans, 10 mars et 19 mai 1860. Cassation, 1er août 1860 (2).

(1) V. Duvergier. Coll. de Lois 1828, p. 634.

(2) Conf. Pineau, *op. cit*, p. 30 et suiv. Lyon-Caen et Renault *Traité*, t. II, p. 789. Note de. M. Chausse sous l'arrêt du 22 décembre 1892, *Ann. de Droit commercial*, 1893, p. 103 ; de Boeck *Revue prat. de Dr. int. privé*, 1892, p. 312 etc. : Adde Orléans, 10 mars et 19 mai 1860. D. 1860. 2. 126. Cass. civ. 1er août 1860. D. 1860. 1. 144 Trib. de comm. de la Seine, 28 mai 1891. *J. de Dr. int. priv.* 1891, p. 969. — 4 avril 1892, *ibid.*, 1892, p. 1026. Paris, 22 décembre 1892. D. 93. 2. 157.

Contra : Kauffmann, *Condition juridique des sociétes anonymes françaises en Alsace-Lorraine*. *Journ. de Dr. inter. priv.*, 1882, p. 141. V. aussi l'arr. du Trib. de l'Empire de Leipzig. *Journ. de Dr int. priv.* 1883. p. 317. — Adde un arrêt de la cour de Cass., en date du 12 août 1865. (S. 65. 1. 472) qui reconnaît, à propos du traité de commerce franco-anglais de 1862, que le mot *sujet* s'applique à une société réclamant la propriété d'une marque de fabrique... etc...

33. Mais c'est surtout à l'occasion de l'article 11 du traité franco-allemand de 1871 que la question a été discutée dans ces dernières années. — Le texte de cet article est ainsi conçu : « Les traités de commerce avec les différents Etats de l'Allemagne ayant été annulés par la guerre, le gouvernement allemand et le gouvernement français prendront pour base de leurs relations commerciales le *régime du traitement réciproque sur le pied de la nation la plus favorisée.* Sont compris dans cette règle les droits d'entrée et de sortie, l'admission et le traitement des *sujets* des deux nations ainsi que de leurs agents ». Certains auteurs ou arrêts ont donc pensé que l'expression *sujets* s'appliquait exclusivement aux individus, aux personnes physiques ; nous avons reproduit plus haut les raisons que donne M. Thaller à l'appui de cette manière de voir, elles ne nous satisfont pas, et il n'y a pas lieu de s'en étonner si l'on se rappelle que dans le chapitre précédent, nous avons essayé de démontrer que, dans le domaine du droit, individus et personnes civiles étaient choses égales, à part entre eux quelques différences en plus ou en moins qui ne sauraient avoir d'influence sur le principe. Le tribunal suprême de Leipzig (14 avril 1882, voir *Journ. de Dr. Int. priv.*, 1883, p. 317) cassant un arrêt de la Cour de Colmar, le tribunal fédéral suisse (9 octobre 1888) ont consacré la même idée.

On s'expliquerait d'ailleurs mal qu'il fût fait une distinction : « Les relations commerciales ne se comprennent pas sans le secours de sociétés étendant leurs opérations sur les deux pays, lesquelles sociétés sont presque toujours des sociétés anonymes et non des sociétés de personnes » (1). Le gouvernement allemand lui-même s'est

(1) Kauffman, *op. cit.*, p. 146

montré moins difficile que ces auteurs rigoristes : Le sous-secrétaire d'État, M. de Pommeresche, a, dans le préambule de son arrêté du 11 mars 1881 (1) reconnu aux sociétés belges, autrichiennes, anglaises, italiennes, le droit de fonctionner sans difficulté en Alsace-Lorraine en vertu des conventions diplomatiques alors en vigueur. Or, dit M. Weiss, si l'on se reporte à ces conventions, on voit qu'elles ne sont pas plus explicites que le traité de Francfort, et qu'elles se contentent d'employer comme lui le terme générique « sujets » (2). Il n'y a donc pas, à ce qu'il semble, de raison pour se montrer moins bienveillant que l'Administration allemande. Il est évident qu'il n'existe pas de décret habilitant en France les sociétés allemandes, mais ne se rencontre-t-il pas des actes diplomatiques qui l'équivalent? Beaucoup d'auteurs pensent que oui.

34 Ils font remarquer que si l'article 11 du traité de Francfort se borne à constater que les traités de commerce conclus entre la France et différents Etats de l'Allemagne ont été annulés par la guerre, la convention additionnelle du 11 décembre 1871 contient cette disposition caractéristique : « En dehors des arrangements internationaux mentionnés dans le traité de paix du 10 mai 1871, les Hautes Parties contractantes sont convenues de remettre en vigueur les différents traités et conventions existant entre la France et les Etats allemands antérieurs à la guerre ». De la sorte, l'Alsace-Lorraine, partie intégrante de l'Empire allemand, se trouve bénéficier des conventions

(1) Qui interdit aux compagnies françaises d'assurances de faire à l'avenir des affaires en Alsace-Lorraine sous peine de poursuites.

(2) Weiss, *op. cit.*, p. 442.

de 1865, spéciales à Hambourg, à la Prusse, au duché de Mecklembourg-Schwerin et étendues par la convention du 11 décembre 1871, à tout l'Empire. En tous cas et subsidiairement, si l'on vient à douter que le bénéfice des dites conventions ait été étendu à l'Allemagne entière, les sociétés d'Alsace-Lorraine peuvent, en vertu de l'art. 11, revendiquer la situation de la nation la plus favorisée, notamment celle faite en France, aux villes libres, au grand duché de Mecklembourg-Schwerin, etc., en vertu des anciens traités remis en vigueur par la dite convention additionnelle. Enfin, très subsidiairement, abstraction faite de la convention additionnelle du 11 décembre 1871, elles peuvent encore, en vertu de l'article 11, invoquer le traitement réservé en France, aux sociétés anglaises, par la convention franco-anglaise de 1862, laquelle n'a jamais cessé d'être en vigueur.

35. Plusieurs auteurs repoussent cette doctrine, estimant que la solution contraire résulte des protocoles des conférences tenues à Francfort pour la négociation de la convention additionelle du 11 décembre 1871 (Séance du 4 nov. 1871) (1). Ils invoquent le texte du protocole 9 ainsi conçu : « Avant de clore la séance, les plénipotentiaires français demandent à leurs collègues s'ils ont reçu du gouvernement impérial une réponse au projet de déclaration sur la situation réciproque en Alsace-Lorraine et en France de sociétés anonymes industrielles et financières,

(1) Lyon-Caen et Renault. *Traité*. II, p. 789, de Bœck, *loc. cit.* ; Jug. du Trib. de commerce de la Seine, 4 avril 1892, *aff. Banque de l'Alsace-Lorraine*. D. 1896, 1, 251.

ainsi que sur le libre fonctionnement dans les territoires cédés des agences des compagnies d'assurances sur la vie et contre l'incendie. Les plénipotentiaires allemands répondent qu'ils n'ont pas cru devoir transmettre à leur gouvernement la déclaration protocolique dont il s'agit : à leurs yeux, le paragraphe sur la garantie réclamée en faveur des compagnies d'assurances aujourd'hui existantes en Alsace-Lorraine impliquerait une immixtion dans l'administration intérieure du pays que la teneur générale de leurs instructions les oblige à repousser. Quant à la situation légale des sociétés anonymes d'Alsace, que le premier aliéna du même projet de déclaration tendrait à placer sur la même ligne que les sociétés prussiennes, ils ont pensé que ce point devrait être réservé pour une entente par la voie diplomatique. Les plénipotentiaires français répliquent que si le gouvernement impérial confirme cette manière de voir ils n'insisteront pas autrement sur le maintien de la formule qu'ils avaient reçu l'ordre de proposer à leurs collègues ».

Que résulte-t-il de ce protocole ? Il en résulte tout au plus ceci, que, pour le moment, les plénipotentiaires entendent réserver la question, mais il n'a pas par lui-même force de loi. Ce qui a force de loi, c'est le texte de la convention du 11 décembre 1871 d'où il ressort que les anciens traités sont remis en vigueur. Déjà l'article 11 avait décidé que l'Allemagne jouirait en France des mêmes avantages commerciaux que ceux accordés à d'autres pays. Que les plénipotentiaires aient eu des hésitations, aient fait des réserves, que nous importe, si le texte adopté n'en porte pas la trace. D'ailleurs, si on se reporte au protocole 9 ici reproduit, ne voit-on pas que très probablement les plénipotentiaires de deux pays considéraient la question comme implicitement tranchée par le traité du 10 mai 1871 et qu'ils entendaient seulement prendre des mesures spéciales pour éviter toute difficulté (1). La Cour de Cassation, par arrêt du 14 mai 1895 cassant un arrêt de la Cour d'appel de Paris en date du 1er juillet 1893, a consacré cette manière de voir :

« Attendu, dit cet arrêt, que les traités susvisés (2), annulés par la guerre ont été remplacés ou remis en vigueur par l'article 11 du traité de Francfort et par l'article 18 de la convention additionnelle du 11 déc. 1871, (Loi du 9 janv. 1872.)

« Attendu qu'en stipulant dans ces circonstances le régime du traitement réciproque sur le pied de la nation la plus favorisée, les gouvernements français et allemand ont entendu que les avantages dont jouissaient avant la guerre, en vertu des traités, certains États de la Confédération germanique seraient désormais étendus à tous les sujets de l'empire d'Allemagne ;

« Attendu que cette interprétation n'est nullement contredite par le protocole de la conférence de Francfort du 4 nov. 1871 ; que *quel que soit le sens à donner aux déclarations et aux réserves insérées au dit protocole, elles ne sauraient, en aucun cas, prévaloir contre les dispositions même du traité* et de la convention additionnelle du 11 déc. 1871;

« Attendu qu'il suit de ce qui précède, qu'en refusant à la Banque d'Alsace-Lorraine le droit d'ester en justice

(1) Conf. KAUFFMANN *loc. cit.*, p. 149, la note de M. KŒHLER sous l'arrêt du 14 mai 1895 et les conclusions de M. l'avocat général DESJARDINS. D. 1896, 1, p. 249.

(2) Les traités intervenus en 1865 entre la France et différents États de l'Allemagne, dont nous avons parlé plus haut.

comme demanderesse devant les tribunaux français, l'arrêt attaqué a violé l'article 11 susvisé du traité de Francfort...

« Par ces motifs..., casse, etc. (1). »

36. Nous venons de voir quels moyens la loi de 1857 a accordés expressément ou tacitement au gouvernement français pour permettre aux sociétés étrangères d'opérer sur notre territoire, il convient, maintenant que nous connaissons l'économie générale de cette loi, de rechercher quelle a été la pensée de ses auteurs en la rédigeant. C'est là une question des plus délicates, et sur laquelle, en doctrine, on n'est pas d'accord.

Il a été soutenu, en France, que la loi de 1857 avait été faite dans la pensée unique de calmer les scrupules des juridictions de Belgique, par l'établissement d'un acte constitutif de la réciprocité voulue par la loi Belge, et qu'à tous autres égards les tribunaux français avaient été laissés libres de persévérer dans la jurisprudence qui avait été la leur jusqu'à l'époque où la loi française fut rédigée (2). On a de même prétendu, en Belgique, que la loi

(1) En ce qui concerne l'Allemagne, il avait été jusqu'alors décidé que ses sociétés ne pouvaient pas agir en France : V. *aff. l'Espérance*, 28 mai 1891. *Journ. de Dr. int. priv.*, 1891, p. 969. Cour de Paris, 22 déc. 1892. D. 93, 2, 157. *Ann. de Dr. comm.*, 1893, p. 103.

Dans le sens de l'arrêt du 14 mai 1895, trib. de commerce de la Seine, 8 oct. 1897, *le Droit*, 26 oct. 1897.

(2) Dans ce sens, ALAUZET n° 631 et 636, MAILLARD dans PATAILLE, 1891, p. 231 : M. POUILLET dans une note insérée sous un arrêt de la Cour de Lyon, 13 décembre 1889, *Propriété industrielle de Berne*, 1er août 1891. V. aussi le pourvoi en Cassation contre un jugement du tribunal civil de Valognes, 25 juin 1859. D. 1860, 1, 444.

de 1855 avait eu pour seul but de réformer la jurisprudence de la Cour de cassation de Bruxelles résultant du fameux arrêt de 1849 (1) et que par conséquent les sociétés étrangères, notamment les sociétés anglaises pouvaient agir valablement en Belgique, alors même que leur fonctionnement remonterait à une époque antérieure au traité anglo-belge du 15 décembre 1862 conclu conformément à la loi belge de 1855.

En ce qui concerne cette dernière loi, nous n'étudierons pas la question ; nous dirons seulement qu'une pareille doctrine paraît trouver un fondement assez solide dans les paroles suivantes du ministre des affaires étrangères de Belgique : « En un mot, messieurs, d'après le projet de loi qui vous est soumis, la plus parfaite réciprocité est établie, et la loi ne fera que remettre les choses en l'état où elles étaient avant que le revirement de jurisprudence de la Cour de cassation eût refusé aux sociétés françaises la personnification dont elles jouissent ». Et un autre orateur disait encore plus catégoriquement : « avec ce système, la Cour de cassation jugera après la loi ce qu'elle a jugé avant. Or la loi a pour but de renverser la jurisprudence de la Cour de cassation. »

Nous ne pensons pas que la loi de 1857 puisse ainsi s'interpréter : bien qu'elle soit calquée sur la loi belge, nous ne rencontrons dans ses travaux préparatoires rien qui nous autorise à adopter une doctrine semblable. Nous voyons, au contraire, traiter la jurisprudence alors en vi-

(1) En ce sens, pour la Belgique, Cass., 12 avril 1888. *Belgique Judiciaire*, 1888 p. 108 ; jugement du tribunal d'Anvers du 13 décembre 1890, rendu sur les conclusions conformes de M. le substitut de NIEULANT. *Rev. Priv. du Dr. Int. privé*, 1890-1891, 1re partie p. 339 et suiv.

gueur en France de jurisprudence « plus généreuse qu'exacte » (1). Que déduire de ces paroles? Certains ont été jusqu'à croire que le législateur convaincu par l'argumentation ingénieuse développée par M. le Procureur général Leclercq lors des arrêts de la Cour de cassation de Belgique en 1847 et 1849 en avait adopté les conséquences, et qu'il entendait régler la situation des sociétés anonymes étrangères en partant de cette idée que celles-ci étaient de pures fictions de la loi, n'ayant, en principe, aucune existence en France, sans qu'il fût nécessaire de faire intervenir l'article 37 du Code de commerce (2).

37. Nous repoussons, quant à nous, cette doctrine rigoureuse (3). Nous avons décidé, on se le rappelle, que les personnes civiles avaient en principe une existence internationale sauf aux lois des pays où cette existence voudrait se manifester à prendre des mesures pour la

(1) Rapport de M. BERTRAND, *in initio*.

(2) C'est ainsi que M. GRANDPERRET (thèse. Lyon, 1893, p. 124) approuve un arrêt de la Cour de Cassation (1er août 1860. D. 1860, 1, 444. S. 1860, 1, 865), « qui, dit-il, se fonde sur 1o l'inexistence des personnes morales hors du territoire sur lequel la loi, dont elles tirent la vie, exerce son empire, 2o le caractère d'ordre public de l'art. 37, Code de comm ; 3o la loi de 1857 elle-même ». M. DEMANGEAT sous BRAVARD, traité, 2e éd. t. I, p. 621, approuve aussi cet arrêt beaucoup moins suivant nous dans ses motifs que dans la décision qu'il consacre, et qui est aussi la nôtre.

(3) Elle s'appuie sur le passage suivant des trav. prép. de la loi de 1857. D. 57. IV. p. 77 no 11. Parlant de l'arrêt de 1849 rendu par la cour de cassation belge le rapporteur s'exprime ainsi : « Cet arrêt fut un trait de lumière qui finit par éclairer complètement la situation : alors apparut dans tout son jour le danger de maintenir plus longtemps *un principe demeuré presque toujours sans application et susceptible de gêner dans leur libre action les sociétés anonymes* ».

réglementer. Or, d'après nous, l'article 37 était une de ces mesures : sans cet article, sous l'empire du Code de commerce, les sociétés anonymes étrangères auraient eu une existence en France (1). Les travaux préparatoires du Code de 1807 nous obligent à en décider ainsi : « L'ordre public, disait Cambacérès, au Conseil d'Etat (séance du 15 janvier 1807, Locré, XVII, p. 192) est intéresssé dans toute société qui se forme par actions parce que trop souvent ces entreprises ne sont qu'un piège tendu à la crédulité des citoyens ». Cela était aussi vrai cinquante ans plus tard. Il nous paraît bien, dès lors, que si le législateur de 1857 juge à propos de revenir aux idées de liberté jadis en honneur en Belgique et qui n'avaient cessé de l'être en France, c'est seulement en faveur des société belges tandis que vis-à-vis de celles des autres pays, il entend faire dépendre du gouvernement français qu'elles aient désormais « sur notre territoire le caractère de personnes civiles et l'exercice de tous les droits qui s'y rattachent (2) ».

A quoi d'ailleurs nous conduirait la doctrine de MM. Alauzet et Pouillet ? Au résultat singulier que voici : Toutes les sociétés étrangères pourraient fonctionnner en France sans difficulté jusqu'au jour où la jurisprudence réagissant

(1) Conf. LYON-CAEN et RENAULT, *traite*. II. n° 1094.

(2) Il est vrai que dans le même rapport on lit : « Le projet de loi qui vous est soumis a pour objet d'assurer d'une manière légale et par conséquent plus positive aux sociétés anonymes étrangères cherchant à étendre leurs relations sur le territoire français le droit d'ester en justice dont elles ont joui néanmoins de tout temps grâce à la tolérance du gouvernement français et à la jurisprudence constante de nos tribunaux. Elles en jouissaient par tolérance, elles en jouiront légalement sous la seule mais importante condition de se conformer aux lois de l'empire ». D. 1857, IV, p. 75.

contre elle-même leur dénierait ce droit. C'est contre une pareille réaction toujours possible, et désastreuse pour elles que la loi de 1857 aurait entendu les protéger. Celles appartenant à un pays en faveur duquel le gouvernement français aurait rendu un décret se trouveraient à l'abri. Est-ce bien vraisemblable? — surtout lorsqu'on examine que le libéralisme de la Jurisprudence française n'avait jusqu'alors subi aucune défaillance; nous le répétons, le législateur avait des vues plus hautes, et nous estimons, quant à nous, avec M. de Boeck (1) que « si la loi de 1857 est une loi de circonstance qui a eu pour objet immédiat de reconnaître en France l'existence des sociétés anonymes en Belgique, elle a aussi saisi cette occasion pour régler d'une façon définitive la condition juridique des autres sociétés étrangères ».

La doctrine de M. Pouillet écartée, il importe peu, au fond, de savoir dans quelle mesure l'article 37 du code de commerce, la théorie du Procureur général Leclercq ont influencé les rédacteurs. Ce qu'il faut estimer comme certain, c'est que si ces derniers, dans les travaux préparatoires, se livrent parfois à des considérations sur ce qu'était la situation juridique des sociétés en droit international à l'époque où ils légiféraient, ils entendent régler la question pour l'avenir. Des termes généraux et absolus dans lesquels l'article 2 est conçu on doit conclure que désormais l'existence légale des sociétés anonymes étrangères en France est subordonnée à une autorisation que le gouvernement français peut accorder ou refuser (2).

(1) *Rev. Prat. de Dr. int. priv.*. 1892, I, p. 317 et 318.

(2) WEISS, *Traité*, t. 2, p. 430 et 431. LYON-CAEN et RENAULT, *Traité*, t 2, n° 1131, 1131 *bis*, 1132, etc., conf. jug. du tribunal de Valognes 25 juin 1859. D. 60, 1, 444, S. 60, 1, 865; nous lisons

38. Une autre question à examiner est celle de savoir à quelles sociétés se réfère la loi de 1857. Elle laisse évidemment en dehors les sociétés en nom collectif et les commandites simples, autrement dit les sociétés de personnes. On estime en général que les lois qui les régissent dans les divers pays se ressemblent assez pour présenter toutes des garanties suffisantes, et pour que dès lors il n'y ait pas lieu de protéger par des mesures spéciales les nationaux contre les agissements de ces sociétés lorsqu'elles sont étrangères. Bien plus, ceux-là mêmes qui dénient aux personnes civiles une existence internationale, reconnaissent qu'une sorte de coutume fait une exception en leur faveur (1). Il nous reste alors à nous occuper des sociétés de capitaux.

Rappelons à ce sujet le texte de l'article Ier : « *Les sociétés anonymes et les autres associations commerciales industrielles ou financieres qui sont soumises à l'autorisation du gouvernement belge et qui l'ont obtenue* peuvent exercer tous leurs droits et ester en justice en France, en se conformant aux lois de l'Empire. »

39. 1° *En ce qui concerne les sociétés anonymes.* — Des difficultés se sont élevées sur le sens du texte qui les

dans ce jugement : « Attendu que considérée comme société anonyme, la Caisse franco-suisse ne peut avoir d'existence légale en France, en tant que société, qu'après s'être pourvue de l'autorisation du gouvernement français, attendu que si ce principe admis en Belgique par une jurisprudence solennelle n'a pas été admis par la jurisprudence française jusqu'en 1857, la loi du 30 mai 1857 doit lever tous les doutes à cet égard ».

Conf. Cour d'Orléans, S. 60, 1, 866, Cour d'Aix, 17 janv. 1861. S. 61, 2, p. 335, Cour de Paris, 15 mai 1863, *aff. des Ch. de fer russes*. S. 63, 1, 353, note a.

(1) Weiss, *Traité*, t. 2, p. 434.

concerne : Une controverse règne entre plusieurs auteurs notamment entre MM. Lyon-Caen et Thaller. On se demande si dans la pensée du législateur, la phrase incidente « qui sont soumises à l'autorisation du gouvernement belge » se rattache à la phrase tout entière qui la précède ou seulement à la seconde partie de cette phrase « et les autres associations commerciales et industrielles, etc... ». Les conséquences diffèrent suivant qu'on adopte l'une ou l'autre interprétation. D'après M. Lyon-Caen (1), le législateur n'a entendu faire tomber l'incidente que sur la seconde partie de la phrase : d'après lui, il faut lire ainsi le texte : « Les sociétés anonymes (sans qu'il y ait à s'occuper si elles se forment ou non avec l'autorisation gouvernementale), et les autres sociétés qui seraient soumises à une autorisation de cette nature ». Aux yeux de M. Thaller, au contraire, l'article 1er doit se lire tout d'une pièce et a le sens suivant : « Les sociétés anonymes belges qui sont soumises à l'autorisation du gouvernement belge et l'ont obtenue, et les autres sociétés soumises à une pareille autorisation,... etc. » Le législateur n'a donc entendu habiliter que des sociétés soumises à l'autorisation de leur gouvernement.

Entre ces deux manières de voir, laquelle est préférable : nous avons déjà laissé entendre que suivant nous, c'est M. Thaller qui a raison : nous avons dit, on se le rappelle, qu'en 1862, lorsqu'on voulut autoriser en France les sociétés anglaises, on n'avait pas le choix entre un décret et un traité ; car il fallait, dans l'espèce, habiliter des sociétés anonymes formées sans intervention gouvernemen-

(1) V. la note sous l'arrêt de la Cour de Paris, 8 juill. 1881. S. 82, 2, 169.

tale, en vertu de la loi seule (1), hypothèse qui n'était pas prévue par la loi de 1857, et pour laquelle par conséquent le gouvernement français n'avait pas reçu délégation de procéder par décret.

Cette solution s'impose d'autant plus qu'à l'époque où fut rédigée notre loi, dans aucun pays l'anonymat n'était libre, et que, par conséquent, le législateur n'a pu entendre statuer sur une hypothèse alors impossible à rencontrer en pratique.

Ceci prouvé, nous n'insisterons pas davantage actuellement, nous y revenons plus loin, et nous en tirons les conséquences que la solution comporte.

40. 2° *En ce qui concerne les commandites par actions*, il y a aussi des difficultés. — Remarquons d'abord que la loi de 1857 ne les nomme pas : d'où il suit qu'elles ne sont régies par elle que dans le cas où elles rentrent dans la catégorie des « associations commerciales, industrielles ou financières qui sont soumises à l'autorisation de leur gouvernement et l'ont obtenue », autrement dit, elles n'ont besoin d'être autorisées en France que si elles l'ont déjà été dans leur pays d'origine. On voit l'anomalie. Ce sont justement contre les sociétés qui offrent le plus de garanties, que le gouvernement se trouve prendre le plus de précautions. Si, dans certains pays étrangers, des sociétés en commandite par actions peuvent se former sans autorisation gouvernementale, et sans que la loi locale les soumette à une réglementation rigoureuse, comme c'était le cas en 1857 pour les pays où s'appliquait encore le code de commerce français de 1807, ces sociétés pourront fonc-

(1) Les « Joint Stock companies limited ».

tionner en France de plein droit, au grand préjudice de tous. Choqué d'un pareil résultat, M. Thaller a cru pouvoir prétendre qu'il était juridiquement impossible. Voici quelle est l'argumentation de M. Thaller (1).

A l'époque où a été rédigée la loi de 1857, la commandite par actions était depuis longtemps la forme normale de l'association pour les entreprises un peu importantes : on y recourait d'autant plus volontiers que le Code était fort peu explicite à son sujet (2), et qu'aucune autorisation gouvernementale n'était nécessaire. Mais ces facilités n'étaient pas sans avoir engendré des abus et même des scandales, aussi pour y remédier, la loi du 18 juillet 1856 avait-elle été rendue qui, tout en maintenant ces sociétés, les avait réglementées avec le plus grand soin. En présence de cette réglementation minutieuse substituée à la liberté antérieure, on a peine à croire que, moins d'un an après, le législateur ait voulu compromettre son œuvre, en laissant pleine licence aux commandites étrangères n'offrant même pas la garantie au moins apparente d'une autorisation émanant du gouvernement du lieu de leur origine. A ces sociétés qui, aussi bien que si elles étaient anonymes, « sont entre les mains des habiles un moyen de dépouiller les naïfs après avoir fait briller à leurs yeux des bilans imaginaires » (3), il convient d'appliquer les règles protectrices de la loi française de 1856 : En effet, « les prescriptions légales relatives à la commandite sont conçues dans un intérêt de police et de sûreté publiques :

(1) V. l'étude de M. THALLER dans le *Journal des Sociétés*, 1881, p. 112.

(2) Les art. 38, 43 et 44, C. com., citent plutôt qu'ils ne réglementent cette forme de société.

(3) *Journal des Sociétés*, 1881, p. 113.

à ce titre, elles gouvernent étrangers et français, et les commandites belges ne sauraient y échapper. Tant que ces commandites se borneront à suivre la loi de leur pays sans se conformer à la nôtre, l'accès de nos tribunaux leur sera interdit ». Si nous nous trouvons en présence d'une commandite munie dans son pays d'une autorisation gouvernementale, nous lui reconnaîtrons le droit de conserver sa loi si le gouvernement français, considérant que cette loi est suffisante, a rendu en faveur du pays auquel la société appartient, un décret général d'autorisation.

Cette doctrine de MM. Thaller et Weiss (1), malgré sa logique n'a pas triomphé. Elle repose en effet sur une idée à laquelle on ne trouve aucune base dans les travaux préparatoires, et dont ils ne fournissent pas par ailleurs la preuve, à savoir que le législateur de 1856 a voulu faire une loi de police et de sûreté obligeant tous ceux qui habitent le territoire. Il est bien vrai que les lois de 1856 et 1867 sont des lois d'ordre public, mais elles n'ont ce caractère qu'à l'égard des Français. D'ailleurs, si MM. Thaller et Weiss sont d'un autre avis, ils limitent leur manière de voir aux sociétés en commandite par actions: ils n'exigent pas que les sociétés anonymes étrangères non autorisées se conforment à la loi française pour pouvoir agir chez nous. Pourquoi alors distinguer ? Pourquoi soumettre les commandites par actions à un sort plus rigoureux que celui qu'on octroie aux sociétés anonymes ? — Comme le disent MM. Surville et Arthuys (2), il vaut mieux croire à une lacune de la loi.

(1) *Traité*, t. 2, p. 443 et suiv.
(2) *Cours Elem. de Dr. int. priv.*, 2e éd., p. 513.

D'autre part, nous lisons dans les travaux préparatoires : « La loi laisse en dehors de son action les sociétés collectives, en commandite, ou autres représentées par un ou plusieurs directeurs gérants ou actionnaires responsables dont elles portent le nom ; elle s'applique particulièrement aux sociétés anonymes... *Quant aux autres sociétés, la loi que nous préparons ne saurait les atteindre* ». Nous argumentons de cette dernière phrase que la loi a voulu, non pas *reconnaître ces sociétés*, comme le dit à tort M. Paul Pont, (Traité des Sociétés, n° 1865), mais les laisser en dehors de ses prescriptions, c'est-à-dire les maintenir dans l'état où elles se trouvaient jusqu'alors, *les laisser libres* (1), sauf le cas cependant où elles rentrent dans la catégorie des « associations qui sans être anonymes, sont néanmoins soumises à l'autorisation préalable comme intéressant l'ordre, la morale et la sécurité publique » (2).

41. A l'époque où furent rédigées les lois belges et française de 1855 et 1857, les sociétés anonymes ne pouvaient exister dans tous les pays qu'en vertu d'une autorisation administrative. Mais une évolution s'est faite peu à peu, et presque partout, vers la liberté de l'anonymat, à tel point qu'aujourd'hui, nous l'avons dit plus haut (v. chap. 1er n° 27), la nécessité de l'autorisation ne subsiste plus qu'exceptionnellement. Quelles peuvent être les conséquences de ce phénomène juridique sur l'application de la loi du 30 mai 1857 ?

(1) Conf. Lyon-Caen et Renault *Traité*, t. 2, n° 1106, V. aussi Lescœur. *Essai historique et critique sur les Sociétés commerciales*, n° 156.

(2) V. Sirey, 1857. *Lois annotées*, p. 30, col. 2 en note.

La question est double, et présente un intérêt particulier suivant qu'on examine l'abrogation de l'autorisation en France ou à l'étranger.

42. 1re *question.* La loi de 1867, en abrogeant l'article 37 du Code de commerce a-t-elle implicitement abrogé la loi de 1857, et par conséquent les sociétés étrangères peuvent-elles désormais agir en France sans qu'un décret général d'autorisation ait été rendu en leur faveur ?

M. Lyon-Caen, dans l'étude qu'il publiait en 1870 au lendemain, pour ainsi dire, de la promulgation de la loi de 1867, estimait déjà que cette loi n'avait pas eu un pareil résultat, et cette doctrine était celle de tous les auteurs (1), lorsque la Cour de Paris, par arrêt du 8 juillet 1881, adopta une opinion contraire (2).

Si nous nous reportons à cet arrêt nous voyons qu'il se fonde sur la corrélation qui paraît avoir existé dans la pensée de législateur de 1857 entre l'autorisation suivant l'article 37 du Code de commerce et celle rendue conformément à la loi nouvelle. En publiant un Décret général d'autorisation pour les sociétés de la Suisse en 1861, le gouvernement français ne faisait pas autre chose qu'estimer que le gouvernement suisse usait avec autant de sagesse que lui-même du droit qui leur appartenait à tous

(1) Lyon-Caen. *De la condition des Soc. étrang. en France*, n° 25, v. aussi *Traité*, II. n° 1104. Paul Pont, *op. cit.*, II, n. 1867. Lescœur, *op. cit.*, n°° 146, 154, 158. Vavasseur, *Traité des Soc.*, n° 373. Rousseau, *Traité des Soc.*, t. II, n° 2137. Buchère, *J. de Dr. int. priv.*, 1882, p. 44 et suiv. Renault, *J. des Soc.*, 1880, p. 152, *Rev. crit.*, t. XVIII, p. 589 et suiv. Rataud, *Examen doctrinal. Rev. crit.*, 1882, p. 218 et suiv. etc.

(2) S. 1881, 2, 169, *J. du Pal.*, 1881, p. 937.

deux d'autoriser des sociétés anonymes à se former sur leurs territoires respectifs. Il se bornait donc à accorder à l'avance une sorte d'exequatur à toutes les décisions du même genre, passées ou futures, émanant du gouvernement suisse. Il faisait pour ainsi dire siennes toutes ces décisions individuelles. Mais qu'arrive t-il en 1867 ? La loi française juge que le droit qui appartenait au gouvernement d'autoriser les sociétés anonymes françaises est inutile, elle supprime l'article 37 ; par là même elle abroge la loi de 1857 qui avait pour but de protéger les Français contre les abus que pouvaient faire du même droit les gouvernements étrangers. — Attendu, dit cet arrêt que désormais « l'existence des sociétés anonymes est indépendante de l'Etat qui s'est dégagé de la garantie résultant de l'autorisation accordée par lui et qui en substituant à son contrôle et à une intervention directe des prescriptions législatives auxquelles elles sont tenues de se soumettre a abandonné aux tiers le soin de veiller dans leur intérêt propre, à ce que ces prescriptions soient observées ; que cette renonciation, par l'Etat, à son droit souverain d'accorder ou de refuser l'autorisation est l'un des caractères saillants de ce changement dans la législation, d'où il faut inférer en vue surtout de la *réciprocité qui est la raison dominante de la loi de 1857*, que les sociétés anonymes étrangères si elles sont légalement constituées dans leur pays à l'état de personnes morales et ont acquis le caractère attaché à cet état peuvent légitimement exercer leurs droits en France et y plaider comme le pourraient de simples particuliers étrangers... etc. »

43. Cet arrêt est des plus criticables (1). « Il viole, a dit

(1) V. dans le même sens un arrêt de la même Cour, 15 fév.

M. Lyon-Caen, les règles les plus manifestes de l'abrogation des lois ». L'abrogation d'une loi aussi impérative que celle de 1857 ne peut résulter que d'une disposition expresse contenue dans une loi nouvelle ou d'une inconciliabilité absolue entre celle-ci et celle-là, ce qui n'est pas le cas dans l'espèce. La Cour de Paris la reconnaît elle-même, puisqu'elle se borne à invoquer l'inconciliabilité des motifs. Mais c'est encore un principe de droit que la cessation du motif d'une loi n'entraîne l'abrogation de celle-ci, que s'il en est l'unique fondement. Tant que subsiste une seule des raisons qui ont motivé la loi, celle-ci conserve toute son autorité (1).

Mais, d'ailleurs, quels sont les motifs véritables et exclusifs de la loi de 1857 ? Il est bien difficile de le savoir. Cette loi a été rédigée d'une façon si hâtive (2) que tout en elle, son texte et son esprit, est controversé. En tous cas, ce qui paraît certain, nous l'avons démontré, c'est que sa raison dominante n'a pas été, comme le prétend l'arrêt, un désir de réciprocité entre les sociétés françaises et les sociétés étrangères. Nous avons dit aussi que l'autorisation dans les termes de cette loi répondait à autre chose que celle du Code de commerce. Elle protège les habitants de la France contre les dispositions insuffisamment rigoureuses des lois étrangères concernant les sociétés. Cette insuffisance n'a pas disparu parce que la loi française a changé, surtout lorsque ce changement a consisté seulement à remplacer une formalité par une autre.

1882. D. 82, 2, 201. S. 84, 2, 214, conf. Cour de Lyon, 13 fév. 1889 aff. Geigy. V. *la Propriété industrielle de Berne*, 1891, p. 104.

(1) Dall. Rep. Alph. V. *Lois*, n° 545.

(2) Présentée le 4 avril au corps législatif, elle était adoptée le 20 mai par le Sénat.

Au surplus, qu'on le remarque, cette doctrine conduirait à des résultats funestes ; les sociétés étrangères, à quelque pays qu'elles appartiennent, pourraient désormais de plein droit fonctionner en France sans présenter des garanties égales. Même en supposant qu'elles eussent obtenu l'autorisation de leurs gouvernements respectifs, cette autorisation pourrait ne pas équivaloir aux formalités rigoureuses imposées par les lois françaises en remplacement de l'autorisation préalable du Code de 1807. A plus forte raison, cette opinion serait-elle dangereuse lorsqu'il s'agirait de sociétés étrangères ayant pu se former librement dans leur pays d'origine.

La loi de 1857 n'est donc pas abrogée par la loi de 1867 (1), mais il reste à savoir dans quelle mesure elle est encore applicable par suite des modifications apportées aux lois étrangères. C'est là la seconde question que nous devons étudier.

44. *2e question.* La loi de 1857, restant encore en vigueur à l'égard des sociétés étrangères, quelle sera la situation de celles appartenant à des pays où l'autorisation gouvernementale a été supprimée ?

Nous retrouvons ici MM. Thaller et Lyon-Caen en désaccord. Le premier de ces éminents professeurs s'en tenant au texte même de la loi de 1857, estime que des décrets rendus en exécution de cette loi ne peuvent habiliter chez nous que les sociétés qui se sont formées dans leurs pays

(1) Conf. Cours de Gênes, 23 juillet 1886. S. 87. IV, p. 1, etc. Remarquons qu'en fait, le gouvernement ne considère pas que la loi de 1867 ait eu pour effet d'abroger la loi de 1857, puisque, nous l'avons montré plus haut, un certain nombre de décrets ont été rendus depuis 1867 jusqu'en 1882.

d'origine avec l'autorisation de leur gouvernement, la loi française ne parlant que des sociétés anonymes et autres soumises à l'autorisation du gouvernement belge. « La loi de 1857, dit cet auteur, n'habilite pas les sociétés belges, quelles qu'elles soient, ni même toutes les sociétés anonymes présentes ou futures ; elle n'habilite que les sociétés autorisées. Si notre territoire et notre marché leurs sont ouverts d'une manière générale, c'est parce que ces sociétés ont subi chez elles l'épreuve d'un examen administratif et remporté un diplôme de capacité. Régulièrement, l'action de ce diplôme ne devrait s'exercer que dans les limites du territoire belge, mais nous avons consenti par avance à lui donner effet chez nous. Le décret étranger a, devant nos tribunaux, toute la force qu'aurait un décret rendu par notre gouvernement. *C'est en considération de l'autorisation qui lui a été donnée en Belgique, que la société est reconnue chez nous.* En d'autres termes, la loi de 1857 était un acte de courtoisie vis-à-vis du gouvernement belge, une reconnaissance discrète de la sagesse dont il faisait preuve dans l'examen des statuts des sociétés. Aujourd'hui, le gouvernement belge n'a plus à exercer le droit de *veto* que l'ancienne législation lui accordait. *L'autorisation cessant*, les effets de la loi cessent en même temps (1). »

Cette doctrine était déjà celle d'un jugement du tribunal de commerce de la Seine rendu le 14 octobre 1879(2) : une

(1) Thaller. *Journ. des Soc.*, 1881, p. 312. M. Thaller ne parle que des sociétés belges, mais le raisonnement qu'il fait s'applique aussi bien aux sociétés des autres pays où l'autorisation préalable a été supprimée.

(2) Sur ce jugement, v. Renault, *J. des Soc.* 1880. *Du droit des sociétés anonymes belges*, p. 152 et s. n° 7, et Lyon-Caen note dans Sirey, 1881, 2, p. 171.

société belge fondée sous l'empire de la loi de 1873, c'est-à-dire sans autorisation préalable se vit dénier le droit d'ester en justice en France, pour cette raison que, ne pouvant représenter une autorisation émanant du gouvernement belge, elle ne se trouvait pas dans la situation voulue par la loi française pour pouvoir agir en France (1).

45. M. Lyon Caen n'admet par cette interprétation ; nous avons déjà dit que, d'après lui, le législateur de 1857 a entendu s'occuper des sociétés anonymes considérées en général, indépendamment des conditions dans lesquelles elles se forment : « Dans les travaux préparatoires de la loi de 1857, dit cet auteur (2), il n'a jamais été question de subordonner l'application de cette loi à l'obtention d'une autorisation en pays étranger, du moins pour les sociétés anonymes ». Une pareille condition serait d'ailleurs inutile puisque le gouvernement français reste le maître d'habiliter ces sociétés en France. Cette argumentation, au point de vue juridique, nous l'avons vu, est défectueuse ; elle l'est aussi au point de vue pratique puisque les lois étrangères ont parfois subi des modifications d'une nature telle qu'il serait dangereux que les sociétés appartenant aux pays où l'anonymat est devenu libre fonctionnassent en France à l'abri de décrets rendus en faveur de leur pays antérieurement à ce changement radical dans l'économie des lois les concernant. Aussi M. Lyon-Caen est-il obligé de prétendre que ces dangers

(1) La même solution est implicitement contenue dans un jug. du trib. civ. de la Seine, du 11 mars 1880, v. *J. des Soc.* 1880, p. 144.

(2) Dans la note déjà citée, p. 172, colonne 1re *in initio*.

n'existent pas. « Sans doute, dit-il, l'autorisation d'un gouvernement étranger offre des garanties et on comprend que quand il est constaté qu'elle n'est accordée qu'après mûr examen, le gouvernement français habilite les sociétés du pays étranger à agir sur notre territoire. *Mais les garanties n'ont pas disparu avec la suppression de l'autorisation préalable : elles ont seulement changé de nature* ; les conditions auxquelles les sociétés anonymes sont soumises là même où elles s'établissent sans autorisation constituent un système qui peut être équivalent ». S'il en était autrement s'il y avait un danger pour la France à laisser fonctionner sur son territoire ces sociétés anonymes devenues libres, le gouvernement français n'aurait qu'un parti à prendre, et il retirerait le décret qui a été rendu à l'époque où la loi présentait des garanties suffisantes. A quoi nous répondrons que c'est là une solution peu pratique. Le retrait du décret n'atteindrait pas que les sociétés non autorisées, il frapperait aussi les sociétés qui se sont formées sous l'empire de la loi ancienne, et qui présentent par conséquent toutes les garanties voulues. Mais ce n'est pas là la vraie difficulté. La question est de savoir si, au cas où aucun décret n'a été rendu, il peut en être rendu un en faveur des sociétés anonymes qui se fondent sans avoir besoin suivant leur loi nationale d'une autorisation administrative. Cela est tout différent, il ne s'agit plus de voir si tel décret est applicable, il s'agit de voir si la loi de 1857, permet de rendre un décret dans certaines conditions qui ne sont visiblement pas prévues expressément par son texte.

M. Lyon-Caen estime que la loi de 1857, le permet. Au fond, dit-il, ce que désirait le législateur de 1857, ce n'était pas que la société anonyme fût autorisée par son gouvernement, c'était qu'elle présentât des garanties suffisantes. Or les garanties nouvelles vaudront le plus souvent l'ancienne, et même lui seront supérieures, tandis que la sévérité d'un gouvernement étranger, quant à l'autorisation, peut varier presque instantanément et selon sa propre volonté. Au contraire, la règlementation légale reste invariable tant qu'une loi ne vient pas la modifier, et une société ne peut pas espérer s'y soustraire par une raison ou une autre.

46. Cette manière de voir nous paraît inexacte : qu'en 1857, on n'ai pas insisté outre mesure sur la condition de l'autorisation préalable, cela se comprend à merveille, puisqu'à cette époque, dans aucun pays, nulle société anonyme ne pouvait se former sans obéir à cette condition.

Il n'en faut pas moins s'en tenir au texte de la loi telle qu'elle est formulée (1) ; quand le législateur décide d'une telle manière dans certaines circonstances, il n'est pas permis de déduire qu'il eût décidé de même dans d'autres

(1) M. Lainé ne résout pas la difficulté en disant (note sous Gênes, 24 juillet 1886. S. 87, IV, p. 1) : « comme en 1857 les sociétés anonymes françaises étaient légalement constituées par l'autorisation du gouvernement, on conçoit que pour plus de précision cette forme de leur constitution légale ait été expressément visée : voulant qu'elles eussent l'existence légale en France pour la leur accorder en Italie (il s'agit de la loi Sarde de 1860, v. plus loin), on a voulu qu'elles portassent le signe de leur existence légale. Ce signe eût été différent qu'on l'eût également réclamé au même titre dans le même esprit, car c'était au fond des choses que l'on tenait, nullement à leur aspect extérieur. Dès lors, qu'importe que depuis le signe ait changé, si la chose signifiée, c'est-à-dire l'existence légale due à l'observation d'une loi sévère, est restée ? » C'est sous une autre forme très dissimulée, la pensée de M. Lyon-Caen.

circonstances et obéir à cette déduction comme si c'était une loi véritable. Suivons donc l'opinion de MM. Thaller et Weiss : évitons de commettre la faute dont la Cour de Paris s'est rendue coupable et ne rayons pas de la loi une disposition sous ce prétexte que le législateur l'aurait formulée autrement s'il s'était trouvé en présence de l'état de choses actuel : disons, en un mot, que les sociétés anonymes étrangères formées librement suivant leur loi nationale ne peuvent fonctionner en France à l'abri des décrets rendus au profit de leurs pays respectifs (1).

Voilà une solution bien rigoureuse : évidemment, comme le dit M. Lyon-Caen, les sociétés des pays qui ont avec le nôtre les relations commerciales les plus développées ne pourront pas agir chez nous. Il en sera ainsi de toutes celles appartenant à des pays où l'on a obéi à la tendance qui amène la substitution de la règlementation minutieuse à l'autorisation administrative, et qui se sont fondées depuis le jour de cette substitution. Que nous importe, après tout, si les principes du droit nous commandent impérieusement cette solution. Nous espérons bien que quelque jour la jurisprudence des tribunaux de la Seine (2) se généralisera de telle sorte que le gouvernement français proposera de lui-même de trancher la difficulté par une loi ou par des traités (3).

(1) Remarquons d'ailleurs que tous les décrets ont été rendus antérieurement à l'époque où dans chaque pays l'autorisation préalable a été supprimée. Tous sont conçus dans des termes exactement calqués sur ceux de la loi de 1857. Ce qui prouve bien que le gouvernement a toujours douté des droits que M. Lyon-Caen lui attribue en vertu de la loi de 1857.

(2) 14 oct. 1879 et 11 nov. 1880 cités plus haut.

(3) La Cour de Colmar, 12 fév. 1881, *aff.* « *le Phénix* ». D. 83, II, 9 a décidé, conformément à la doctrine de M. Lyon-Caen, que

47. Il n'y a pas que la loi française qui aurait eu à souffrir, aux yeux de certains auteurs ou tribunaux, de l'évolution qui s'est faite dans le sens de la liberté des sociétés anonymes ; la loi sarde du 27 août 1860 serait dans le même cas. En 1860, comme l'on préparait chez nous un décret habilitant en France les sociétés sardes (D. du 8 sept. 1860), une loi était promulguée en Sardaigne, qui accordait dans ce royaume à nos sociétés une situation analogue (L. du 27 août 1860).

Cette loi était copiée sur la nôtre puisqu'après avoir réglé comme elle dans l'article premier et dans les mêmes termes le sort des sociétés françaises, elle déléguait dans l'article 2, au gouvernement sarde, le pouvoir de faire bénéficier du même traitement les sociétés étrangères se trouvant dans les mêmes conditions que les sociétés fran-

la loi de 1857 « est restée en vigueur même à l'égard des sociétés qui ne sont pas assujeties à la nécessité d'obtenir une autorisation préalable d'après la législation du lieu où elles sont établies » Conf. Paris, 22 déc. 1892, *aff. Kratz Boussac* D. 93, 2, 157. Seine, 18 fev. 1893, *aff. Soc. Eisenwerke-Gaggenau.*

Paris 1er juillet 1893, aff. Banque Alsace-Lorraine. D. 95, 1, 249, adde PIPI, *op. cit.*, p. 100 et suiv. CHERVET, *op. cit.*,p. 170.

La Jurisprudence belge a consacré la doctrine de M. LYON-CAEN : il est vrai, dit un arrêt de la Cour de Bruxelles (14 janv. 1875, J. Soc 1880 p. 158), que le législateur de 1855 s'est surtout préoccupé des sociétés françaises soumises à cette époque à l'autorisation préalable du gouvernement français et qu'il a eu pour but principal de parer aux conséquences fâcheuses d'une jurisprudence nouvelle qui refusait à ces sociétés le droit d'ester en justice en Belgique ; mais il résulte manifestement des travaux préparatoires que tout en poursuivant ce but spécial, le législateur poursuivait une pensée plus haute et qu'il a voulu consacrer d'une manière définitive comme règle de droit international le principe de liberté réciproque qui avait été longtemps admis par les tribunaux.

çaises, c'est-à-dire soumises dans leur pays d'origine à l'autorisation gouvernementale.

Un décret du même jour déterminait les documents que chaque société française devait produire pour justifier de son existence en France : cette justification, une fois faite, un décret individuel habilitait la société. Mais, qu'on le remarque, ces formalités avaient pour but de concourir à l'application de la loi, non de la restreindre ; ce qui donnait véritablement une existence en Sardaigne à la société française, ce n'était pas l'habilitation particulière accordée par décret, c'était la loi sarde elle-même. Autrement dit, en vertu de cette loi, la société française existait en Sardaigne du jour où elle était constituée en France, et le décret rendu en sa faveur avait seulement pour effet de protéger en quelque sorte son fonctionnement en Sardaigne (1). Cette doctrine, consacrée par la Cour d'appel de Gênes, ne triompha pas devant la Cour de cassation de Turin qui cassa l'arrêt. D'après les documents que nous avons sous les yeux (v. *J. de Dr. int. priv.*, 1885, p. 471) nous voyons que la Cour ne se prononce qu'implicitement sur la question de savoir si la loi de 1860 a été abrogée.

(1) 22 septembre 1882. *J. de D.* I. P. 1884, p. 557. Nous lisons dans cet arrêt. « L'autorisation sollicitée et obtenue ne doit pas être considérée comme nécessaire au même titre que l'autorisation dont il est question dans l'art. 156 du code de commerce. Pour juger de son but et de ses effets, il faut se référer aux décrets souverains des 28 octobre 1860, 30 décembre 1865, 5 septembre 1869. Aux termes de ces dispositions, les sociétés étrangères doivent justifier de leur constitution légale dans leur propre pays, se soumettre aux conditions qu'il plait au gouvernement de leur imposer, et à la surveillance administrative exercée par des inspecteurs créés à cet effet ; toutes mesures qui loin de conférer la capacité civile la présupposent. »

Elle décide que les sociétés françaises ne pourraient prétendre à l'existence en Italie parce que l'article 3 du Code civil (*italien*) qui assimile, quant à la jouissance des droits civils, les étrangers aux citoyens, n'aurait entendu dans la pensée du législateur de 1863 viser que les individus ou les personnes morales (*corpi morales*), c'est-à-dire seulement les Etablissements ayant un but d'utilité publique. L'arrêt, on le voit, ne tient pas compte de la loi de 1860, ce qui peut faire croire qu'aux yeux du juge, elle avait été tacitement abrogée par la suppression de l'article 37 du code de commerce français. La Cour d'appel à laquelle l'affaire fut renvoyée se conforma à l'interprétation adoptée par la Cour de cassation de Turin.

48. A quelque temps de là, le tribunal de San Remo et la Cour de Gênes eurent à juger la même question : il s'agissait dans ce cas, comme dans l'autre, de la *Société foncière lyonnaise*, compagnie française constituée en France le 23 septembre 1879, autorisée à agir en Italie par le décret royal du 22 décembre 1881. La Cour de Gênes persista dans sa jurisprudence antérieure : « Il n'est pas douteux, dit l'arrêt du 23 juillet 1886, qu'en vertu de la loi italienne du 27 octobre 1860, les sociétés anonymes françaises étaient reconnues comme existant en Italie... Et cette condition juridique des dites sociétés n'a pu être changée lorsqu'est survenue la loi française du 24 juillet 1867 qui par de hautes raisons d'intérêt public, politique et commercial a supprimé l'autorisation du gouvernement pour la constitution légale des sociétés anonymes et a substitué à cette autorisation d'autres précautions légales jugées plus efficaces et plus aptes à garantir les intérêts généraux du commerce. En effet, selon les principes du droit..., les lois ne sont abrogées que par des lois postérieures, par déclaration expresse du législateur ou par incompatibilité des dispositions nouvelles avec les précédentes. Une semblable abrogation n'a pas eu lieu en Italie, et il n'a été introduit aucune disposition incompatible avec ladite loi... La loi de 1860 n'était pas un contrat international inspiré par une pensée de réciprocité, c'était une loi dictée par des principes élevés d'intérêt commercial et politique de l'État, bien supérieurs à la formalité de l'autorisation qu'en ce temps-là le gouvernement français devait donner pour la constitution légale des sociétés anonymes. »

Cette solution, contraire, on le voit, à celle que nous avons adoptée à l'égard de la loi de 1857 est approuvée par M. Lainé, qui d'ailleurs suit la doctrine de M. Lyon-Caen que nous avons combattue.

Quant à nous, nous sommes assez porté à l'admettre, car elle se justifie par des arguments assez sérieux : Il est parfaitement exact de dire qu'en 1860 on a tenu compte beaucoup moins de ce fait que les sociétés françaises se constituaient avec l'autorisation du gouvernement, que des garanties absolument sûres que présentait la législation française. « Relativement aux sociétés légalement constituées et existant chez une nation amie régie par des lois sages et une administration prévoyante, il serait sans utilité d'obliger notre gouvernement à procéder chaque fois et pour chacune d'elles à un examen spécial, afin de concéder l'autorisation requise ». Ce qu'on voulait, disait Mancini, rapporteur de la loi, « c'était reconnaître la personnalité juridique de ces sociétés étrangères et les assimiler ainsi à un individu étranger quelconque. »

D'ailleurs le Parlement a ratifié des traités de commerce,

le gouvernement a rendu des décrets en conformité avec la loi de 1860, habilitant, les uns et les autres, les sociétés étrangères à agir en Italie en qualité de personnes civiles sans distinguer si elles appartenaient ou non à des pays où le régime de l'autorisation préalable était en vigueur, ce qui révèle bien le sens dans lequel le législateur et le gouvernement italien entendent interpréter la loi sarde de 1860.

Principalement, en ce qui regarde la France, le gouvernement italien a rendu en faveur de sociétés fondées depuis 1867 des décrets individuels en conformité avec la loi de 1860 et les décrets complémentaires de cette loi, conçus dans les mêmes termes que ceux rendus au profit de sociétés constituées avant l'abrogation de l'article 37 du code de commerce ; ils en diffèrent seulement dans les documents visés, au lieu de relater comme précédemment l'autorisation du gouvernement français, ils mentionnent les preuves de la constitution légale en France. Toutes choses, qu'on se rappelle, le gouvernement français n'a jamais osé faire, puisque le dernier décret (1882, Etats-Unis d'Amérique) est textuellement calqué sur le premier (1861) et vise comme lui formellement les sociétés autorisées par le gouvernement étranger (1).

49. C'est un principe de droit des gens que les terri-

(1) Le nouveau Code de commerce italien de 1883 a mis les sociétés étrangères et les sociétés nationales sur le même pied La question que nous venons de discuter ne peut donc se présenter que pour les sociétés françaises constituées depuis le 24 juillet 1867 et avant le 1er janvier 1883.

Voir sur ce point LAINÉ déjà cité, et une consultation rédigée par M. Danielli, délibérée par MM. Mancini, Gabba, Vidari, Zanardelli, etc.

toires qui changent de maître par suite d'une annexion conservent leurs lois jusqu'au jour où la législation du pays auquel on les incorpore leur est déclarée applicable par une promulgation régulière. Lors de l'annexion de l'Alsace-Lorraine à l'Empire d'Allemagne, le gouvernement allemand n'a pas pris une semblable mesure, si bien que les lois françaises et notamment la loi du 30 mai 1857 sont encore en vigueur dans cette province.

Or des difficultés particulières sont nées de ce chef et ce sont des sociétés françaises qui ont eu à en souffrir : En 1881, par arrêté du 11 mars, le sous-secrétaire d'Etat à l'intérieur, M. de Pommeresche, se fondant sur le texte de la loi de 1857, déclara que les sociétés étrangères ne pourraient désormais fonctionner en Alsace-Lorraine si elles ne se trouvaient pas dans une situation conforme à cette loi, c'est-à-dire si elles ne pouvaient invoquer un décret d'autorisation ou un traité diplomatique. Cette mesure visait principalement les nombreuses compagnies d'assurances françaises qui, établies en Alsace, avant la guerre de 1870-71, avaient continué d'y fonctionner après cette époque, d'ailleurs avec la tolérance du gouvernement allemand manifestée par l'arrêté du 19 juillet 1872. De nombreux procès surgirent; à l'occasion de l'un deux, le tribunal de Strasbourg (26 octobre 1881) dénia à la Cie le *Phénix*, société d'assurances française, le droit d'ester en justice: cette solution fut confirmée par le tribunal supérieur de Colmar (12 décembre 1881), ainsi que par le tribunal de l'Empire de Leipzig (14 février 1882), qui toutefois tempéra la rigueur de sa décision en tenant compte de la tolérance dont le gouvernement allemand avait fait preuve au lendemain de la guerre. (D. 1883, 2. p. 9.)

Comme le fait remarquer la note insérée dans Dalloz sous cet arrêt, l'applicabilité de la loi de 1857 aux sociétés qui s'étaient établies en Alsace-Lorraine depuis qu'elle était terre allemande, n'était pas douteuse ; elle présentait, au contraire, des difficultés à l'égard des sociétés françaises établies dans cette province avant cette époque. Celles-ci pouvaient soutenir qu'à raison de leur établissement antérieur à la guerre, elles avaient en quelque sorte un droit acquis que les effets de cette guerre ne pouvaient leur faire perdre (1). Mais on pouvait leur répondre que les bénéfices attachés à la qualité de régnicole « ne sont que des facultés, des aptitudes légales qui n'existent qu'à raison de la qualité dont elles sont la conséquence et l'accessoire », et qui disparaissent le jour où cette qualité est elle-même perdue. Elles auraient été au contraire en droit de prétendre qu'en vertu du traité de Francfort et de la convention additionnelle de 1871 elles étaient en mesure de revendiquer la situation faite aux sociétés étrangères de certains autres pays. — Nous l'avons déjà dit, les sociétés françaises ne triomphèrent pas. — Au contraire, la Cour de Cassation, récemment, par arrêt du 14 mai 1895, a, comme on le sait, décidé qu'en vertu des dits traité et convention de 1871, les sociétés allemandes avaient en France les mêmes droits que ceux qu'attribue aux sociétés anglaises la convention de 1862 (2).

(1) Kaufmann. *Journ. de Dr. Int. priv.*, 1882, p. 143.

(2) Pour plus de détails sur cette question, v. principalement : un article de M. Kaufmann dans *le Journal de Dr. Int. priv.*, 1882 ; une brochure de M. Thaller, *les Compagnies françaises et le gouvernement d'Alsace-Lorraine* ; un mémoire de MM. Schneegans, Kaufmann et Leiber avocats à Strasbourg : *situation légale des sociétés anonymes françaises, et spécialement des sociétés*

CHAPITRE III

DES LOIS APPLICABLES AUX SOCIÉTÉS ÉTRANGÈRES QUI FONCTIONNENT EN FRANCE

50. Objet de ce chapitre : déterminer très exactement dans quelle mesure la société reste soumise à sa loi nationale, dans quelle mesure elle doit obéir à la loi française.
51. Section I. Dans quelle mesure les sociétés étrangères restent soumises à leur loi nationale.
52 à 85. Section II. Dans quelle mesure les sociétés étrangères doivent obéir à la loi française.
86 à 89. De l'obligation de s'assurer si le fonctionnement d'une société étrangère en France ne viole pas l'ordre public de ce pays.

50. Nous sommes arrivé, dans les chapitres précédents, à conclure que certaines (1) sociétés étrangères, soit en vertu des principes généraux du droit internationnal privé, soit en vertu de la loi de 1857, avaient en France la personnalité civile, tout en conservant leur nationalité et leur statut personnel. Il s'agit maintenant de déterminer très

d'Assurances en Alsace-Lorraine. V. aussi WEISS, *Traité*, t. II, p. 438, et les articles de M. BECKER sur la législation d'Alsace-Lorraine dans la *Rev. des Soc.*, 1884, p. 56 et 201, 1885, p. 470.

(1) Nous entendons faire exception pour les sociétés anonymes non autorisées à agir en France dans les termes de la loi de 1857.

exactement dans quelle mesure elles restent soumises à la loi nationale, dans quelle mesure elles doivent obéir à la loi française.

SECTION I

DANS QUELLE MESURE LES SOCIÉTÉS ÉTRANGÈRES RESTENT SOUMISES A LEUR LOI NATIONALE.

51. Tout ce qui concerne la formation de la société, formes et mode de preuve de l'acte constitutif, souscription du capital social (1), publicité de la constitution (2),

(1) Par exemple, lorsque la question se pose de savoir si le souscripteur originaire est obligé de répondre aux appels de fonds alors même qu'il a cédé ses titres. V. Trib. de com. de la Seine, 18 juin 1881. *Loi*, 4 juillet 1881. — 11 mai 1887. *Journ. des Trib. de Belgique*, 29 décembre 1887. Cour de Paris, 23 janv. 1889, aff. *The English and french Bank*. *Journ. de Dr. Int. priv.*, 1889, p. 477 et *Ann. de Dr. Comm.*, 1889.1 119 et la note de M. Weiss. Trib. de com. de la Seine, 25 juin 1891. aff. Crédit fonc. luxembourgeois. *Droit*, des 15 et 16 juillet 1891 « En souscrivant des titres d'une société étrangère, dit un arrêt de la Cour de Gand, ou en en achetant, l'actionnaire se soumet implicitement, quelle que soit sa nationalité, non seulement aux obligations expressément définies dans les statuts, mais encore à tous les devoirs, à toutes les responsabilités décrétées par la loi sous l'empire de laquelle la société s'est formée, et spécialement par les dispositions impératives de cette loi qui en raison même de ce caractère doivent être considérées comme faisant partie des statuts. » Gand, 20 juillet 1888 et 2 février 1889. *Rev. prat. de Dr. Int. priv.*, 1889. V. Soc. nº 22, confirmé par la Cour de Cass. 16 mai 1889. *Belgique judiciaire*, 1889, p 933.

(2) Sic Fœlix et Demangeat, II, nº 311. Lyon Caen, *Soc. Etr.*, nº 45. Pont, *op. cit.*, nº 1879. Rousseau, *op. cit.*, t. II, nº 2150. Vavasseur, *J. de Dr. Int. priv.*, 1875, p. 345 ; v. aussi Trib. Anvers, 2 septembre 1869, *Journ.* d'Anvers, 1869,1,332. Trib. de com. de la Seine, 11 novembre 1891. *J. de Dr. int. priv.*, 1892, p. 722. *Contra* Lefèvre, *J. de Dr. Int. priv.*, 1882, p. 401.

forme et taux des actions, nomination des administrateurs ou gérants, responsabilité des associés, tout cela relève du statut personnel de la société, et est régi par la loi nationale. — Si le législateur français a laissé en dehors de la loi de 1857 certaines sociétés, tandis qu'il en habilitait par là même certaines autres, c'est qu'il a estimé que les lois étrangères présentaient des garanties suffisantes, quoique différentes de celles contenues dans la loi française. Autrement dit, si la loi de 1867 est d'ordre public, elle n'a ce caractère qu'à l'égard des sociétés nationales.

Ainsi qu'on le voit, nous nous contentons d'appliquer au contrat de société les principes du droit international privé, aussi n'insisterons-nous pas, d'autant mieux que cette solution est celle qui prévaut en doctrine et en jurisprudence (1).

(1) Nous dirons seulement un mot d'une difficulté qui s'est produite à l'occasion de la négociation en France de titres appartenant à des sociétés étrangères :

On sait que les articles 13 et 14 de la loi du 24 juillet 1867 sont ainsi conçus : art. 13 « L'émission d'actions ou de coupons d'actions d'une société constituée contrairement aux prescriptions des articles 1, 2 et 3 de la présente loi, est punie d'une amende de cinq cents à dix mille francs ».

Art. 14. « La négociation d'actions ou de coupons d'actions dont la valeur ou la forme serait contraire aux dispositions des articles 1, 2 et 3 de la présente loi, ou pour lesquels un versement du quart, n'aurait pas été effectué conformément à l'article 2 ci-dessus, est punie d'une amende de cinq cents à dix mille francs ».

On sait, d'autre part, que les lois étrangères diffèrent de la nôtre sur les conditions de constitution des sociétés, ainsi que sur le taux à partir duquel les actions sont négociables : c'est pourquoi l'on s'est demandé si une société étrangère, en règle avec sa loi nationale, pouvait émettre ou négocier en France ses actions ou

Il faut de même se référer à la loi nationale pour connaître l'étendue de la capacité de la société (1), pour savoir si elle a la personnalité morale (2).

obligations sans se conformer aux formalités contenues dans les articles 1, 2 et 3 de la loi de 1867. La négative admise par quelques auteurs (MATHIEU et BOURGUIGNAT, *Sociétés*, nº 128, ALAUZET nº 709, AMELINE *Rev. Prat. de Dr. francais*, t. 24, p. 458) n'a pas triomphé en jurisprudence, Douai, 1er déc. 1880, *Journ. de Dr. int. priv.* 1882, p. 317, Lyon. 7 janv. 1881 S. 81,2, 5, Paris 12 mai 1881 *Journ. de Dr. int. priv.*,1882, p. 317, trib. de la Seine, 20 juin 1883 *Loi*, 21 juin 1883, Cass., 16 juin 1885. *Loi*, 5 sept. 1885 *Journ. de Dr. int. priv.*, 1886, p. 456, trib, de com. de la Seine 20 nov. 1888. *Ibid* , 1888, p. 818, etc. V. aussi PONT, *op. cit.*, nº 1880, etc.

Nous partageons, quant à nous, l'opinion de la jurisprudence. L'émission des actions fait en effet partie de la constitution de la société, laquelle,nous l'avons dit,est soumise à la loi étrangère. Pourquoi dès lors scinder les différentes opérations de la constitution de la société. En ce qui concerne *la négociation*, elle est indépendante de la constitution de la société, elle peut lui être très postérieure: nous admettrons néanmoins la même solution à son égard, pour cette raison que les souscripteurs n'étant pas protégés, il n'y a pas davantage de raison de protéger les acheteurs. Le décret de 1880, qui prohibe la négociation des actions étrangères dont le taux n'est pas conforme à la loi française, n'est pas pour ébranler notre conviction. D'une part, il ne saurait interpréter la loi de 1867, d'autre part, il ne prohibe que la négociation officielle.

Les sociétés étrangères se trouvent donc plus favorisées que les sociétés françaises.

(1) Sauf à la loi du pays où agit la société à restreindre cette capacité.

(2) ASSER et RIVIER, Élém de Dr. Int. priv., 197 et 198.

L'application la plus intéressante de ce principe se présente à l'occasion des sociétés anglaises, dites partnership, qui n'ont pas une personnalité distincte de celle de leurs associés et qui doivent, lorsqu'elles sont poursuivies, être assignées dans la personne de chacun de leurs membres, à moins qu'elles aient acquis cette

SECTION II

DANS QUELLE MESURE LES SOCIÉTÉS ÉTRANGÈRES DOIVENT OBÉIR A LA LOI FRANÇAISE.

52. Nous venons de dire que la société était régie, quant à la nature et à l'étendue des droits qui peuvent lui appartenir, par sa loi nationale, mais nous avons laissé entendre aussi que la loi française était aux mêmes points de vue toute puissante à son égard. Nous ne faisons qu'appliquer ici les principes qui dominent la condition juridique des étrangers en France : L'article 3 du code civil, après avoir décidé implicitement que les personnes étrangères étaient soumises en France quant à leur état et leur capacité à leur loi nationale, n'est-il pas restreint par l'article 11

personnalité par une « incorporation » organisée suivant la loi anglaise de 1862. Il faudra donc, lorsqu'on plaidera en France avec une société de ce genre, rechercher si la formalité de l'incorporation a été accomplie par elle. Si la société n'est pas *incorporated,* le demandeur devra mettre en cause tous ses membres. LYON-CAEN, *op. cit.*, nº 53, Douai 1er décembre 1880, *Journ. de dr. int. priv.* 1882, p. 317, LYON-CAEN et RENAULT, *Traité* t. 2, nos 1125 et 1126. En Angleterre la partnership non « incorporée » peut plaider par le ministère d'un mandataire, cela serait impossible en France, à cause de la règle « nul ne plaide par procureur » qui est d'ordre public.

ainsi conçu : « L'étranger jouira en France des mêmes droits civils que ceux qui sont ou seront accordés aux Français par les traités de la nation à laquelle cet étranger appartiendra. »

Quoiqu'il en soit, en matière commerciale, les étrangers n'ont, à ce qu'il semble, rien à envier aux Français, qu'ils soient des personnes physiques ou des personnes morales. Comme eux, ils peuvent faire le commerce, acquérir, posséder, aliéner, contracter, plaider (1), etc. (2).

Seulement, l'exercice de quelques-uns de ces droits est particulièrement réglementé par la loi française : nous faisons allusion au droit d'ester en justice, au droit de faire circuler en France des actions ou obligations, soit au point de vue fiscal, soit au point de vue de la protection accordée au porteur dépouillé pour rentrer en possession de son titre.

§ Ier. — Du droit d'ester en justice.

53. Du droit d'ester en justice.
54. Les règles sont, en définitive, les mêmes que pour les personnes physiques sauf quelques différences de détail résultant du caractère de personne morale de la société.
55. Distinction suivant que la contestation porte sur un objet civil ou commercial. De la loi à laquelle il convient de se reporter pour découvrir le caractère civil ou commercial de la contestation.
A. Des litiges commerciaux.
56. De l'interprétation des art. 59, al. 1 et 420 du C. de Pr. civ.

(1) Exploiter un brevet d'invention ou une marque de fabrique, Cass. 12 août 1865, Pataille, 1866, p. 161. Paris, 26 mai 1876, *ibid.*, 1876, p. 170, Cass. 18 nov. 1876, S. 78, 1. 89. D. 78, 1, 92. POUILLET, *traité des marques de fabrique*, n° 330.

(2) V. WEISS, *Traité*, tr. II, p. 447.

57. Le tribunal normalement compétent est celui du défendeur; des particularités qui se produisent.

58. N° 1. La société plaide avec un Français.

59. *La société est défenderesse :* de la compétence du tribunal de la succursale.

60. Etendue de cette compétence.

61. Définition de ce que l'on doit entendre au point de vue juridique par « succursale ».

62. *La société est demanderesse.*

63. Dérogations aux règles ci-dessus exposées résultant des conventions diplomatiques ou d'une renonciation expresse ou tacite. A. Conventions diplomatiques du traité franco-suisse.

64. Les sociétés appartenant à des pays liés à la France par des traités contenant la clause du traitement de la nation la plus favorisée peuvent-elles invoquer le régime spécial organisée par la convention franco-suisse de 1869?

65. B. Dérogations aux principes ci-dessus exposés résultant d'une renonciation expresse ou tacite. 1. Renonciation expresse : α De la clause dévolutive de compétence au tribunal du siège social.

66 β De la clause compromissoire.

67. 2. Renonciation tacite.

68. N° 2. La société plaide avec un étranger — Du principe consacré en jurisprudence d'après lequel les tribunaux français sont incompétents à l'égard des contestations entre étrangers.

69. Des diverses atténuations que la jurisprudence elle-même apporte à ce principe. 1. *Du cas où le défendeur a en France un domicile de fait.* Quand pourra-t-on dire que la société a en France un domicile de fait?

70. 2° *Lorsque l'ordre public est en jeu* : hypothèses diverses.

71. Autres atténuations, principalement celles résultant des traités.

72. B. Des procès civils.

C. observation communes aux procès commerciaux et civils.

73. Dans quelle mesure l'art. 59, § 5 du C. de Procédure et l'art. 631, 2° du C. de commerce régissent-ils les sociétés étrangères.

74. De l'obligation de fournir la caution *judicatum solvi* en toutes matières, civiles ou commerciales.

53. Le droit d'ester en justice est exclusivement régi

par la loi française, un arrêt de la cour de Gand (1) nous en donne très clairement les raisons : « attendu, dit cet arrêt, que les lois de l'organisation judiciaire et de la compétence des tribunaux font partie intégrante du droit public des nations, qu'elles sont réelles et souveraines dans chaque pays et excluent toute loi étrangère; attendu, en effet, que lorsque des particuliers, nationaux ou étrangers, réclament l'appui de la puissance publique pour obtenir l'exécution des obligations qui résultent de leurs contrats, il est naturel qu'ils se soumettent aux conditions législativement déterminées dans chaque pays pour cette intervention ».

Ajoutons que le droit qui nous occupe est le seul sur lequel la loi de 1857 s'explique formellement : nous lisons en effet dans l'article 1er : « Les sociétés... peuvent exercer tous leurs droits et *ester en justice* en France en se conformant aux lois de l'Empire ». En vertu de ce texte, les sociétés anonymes et les autres associations commerciales industrielles ou financières qui en 1857 avaient besoin, pour exister dans leur pays d'origine d'une autorisation gouvernementale, se trouvent assimilées à des personnes physiques étrangères ainsi qu'aux sociétés étrangères par intérêts dont l'existence internationale n'a jamais été contestée. N'exagérons pas toutefois la portée du dit texte, et remarquons qu'il ne leur confère pas une situation privilégiée par rapport à ces mêmes personnes physiques ou morales (2). Cette observation est pleine de conséquences

(1) 11 janv. 1890. *Rev. Prat. de Dr. Int. priv.*, 1890 1891 I, p. 87.

(2) Sic *Rapp. l. 1857.* « Ces expressions doivent s'entendre de tous les droits qu'exercent les sociétés non anonymes et les individus non sujets à autorisation, droits pour l'exercice desquels les sociétés anonymes non autorisées se trouvaient frappées d'incapacité par l'art. 37 du Code de commerce ».

au point de vue du droit d'ester en justice : nous voulons dire que les sociétés en question ne peuvent pas se prévaloir des conditions dans lesquelles elles sont habilitées en France pour revendiquer la situation de faveur faite à ce point de vue par l'article 13 du C. civil aux individus autorisés au domicile (1).

54. Les principes que nous allons poser, et qui s'appliquent d'ailleurs à toutes les sociétés, sauf aux sociétés anonymes qui ne sont pas en règle avec la loi de 1857, sont en définitive les mêmes que ceux qui régissent les individus. Aussi nous bornerons-nous à rappeler ces derniers, sans les discuter, tels qu'ils résultent de la doctrine des auteurs et de la jurisprudence, en indiquant d'ailleurs les cas où celle-ci a eu à en faire l'application expresse aux personnes morales qui nous occupent ; c'est sur les difficultés qui se produisent par suite des différences juridiques qui séparent les individus des personnes civiles à

(1) Conf. Paris, 27 juillet 1875. *Droit,* 10 août 1875. Trib. de Nevers *aff. l'Espérance*, 15 déc. 1891. *Rev. Prat. de Dr. Int., priv.*, 1892, 1, p. 187. *Contra* ROUSSEAU, *Traité,* t. II, n° 2141.

C'est ainsi qu'il a été jugé que le fait par une compagnie d'Assurances étrangère de laisser entendre qu'elle était autorisée par le gouvernement français dans les termes où le sont les compagnies françaises était de nature à constituer un acte de concurrence déloyale. V. Jug. du trib. civ. de la Seine, 1er ch. 16 janv. 1895, aff. la *Comp. d'Ass. Générales* c. *La Mutual Life. Journ., de Dr. Int. priv.*, 1895, p. 343 (confirmé en appel).

Remarquons d'ailleurs que le sort de faveur, au surplus temporaire, fait à la personne autorisée au domicile (art. 13, civ.), s'explique par des raisons particulières qui n'existent pas pour la société. Le Code civil a entendu faciliter la naturalisation des individus ; la loi de 1857, est-il besoin de le faire observer, n'a jamais pensé convier les société étrangères à devenir des sociétés françaises.

l'occasion du domicile que nous insisterons spécialement.

55. Il convient naturellement de distinguer au préalable suivant que la contestation s'élève à l'occasion d'un acte civil ou commercial. On sait, en effet, que, dans notre droit, toutes les opérations faites par un commerçant ne sont pas nécessairement commerciales, de même qu'un non commerçant peut faire des opérations que notre Code qualifie « actes de commerce » (art. 632, al. 2, 3, 4 et 7).

Pour déterminer le caractère commercial ou non d'une opération, c'est à la *lex fori* qu'il convient de se référer, dans l'espèce, à la loi française. C'est là une des conséquences du principe déjà énoncé d'après lequel les lois de compétence et d'organisation judiciaire sont d'ordre public. Nous reconnaissons d'ailleurs que la loi étrangère peut, à d'autres points de vue (1), rester applicable à des opérations juridiques passées hors de France alors même qu'une contestation s'élève à leur sujet devant un tribunal français : cela tient à ce que lorsque ni un intérêt d'ordre public ni un texte positif de la loi du tribunal saisi n'imposent l'application de la loi française, les principes généraux qui régissent les conflits de lois reprennent tout leur empire (2).

A. Des litiges commerciaux.

56. Ces procès relèvent en principe du tribunal du domi-

(1) Par exemple au point de vue de la preuve, du taux de l'intérêt stipulé s'il s'agit d'obligations de sommes d'argent, etc.

(2) V. de Bœck, note sous Gand, 11 janvier 1890. D. 90,2,353 et suiv.

cile du défendeur (1). (C. de Proc. a. 59, al 4, art. 420, al. 2). En outre, le législateur, dans sa sollicitude pour les intérêts de commerce a facilité leur solution en permettant au demandeur de s'adresser soit au tribunal « dans l'arrondissement duquel la promesse a été faite et la marchandise livrée », soit à « celui dans l'arrondissement duquel le paiement devait être affectué » (a. 420. al. 3 et 4).

La doctrine et la jurisprudence ne sont pas absolument d'accord sur l'interprétation qu'il convient de donner à cet article 420 (al. 3 et 4). Certains, partant de cette idée qu'il déroge au principe *actor sequitur forum rei* prétendent qu'il doit être interprété restrictivement sans qu'on puisse sortir des termes mêmes de son texte : d'après eux, il ne serait donc applicable qu'aux transactions commerciales aboutissant nécessairement à une livraison de marchandises, c'est-à-dire exclusivement aux achats et ventes.

Mais l'opinion qui tend à prévaloir est celle d'après laquelle la loi dans la circonstance n'a statué que *de eo quod plerumque fit*, la vente étant le type des opérations commerciales ; par le mot *promesse* le législateur aurait entendu viser toute convention qui rend *créancier* ou *débiteur* (2) ; de même, il aurait employé le mot *paiement* dans son sens général, caractérisant de la sorte toute extinction conventionnelle de l'obligation (3).

(1) Bordeaux, 17 juillet 1846. D. 48,2,167 : Req., 22 mai 1854. D. 54,1,262. Bastia, 15 janvier 1855. D. 55,2,37, etc.

(2) Notamment la convention qui engendre une obligation de faire : Conf. Paris, 23 avril 1825, D. Rép. alph. V° *Compétence Commerciale* n° 498. Req. 14 mars 1826, *ibid.*, n° 499, etc.

(3) Conf. RUBEN de COUDER, *Dict. de Dr. comm.* V° Compétence nos 136 et 189. BOITARD, COLMET DAAGE et GLASSON, II, n° 648, GARSONNET, *Tr. de Proc.*, t. 1, § 179. LYON-CAEN et RENAULT, t. Ier, n° 395, Chambéry, 11 février 1880. D. Rép. alph. Sup. V° *Compét.*

Ajoutons que l'article 420 peut être invoqué dans les contestations où figurent les étrangers (1). On estime, en

Comm., nº 142 en note. Cass., 8 janvier 1884, D. 84, 1, 110, Cass., 16 juillet 1884. S. 86.1,471. etc. — *Contra*, Pau, 13 décembre 1864. D. 65 II, 228. GARRE, *Lois de la Compétence*, VII p. 371. L. DAVID, *Compétence commerciale*, nº 192, etc., qui estiment que la loi n'a en vue que les numérations en espèces ou choses équivalentes.

De même, en cas de silence des parties dans la convention, comment connaîtra-t-on le *lieu du paiement* ? Quelle sera l'influence des factures ? Cass., 29 novembre 1892. S. 93,1,32. Quel effet produira l'émission de traites payables par l'acheteur à son domicile, lorsque les factures reçues par lui indiquent que le paiement sera fait au domicile du vendeur... etc , V. Cass., 21 juin 1882. S. 84,1,102 — 1er août 1888. S. 91,1,406

D'autres difficultés se présentent encore au sujet du lieu de la formation du contrat lorsque celle-ci a eu lieu par la voie d'intermédiaires ou par correspondance. V. sur tous ces points LOUIS DAVID, *op. cit.*, nos 182 à 201.

En tous cas, tout le monde est d'accord pour répudier l'art. 420 dans les matières autres que les contrats. Conf. Cass., 5 mai 1880 S. 80,1,263 (gestion d'affaires). Trib. de com. de la Seine, 17 avril 1888. *Loi*, 27 avril 1888 (délit et quasi-délits), adde les auteurs cités plus haut.

De même l'art. 420 ne peut être invoqué si la validité de la convention est contestée. Civ., 17 avril 1860. D. 60,1.159. — 27 février 1856. D. 56,1,59. — 14 décembre 1857. D. 58.1.83 — 15 juillet 1862. D. 62,1.353, etc. Cette réserve est, au point de vue juridique, parfaitement justifiée : c'est un principe que toute exception de renvoi doit être examinée avant toute question sur le fond. (Proc., a. 172). Or, le contraire se produirait si un tribunal autre que celui du défendeur examinait sa compétence, car il ne pourrait la déterminer qu'en recourant à toutes les voies d'instruction, ce qui le conduirait nécessairement à former sa conviction en même temps sur la compétence et sur le fond. Conf. Cour. de Saint-Louis du Sénégal, 8 avril 1870 et Req., 6 décembre 1871. S. 72,1,82. Mais il faut que la contestation soit sérieuse. Cass., 24 juin 1868. S. 68,1,407, etc.

(1) V. pour la Jurisp. et la doctrine sur ce point : VINCENT et PENAUD, *Dict. de. Dr. int. priv.* Vº *Compétence*, nº 234, adde

effet, qu'il présente en quelque sorte un caractère d'ordre public et qu'à ce titre, il oblige les étrangers dont les opérations commerciales se passent au moins en partie en France (1). Il en est ainsi, alors même que l'acte est mixte, c'est-à-dire dans le cas où il ne présente un caractère commercial que du côté de l'une des parties (2).

57. Quoiqu'il en soit, en dehors des cas spéciaux prévus par les alinéas 3 et 4 de l'article 420 du code de Proc. civ., le tribunal normalement compétent à l'occasion des litiges où la société sera intéressée est le tribunal du défendeur : à ce sujet, des particularités se produisent qu'il convient de signaler :

58. N° 1. La société plaide avec un Français.

Les articles 14 et 15 du code civil s'appliquent alors, sans qu'il y ait à argumenter de ce que la société n'est pas une personne physique (3).

Donc, alors même qu'elle n'aura ni domicile ni résidence en France, elle pourra être poursuivie sur notre territoire

Gerbaut, *De la compétence des tribunaux français à l'égard des étrangers en matière civile et commerciale*, 1883, nos 356 et suiv.

(1) Ainsi, au cas où, à la suite d'opérations faites à l'étranger entre étrangers, un règlement et un arrêté de compte ont été passés en France. *Trib. de Com. de la Seine*, 4 décembre 1880, *Droit* des 21-22 décembre 1840.

(2) Trib. civ. de la Seine, 21 janvier 1885. *Loi*, 11 février 1885.

(3) Cass., 26 juillet 1853. S. 53, 1, 688, 19 mai 1863. S. 63, 1, 353, 14 novembre 1864. S. 65, 1, 135, 23 février 1874. S. 74, 1, 145, 9 décembre 1878, S. 79, 1, 269, 4 mars 1885, D. 85, 1, 353. Civ. Seine (2e ch.) 6 juillet 1890, *Droit*, 12 juillet 1890 : Civ. Seine (1re ch.) 20 décembre 1890, *Rev. Prat. de Dr. Int. priv.*, 1890-91. 1, p. 146 Weiss, *Traité élém.*, 2e éd., p. 735.

par un Français à l'occasion des obligations qu'elle aura contractées en France où à l'étranger (article 14). Inversement, elle aura le droit de poursuivre en France le Français avec qui elle aura contracté en France ou à l'étranger (1).

Voyons successivement les deux hypothèses.

59. *La société est défenderesse* : Elle devrait, en vertu de l'art. 59 al. 5 du Code de Proc. civ. être assignée « devant le juge du lieu où elle est établie. » Or, nous avons décidé, on se le rappelle, que la société a la nationalité du lieu de son principal établissement, de sorte que si cet établissement se trouve en France, la société est française et il n'y a plus de question (2) ; si, au contraire, la société est étrangère, c'est-à-dire si son principal établis-

(1) Bien que les art. 14 et 15 ne paraissent viser que les contrats, il est certain qu'ils établissent aussi bien la compétence des tribunaux français à l'égard des quasi-contrats, délits et quai-délits. (Jurisp. et doctrine unanimes : V. Cass. 31 mars 1875. *Journ. de Dr. int priv* , 1876, p. 272, etc.) Ainsi, un Français pourrait poursuivre en France une compagnie étrangère de navigation pour obtenir indemnité du vol de bagages commis à son préjudice sur un navire appartenant à cette compagnie. Trib. de Com. de Rouen, 8 février 1875. Renneteau, c Pacific Steam Navigation C°.

Même au cas où le dommage est causé à l'étranger, il est évalué d'après les dispositions de la loi française. Paris, 7 décembre 1885, *Droit*, 4 avril 1886.

(2) La société française ne peut être poursuivie que devant le tribunal de son siège social : il ne saurait jamais être question à son égard, dit M. Lyon-Caen, de faire une assimilation entre sa succursale et la résidence d'un individu. Car, « s'il peut se faire qu'un homme n'ait pas de domicile connu, rien de pareil ne peut se présenter pour une société de commerce ; la nature des choses s'oppose à ce qu'une société n'ait pas un principal établissement connu de tous ».

sement est à l'étranger, peut-on, sans violer l'art. 59 al. 5. l'assigner en France ? — On est d'accord en doctrine et en jurisprudence (1) pour décider que cet article ne peut être invoqué que par les sociétés françaises : la société étrangère poursuivie ne peut s'en prévaloir et réclamer la compétence du tribunal de son siège social situé à l'étranger. — Mais alors, si elle peut être poursuivie en France, quel sera le tribunal ?

On a soutenu qu'il convenait de la soumettre aux règles en vigueur à l'égard des individus qui n'ont en France ni domicile ni résidence, pour lesquels individus c'est le tribunal du demandeur qui est compétent (2). Nous approuvons cette solution tout en la limitant au cas où la société a si peu d'attache avec notre pays qu'elle n'y a pas même ce qu'on pourrait appeler une *résidence* (3). Cependant, il a été décidé à plusieurs reprises (4) qu'il ne pouvait s'agir de *résidence* pour une société parce que « dans le vrai

(1) V. *aff. Crédit industriel* : Trib. de com. du Havre, 25 janvier 1881 et cour de Rouen, 1er août 1881. *Journ. de dr. int. priv.*, 1882, p. 424, VINCENT et PENAUD, *Dict. de Dr. Int. priv.* V. Sociétés n° 84. Cass. 8 juillet 1840, S. 40, 1, 866 ; 14 novembre 1864, S. 64, 1, 135 ; 12 novembre 1872, S. 73, 1, 17 ; 23 février 1874, S. 74, 1, 145. — Contra Cass., 19 décembre 1864, S. 65, 1, 217, cet arrêt n'est pas très probant, car il statue sur une espèce où il paraissait y avoir renonciation tacite au bénéfice de l'art. 14.

En un mot, l'art. 14 civ. a une portée absolue, et les garanties primordiales qu'il assure aux Français ne peuvent être atteintes par les dispositions de nos lois qui établissent dans certaines hypothèses une compétence particulière.

(2) Cass, 9 mars 1863, S. 63, 1, 225. Bastia, 27 décembre 1875, S. 76, 2, 66. Cass., 4 mars 1885, D. 85, 1, 353, S. 85, 1, 169, etc.

(3) Conf. Cass., 4 mars 1885, S. 85, 1, 169 et la note de M. Lyon-Caen.

(4) Trib. de com. de Rouen, 8 février 1875 *J. de Dr. int. priv.*, 1876, p. 102. Aix, 16 janvier 1883, *ibid.*, 1883, p. 173.

sens du terme employé par l'art. 59 du C. de Proc. civ., la résidence n'est qu'une *habitation de fait* n'ayant ni la fixité, ni la durée ni l'importance nécessaires pour constituer un *domicile* ; ce qui impliquerait que pour un être moral il ne pourrait y avoir à proprement parler *de résidence distincte du domicile.* »

La Cour de cassation a fait justice de cette manière de voir dans l'espèce suivante : un commerçant avait, sur les renseignements favorables à lui donnés par la Banque Ottomane, fait des avances à une maison de commerce d'Andrinople, jusqu'à concurrence d'une somme de 768.197 fr. 50. Cette maison étant tombée en faillite peu après, le négociant, domicilié à Marseille, poursuivit ladite banque devant le tribunal de commerce de cette ville afin d'obtenir réparation du préjudice qu'elle lui avait causé en lui donnant des renseignements inexacts. Ce tribunal était exclusivement celui du demandeur car la Banque Ottomane n'avait à Marseille ni succursale ni agence. La défenderesse invoqua l'exception d'incompétence en alléguant qu'ayant à Paris une succursale, elle était en droit d'être poursuivie devant le tribunal de celle-ci, constitutive de résidence dans les termes de l'art. 59, al. 1. Cependant le tribunal de commerce puis la Cour d'Aix repoussèrent le déclinatoire : au contraire, la Cour de Cassation l'admit.

Nous croyons, quant à nous, que la prétention de la Banque Ottomane était juridiquement fondée (1). La fiction qui assimile les personnes morales aux personnes physi-

(1) Conf. Chambéry, 1er déc. 1866 S. 67, 2, 182. Trib. de com. de Marseille, 16 mars 1875. *Jurisp. de Marseille.* 1875, p. 217. Cass., 20 août 1875. S. 76, 1, 121 : il s'agit dans l'espèce d'une société anglaise assignée en France par des créanciers français devant le tribunal de lieu où elle a un établissement et un représentant. Il

ques doit être poussée jusque dans ces conséquences les plus extrêmes tant que la nature des choses n'y met pas obstacle. Or, la loi elle-même ne reconnaît-elle pas à la société la faculté d'avoir plusieurs habitations, puisqu'elle soumet les individus à l'impôt mobilier pour les locaux qu'ils occupent, sans qu'il y ait lieu de distinguer suivant que ces individus sont des personnes civiles ou naturelles (1). « La résidence d'une société sera donc là où elle manifeste son existence par un établissement moins important que son établissement principal, comme la résidence d'un individu est là où il habite, là où il a un établissement commercial secondaire » (2).

60. La compétence du tribunal de la succursale une fois démontrée, quelle en est l'étendue ? — En ce qui concerne les sociétés françaises, spécialement les Compagnies de chemin de fer (3), la jurisprudence est aujourd'hui fixée en ce sens que toute gare principale est considérée comme

est vrai d'ailleurs que la cause du procès était un acte de commerce passé dans le ressort du tribunal, ce qui, de toutes façons, rendait le tribunal français compétent, en vertu de l'art. 420.

(1) L. du 20 avril 1832, art. 17, § 2. Arrêté du Conseil d'Etat du 21 mars 1867. S. 67, 2, 32.

(2) LYON-CAEN, *loc. cit.* La Cour de Nîmes par arrêt du 21 juillet 1885. *Journ. de Dr. Int. priv.*, 1885, p. 445, se conforme à la décision de la Cour de Cassation. Si la société n'a pas en France de succursale, elle doit être poursuivie devant le tribunal du demandeur. En outre, suivant nous, si le demandeur n'a en France ni domicile ni résidence attributif de compétence, il pourra s'adresser au tribunal de son choix, sauf à la défenderesse à rechercher si, dans l'espèce, elle n'est pas en droit de revendiquer la compétence de l'un des tribunaux indiqués par l'art. 420, al. 3 et 4. Comp. Douai, 2 août 1854. S. 54, 2, 700, FŒLIX, t. I, p. 351. DEMOLOMBE, t. I, nº 252. LAURENT, *Pr. de Dr. civ.*, t. I, nº 435.

(3) Et aussi les compagnies d'assurances.

une succursale de la compagnie, et que le tribunal de l'arrondissement où elle se trouve est compétent pour tous les litiges qui en relèvent directement ; ce qui laisse entendre que pour les contestations intéressant la compagnie elle-même (par exemple une demande en dissolution de la société), et où la succursale n'est pas particulièrement en cause, compétence exclusive revient au tribunal du siège social (1).

Une pareille distinction entre les divers procès concernant une société française n'est plus possible lorsqu'on est en présence d'une compagnie étrangère.

Le demandeur français a le droit incontestable de poursuivre celle-ci en France pour quelque raison que ce soit (art. 14). Ce qui fait difficulté, c'est seulement le point de savoir quel tribunal est compétent. Or si nous admettons que pour les affaires intéressant la succursale, la société a le droit d'être poursuivie devant le tribunal de cette succursale, faut-il décider que pour les affaires qui le touchent directement et exclusivement elle doit être citée devant le tribunal du demandeur ? Nous ne le pensons pas (2). Ce serait d'ailleurs assez illogique. — Le droit du défendeur d'être assigné devant le tribunal du lieu où il a son domicile s'explique par la présomption légale qu'il est inquiété injustement; la loi estime qu'il faut éviter d'augmenter les désagréments qui résultent pour lui du procès en permettant au demandeur, dont la prétention peut être mal fondée, de le traîner d'un bout de la France à l'autre

(1) Cass., 16 janv. 1861, D. 61, 1, 26.— 7 mai 1862, D. 62, 1, 230, 17 avril 1866. S. 66, 1, 191, 19 juin 1876, S. 76,1,383. Contra, Cass., 5 avril 1859, D. 59, 1, 147.

(2) Conf. Cour de Nîmes, 21 juillet 1885, précité.

pour répondre à sa demande (1). Or cette présomption, elle existe dans tous les cas, sans distinction. C'est pourquoi nous décidons que la société étrangère qui n'a en France qu'une succursale a droit à la compétence exclusive du tribunal de cette succursale pour toutes les affaires qui concernent la succursale et la société elle-même(2). (Nous réservons d'ailleurs le cas où l'action intéresserait le statut personnel de la société).

61. Mais une question très délicate se présente alors; qu'entend-on exactement par *succursale*, ou, d'une façon plus générale, quand peut-on dire qu'une société étrangère a en France un établissement suffisant pour être constitutif de résidence et partant attributif de juridiction ? c'est là une question de fait que le juge devra résoudre en tenant compte des circonstances, mais au sujet de laquelle on peut cependant poser quelques règles.

Le fait seul pour une société de passer un grand nombre de contrats civils ou commerciaux dans un pays n'im-

(1) Boitard, Colmet-Daage et Glasson. *Leç. de Proc.*, n° 128.

(2) Si la société avait dans notre pays plusieurs succursales, il y en aurait une qui jouerait par rapport aux autres, au point de vue qui nous occupe, le rôle d'établissement principal. Ce serait au tribunal à apprécier, en tenant compte des faits; il devrait se référer par exemple au chiffre d'affaires, au loyer, au nombre des employés et aussi au rapport hiérarchique qu'il pourrait y avoir entre leurs directeurs, etc. Au cas où il y aurait impossibilité à déterminer quelle succursale est la plus importante, les assignations relatives aux affaires concernant la société elle-même pourront être adressées indifféremment à l'une quelconque des succursales d'importance identique. V. Chambéry, 19 nov. 1891, *Journ. de Dr. Int. priv.*, 1892, p. 656.

Adde Cour de Gênes, 24 mai 1889, aff. Cie Transatlantique c. La Veloce, *Consul. comm.*, 1889, p. 186.

plique pas nécessairement résidence dans ce pays, alors même que ses représentants y seraient domiciliés. Tout dépend des conditions dans lesquelles les opérations sont faites : une compagnie d'assurances, anglaise, dont les courtiers recueillent chez nous des assurances, préparent des polices qu'ils ne signent pas eux-mêmes, vont jusqu'à toucher des primes, ne peut prétendre à un établissement en France avec toutes les conséquences de droit, alors même que ces agents seraient français et domiciliés dans notre pays (1). En effet, ces agents n'ont pas qualité pour engager la compagnie ; ils habitent des locaux à leur nom, leur salaire étant calculé sur l'importance des affaires qu'ils amènent à la société et dépendant même entièrement de ces affaires, ils ne peuvent se dire des « employés à gage ». La solution est la même à l'égard d'une compagnie étrangère de navigation pour le compte de laquelle des agents maritimes recueillent du fret un peu partout, et notamment en France, en même temps qu'ils représentent d'autres compagnies rivales ou au moins analogues (2).

(1) « Ne sera pas une succursale emportant attribution de compétence pour le tribunal du lieu où elle est située une simple agence à la tête de laquelle est placé un employé qui n'a pas le pouvoir de traiter et d'engager la société et qui a simplement pour fonction de recueillir et de rechercher les assurances, de toucher le montant des primes, dont les quittances sont signées par le directeur et de préparer les polices qui n'auront d'existence et d'effet qu'après avoir été signées à Paris par un administrateur ou le directeur. » Cass., 18 mars 1890, S. 90, 1, 469, Pal. 90, 1, 1118. D. 90, 1, 443.

(2) V. Jug. du trib. de com de la Seine 7 mars 1896. *Aff. The Hamburg American Packet Cy. J. de Dr. Int. priv.* 1896, p. 587. « Attendu que MM. X. soutiennent que la compagnie défenderesse posséderait à Paris une succursale, rue des Petites-Ecuries, n° 28, et que par suite ce tribunal serait compétent pour connaitre du

Que faut-il donc alors?

Il faut que la société soit représentée en France par un employé faisant exclusivement partie de son administration, c'est-à-dire lié à elle par un contrat de louage qui peut se rompre de part et d'autre, et que, par suite, son salaire consiste principalement dans une somme fixe plus ou moins rémunératrice de l'état de dépendance dans le quel il se trouve vis-à-vis d'elle. Il est nécessaire que ce représentant occupe des magasins ou bureaux dont le loyer, ainsi que les charges y afférentes, est exclusivement payé par la société (1), il est indispensable enfin que cet agent ait pouvoir suffisant pour engager contractuellement (2), ou quasi contractuellement la société.

litige. Mais attendu que s'il est vrai que ladite compagnie soit représentée par un agent à Paris au domicile sus-indiqué, il résulte des documents versés aux débats et des renseignements recueillis que le dit agent n'est point, ainsi que le prétendent les demandeurs, le chef d'une succursale de la compagnie défenderesse ; qu'au contraire, il est établi à son propre nom, patenté personnellement et représente à la fois plusieurs compagnies de transports : Qu'en fait la Hamburg Packet Company n'est pas légalement domiciliée à Paris et n'y a pas de succursale au sens juridique du mot ». Comp. pour la même compagnie, même tribunal jug. du 26 mars 1888. *Le Droit*, 20 oct 1888.

(1) La Cour de Lyon (13 nov. 1888. *Moniteur Judic., de Lyon*, 14 déc. 1888) a décidé que des commerçants suisses domiciliés en Suisse ne doivent pas être réputés avoir une succursale en France lorsqu'ils y ont un représentant qui représente d'autres maisons concurrentes ; et ce, alors même que la location et la patente sont au nom des commerçants suisses, si en réalité, *c'est le représentant qui paie seul la location et les impositions.*

(2) La Cour de Paris (3ᵉ ch.) le 23 nov. 1895, a jugé qu'une société étrangère possède en France un véritable domicile, qui y a une succursale gérée par un administrateur délégué : « Attendu que le conseil d'administration a créé à Paris, rue Blanche n° 7 et rue de la Trinité, n° 1, un établissement géré par un administra-

Telles sont les conditions que nous exigeons d'une société étrangère qui, poursuivie en France, en vertu de l'article 14, civ., devant le tribunal du demandeur voudra décliner la compétence de ce tribunal (1).

teur délégué, qu'une annexe placée à la fin des statuts constate que deux assemblées générales extraordinaires des actionnaires y ont été tenues les 1er et 16 fév. 1892 et que des modifications aux statuts y ont été votées ; qu'une émission d'obligations de la société a eu lieu à Paris, et que de nombreuses affaires y ont été traitées ; que la multiplicité et l'importance de ces actes ne permettent pas de considérer comme un simple bureau l'établissement de la société à Paris et lui ont imprimé le caractère d'un véritable domicile. » *Aff. The Valencia and North Eastern of Spain Railway. J. du Dr. Int. priv.*, 1896. p. 610

Application de la même idée à l'égard d'une compagnie minière qui ayant son siège social dans une ville déterminée a créé dans l'arrondissement où se trouvent les usines qu'elle possède un principal établissement où elle entretient un personnel d'exploitation, où se traitent les affaires relatives à l'extraction du minerai, où se font les livraisons, et où *elle est representée par un agent principal ayant qualité de directeur*. Cette société peut être considérée comme ayant un domicile dans cet arrondissement, et par suite le tribunal de cet arrondissement est compétent. Cass. 17 avril 1866, S.66, 1. 191, D.66, 1, 280, v. aussi, Cass., 18 nov. 1890, S. 93, 1, 22, D. 92,1, 414.

En ce qui concerne la faculté pour l'employé d'obliger quasi délictuellement la société, elle résulte du contrat de louage qui lie l'un à l'autre, art. 1384, al. 3.

(1) En Belgique, la question qui nous occupe présente un intérêt de plus, car la loi du 18 mai 1873 (art. 130) rend applicables les articles relatifs à la publicité aux sociétés étrangères ayant en Belgique une « succursale ou un siège d'opérations ». En ce qui concerne la compétence, elle a été jugée dans les mêmes termes que chez nous.

Ainsi il a été jugé. « Ne peut être considerée comme ayant en Belgique une agence ou une succursale constituant un domicile ou une résidence aux termes de l'article 52, n. 2. L. 25 mars 1876 (il s'agit du domicile ou d'une résidence attributifs de compé-

62. *La société est demanderesse.*— Elle doit poursuivre le Français devant le tribunal de son domicile, et à défaut, devant celui de sa résidence (1) (Art. 59, al. 1).

Alors même qu'il n'y a plus ni domicile ni résidence, le Français peut encore être assigné dans son pays (2). En outre, rien ne s'oppose à ce qu'il soit appelé devant le

tence) la société étrangère qui, société de navigation, n'a en Belgique pour la représenter que des agents et courtiers maritimes, représentant également d'autres compagnies d'armement et de navigation, ladite société n'ayant pas ainsi de bureau permanent où ne se traitent que ses affaires et qui soit desservi par un personnel aux gages de la société ». Anvers, 1er sept. 1888. *Journ. des trib.*, n° du 1er nov. 1888.

Le même jugement a décidé, que le fait, par un capitaine étranger, de fréquenter avec son navire un port belge, ne saurait être constitutif du domicile ou de la résidence dont parle ladite loi pas plus qu'il ne constituerait une sorte d'élection de domicile.

De même : « L'élection de domicile en Belgique faite (par une société de navigation étrangère), dans une convention passée avec l'État belge ne peut concerner que les contrats dont elle forme partie intégrante. Elle ne peut avoir pour effet de donner compétence aux tribunaux belges dans les contestations avec les tiers. La Cour d'appel de Bruxelles (3e ch. 30 janv. 1889 *Pasicrisie*, 89, 2, 294, *Pand. belges* 89, 673) a infirmé ce jugement pour des raisons particulières aux lois belges et anglaises et que n'atteignent nullement les arguments d'analogie que l'on peut tirer du jugement du 1er mars 1888 en faveur de notre doctrine

La jurisprudence suisse est dans le même sens : Trib, fédéral, 28 février 1895, *J. de Dr. int. priv.* 1895, p. 900 « Par succursale il faut entendre une exploitation industrielle ou commerciale autonome dirigée par un mandataire autorisé à conclure des contrats commerciaux, sans dépendre à cet égard de la maison principale, de telle sorte que cette dernière et la succursale apparaissant chacune comme un centre d'affaires distinct ».

(1) Conf. Cass., 6 mars 1877, D. 77,1,289.

(2) Vincent et Penaud. *Dict. de dr. int. priv. V. Compétence*, n. 200.

tribunal du domicile qu'il a acquis à l'étranger. Mais si son créancier, une société étrangère, dans l'espèce, veut obtenir de lui paiement en France, à quel tribunal devra-t-elle s'adresser? Nous nous réfèrerons pour répondre à cette question, à ce que nous avons déjà dit plus haut, lors de l'étude de l'article 14. La société demanderesse agira devant le tribunal de sa succursale ; si elle n'en a pas, elle aura le choix entre tous les tribunaux de France (1). Nous estimons, en effet, que le Français défendeur a en tous cas droit à la justice de son pays (Paris, 9 août 1881. *La Loi*, 3 sept., 1881, Paris, 28 janv. 1885, *J. de dr. int. priv.* 1885, p. 539), et qu'il faut faciliter aux étrangers le moyen de faire respecter ce droit du moment qu'ils en manifestent le désir en poursuivant leur défendeur en France.

63. Les Règles que nous venons d'établir peuvent subir des dérogations par suite de conventions diplomatiques ou d'une renonciation, de la part du Français, à la compétence des tribunaux de notre pays.

A. Conventions diplomatiques.

Nous rencontrons en cette matière le traité franco-suisse du 15 juin 1869. Son article 1er est ainsi conçu :

Alinéa 1. « Dans les contestations en matière mobilière et personnelle, civile ou de commerce, qui s'élèveront soit entre Français et Suisses, soit entre Suisses et Français, le demandeur sera tenu de poursuivre son action devant les juges naturels du défendeur. »

Ainsi qu'on le voit, au cas où c'est le Suisse qui est dé-

(1) Douai, 2 août 1854. S.1854,2,700 ; FŒLIX, t. 1, p.351 ; DEMOLOMBE, t. I, n° 252, etc.

fendeur, il est complètement dérogé à l'article 14 du Code civil ; d'où il suit que s'il s'agit d'une Société suisse, elle ne sera pas poursuivie en France. C'est son « juge naturel », c'est-à-dire le juge de son domicile social (1) qui est compétent (2). Cependant, il a été fait une importante restriction à cette règle rigoureuse au cas où la société suisse aurait en France une succursale (3). Le « juge naturel » serait alors le juge français à l'occasion des affaires faites par cette succursale (4). Cette opinion se fonde sur cette consi-

(1) Cass., 11 juin 1879, S. 80, 1, 33. D. 80, 1, 20, Trib. de la Seine, 9 août 1884, *J. de Dr. Int. priv.*, 1884, p. 498. etc. — V. spécialement Trib. de Comm. de Marseille, 21 août 1885. *Rev. Int. de Dr. marit.*, 1885-86, p. 231. Sur l'application de l'art. 1er du traité franco-suisse aux sociétés commerciales, se reporter à la *Rev. Prat. de Dr. Int. priv.*, 1890-91. II. Etude sur le traité de 1869, no 10.

(2) On se demande si l'art. 1er a dérogé à l'art. 15 du C. civ. : la question est controversée de savoir si le Français domicilié en Suisse ne peut être poursuivi en France. — V. *ibid.*, no 16. L'hypothèse se présentera assez difficilement quand il s'agira d'une société, puisque toute société a la nationalité du lieu de son domicile social, de sorte que dans l'espèce, la société qui aurait son domicile social en Suisse serait société suisse. Il faut donc supposer le cas d'une société française ayant en France son centre d'exploitation et son siège social, et ne transportant en Suisse que son siège social. Nous avons décidé, on se rappelle que dans ce cas la société restait française. Dans le sens de la dérogation à l'art. 15, V. *ibid.*, n° 16.

(3) *Ibid* n° 12.

(4) Comp. Nancy, 19 mars 1881, *le Droit.*, 30 septembre 1881 ; *adde* Colmar 12 août 1850, S. 52, 2, 466. Lyon 13 novembre 1888. *Mon. jud. de Lyon*, 14 décembre 1888. Paris, 28 mai 1884. *J. des Soc.* 1889, p. 181. Dans ce système, le traité ne dérogerait aux principes posés plus haut que pour les différends affectant la société elle même, lesquels devraient alors être portés exclusivement devant le tribunal du siège social. Et encore, en fait, des atténuations seraient possibles. Ne pourrait-on pas décider par exemple que la Compagnie peut être assignée devant le tribunal de sa succursale

dération qu'un Suisse domicilié en France, ayant en vertu de l'article 2 le droit de poursuivre cette succursale à l'occasion des opérations passées avec elle (1), il serait illogique de refuser à un Français ce que l'on accorde à un Suisse. On ajoute subsidiairement que l'établissement d'une succursale pourrait s'interpréter comme une élection tacite de domicile dans les termes de l'article 3 du dit Traité pour tous les différends concernant l'établissement secondaire (2).

L'alinéa 2 du même article restreint la portée de l'alinéa 1er en décidant que si l'action a pour objet l'exécution d'un contrat consenti par le Suisse en France, et si les parties résident (3) dans le *lieu*, où le contrat a été passé l'action peut être portée devant le juge de ce lieu. En ce qui concerne les sociétés, elles paraîtraient remplir les conditions de résidence voulues par cet alinéa lorsqu'elles auraient une succursale dans les termes que nous avons dit plus haut (4). On l'a toutefois contesté : En effet, la

pour les « contestations relatives aux titres remis à la compagnie pour y rester en dépôt, ou y faire l'objet d'un transfert ou d'une conversion lorsque dans la même succursale des agents sont préposés à la réception, et dès lors à la restitution de ces titres », Lyon, 29 juillet 1869. D. 70, 2, 72.

(1) V. ci-après.

(2) L'art. 1er de la Convention ajoute. « Si le Francais ou le Suisse défendeur n'a point de domicile ou de résidence connus en France ou en Suisse, il pourra être cité devant le tribunal du domicile du demandeur ».

Cette hypothèse n'est pas réalisable pour les sociétés de commerce dont on peut toujours connaître le siège social.

(3) Par *résidence* on a entendu plus qu'un séjour accidentel dans un endroit, sans pourtant exiger un domicile véritable. *J. de Dr. int. priv.*, 1875, p. 460.

(4) Nancy, 19 mars 1881. *Le Droit*, 30 sep. 1881.

convention franco-suisse de 1828 exigeait la *présence* des parties au lieu de la *résidence*, de sorte qu'à plusieurs reprises, sous l'empire de ce traité, il avait été jugé que le fait pour un individu de faire partie d'une société française comme associé en nom collectif, n'équivalait pas à un établissement emportant résidence au siège de la société (1). Depuis 1869, cette solution rigoureuse a trouvé créance auprès du tribunal fédéral suisse malgré le changement intervenu dans les textes. Ainsi, la Compagnie française d'assurances, *le Phénix*, qui a son siège à Paris, un principal domicile pour la Suisse à Bâle, et une agence à Genève, s'est vu dénier, à cause de son caractère de personne non physique, le droit d'avoir dans cette dernière ville à côté de son domicile commercial, une résidence dans les conditions exigées par l'alinéa 2 (2). Les tribunaux français ont tranché implicitement la difficulté dans le sens contraire (3). La question perd d'ailleurs beaucoup de son intérêt quand on songe que l'Établissement secondaire d'une société suisse, s'il n'est jamais constitutif de résidence dans les termes de l'alinéa 2 *in fine*, constituera le plus souvent la

(1) Colmar, 12 août 1850. S. 52, 2, 466. *Contra* Lyon, 18 mars 1868, S. 68, 2, 250. Cass., 4 mai 1868. S. 68, 1, 333.

(2) Trib. féd. Suisse, 4 mai 1888, *Droit* des 2 et 3 juill. 1888, et les notes ; adde *Rev. des Soc.*, 1888, p. 446.

(3) V. notamment jugement du trib. civ. de Pontarlier (25 fév. 1885. S. 86, 2, 235), qui reconnait à un Français le droit de poursuivre la Compagnie de chemin de fer Jura Berne Lucerne devant un tribunal français à l'occasion des actes intervenus sur le territoire de la résidence qu'elle a en France, par le fait de l'exploitation par elle de la ligne de Morteau (France) à la frontière Suisse. L'arrêt de Besançon du 24 juin 1885 (Sirey, *loc. cit.*), s'il statue en fait différemment, confirme le principe. V. aussi Trib. de com., de la Seine, 29 mars 1888. *Droit* du 11 avril 1888.

résidence dans le sens de l'alinéa 1er et que nous avons indiqué.

L'article 11 du traité prévoit le cas ou un juge autre que « le juge naturel » aurait été saisi ; il est ainsi conçu :

« Le tribunal français ou suisse devant lequel sera portée une demande qui, d'après les articles précédents, ne serait pas de sa compétence devra, d'office, et même en l'absence du défendeur, renvoyer les parties devant les juges qui doivent en connaître ».

Quelle est la portée de cet article ? A-t-il voulu établir une incompétence absolue et d'ordre public ? La question est très controversée. La Jurisprudence française a décidé à plusieurs reprises que l'incompétence du juge autre que le « juge naturel » était absolue (1). Cette manière de voir est très critiquée en doctrine : il serait en effet bizarre que deux États eussent conclu un traité ayant pour effet de priver les plaideurs du droit de choisir leurs juges en matière personnelle et mobilière. Comment comprendre que le traité franco-suisse ne permette pas l'attribution tacite de juridiction résultant de la comparution volontaire des parties devant le juge autre que celui du défendeur tandis qu'il autorise le choix du même juge résultant expressément d'une élection de domicile ? (art. 3). A l'occasion de la Compagnie d'assurances *le Phénix*, le tribunal de Genève, par jugement du 29 juin 1888 a, dans l'espèce indiquée plus haut, décidé que l'incompétence du tribunal gé-

(1) Paris, 8 juillet 1870. S. 71, 2, 177. Seine, 12 août 1881. *Loi* 2 oct. 1881. Paris, 28 mai 1884. *J. de Dr. int. priv.*, 1884, p. 614. Lyon, 5 juin 1886, *ibid.*, 1887, p. 337. Paris, 26 mars 1889, *Droit*, 5 avril 1889 etc. V. aussi Paris, 30 juill. 1890. *Droit* du 23 oct. 1890. — Adde, LEHR. *J. de Dr. int. priv.*, 1882, p. 60, WEISS, *traité élém.*, 2e éd., p. 743.

nevois à l'égard de la dite compagnie n'était que relative, et devait dès lors être invoquée *in limine litis* (1).

64. La question a été discutée de savoir si la *clause du traitement de la nation la plus favorisée*, insérée dans plusieurs traités, était de nature à faire bénéficier les nationaux — individus ou personnes morales — appartenant aux pays liés à la France par de pareils traités, du régime particulier de compétence organisé par la convention franco-suisse. Pour répondre à la question, il faut examiner dans quels termes la clause est conçue : celle insérée dans le traité franco-brésilien du 7 juin 1826 a paru assez explicite pour que la Cour de Cassation, par arrêt du 22 juillet 1886, ait déclaré qu'elle accordait en France aux Brésiliens les mêmes droits que ceux appartenant aux Suisses en vertu de la convention de 1869. — La Cour statuait dans l'espèce à l'occasion de personnes physiques. Faudrait-il admettre la même solution pour les sociétés brésiliennes qui en bénéficieraient d'autant plus qu'il n'a pas été rendu en leur faveur de décret les habilitant en France, ainsi d'ailleurs que pour les sociétés d'autres pays (2)? Nous hésitons à le faire. Si l'on

(1) *Rev. Prat. de Dr. Int. privé*, 1890-91, I, p. 95. C'est d'ailleurs la doctrine qui paraît prévaloir devant les tribunaux suisses. Dans le même sens en France, Rouen 12 mai 1876, S. 77, 2, 105, Lyon, 12 août 1881, *Loi* 1er janv. 1882. V. aussi Brocher, *Commentaire du tr. franco-suisse*, p. 95. CHAUSSE, *Rev. crit.*, 1887, p. 584. Vincent, *Les Suisses devant les tribunaux français*, *Mon. jud. de Lyon* no du 20 juillet 1889, etc.

(2) Les pays dont les sujets peuvent en France revendiquer sous le rapport de la compétence le traitement de la nation la plus favorisée sont, outre le Brésil (traité du 7 juin 1826, art. 1er, DUVERGIER Coll. des lois, 1826, p. 288) le Portugal, tr. du 9 mars

examine en effet le texte des divers traités cités en note, on s'aperçoit qu'ils s'expriment formellement sur un certain nombre de droits ou facultés qui n'appartiennent qu'aux personnes physiques (1). Ce sont plutôt les sociétés allemandes qui pourraient, en vertu de l'article 11 du traité de Francfort et de la convention additionnelle du 11 décembre 1871, invoquer la situation faite en France aux sociétés suisses par la convention de 1869. Et encore, cette situation n'est la plus avantageuse que si la contestation s'élève en France entre personnes allemandes, dont l'une est une Société ; car si le débat s'élève entre une société allemande et un Français, la société est mieux partagée en invoquant la convention anglaise de 1862, qui lui permet de poursuivre son défendeur en France, conformément à l'article 15 du Code civil, tandis que la convention de 1869 a peut-être supprimé l'application de cet article. Bien plus, même au cas où la contestation s'élèvera entre étrangers, c'est-à-dire entre une société allemande et un Allemand, entre une société anglaise et un Anglais, l'intérêt commanderait d'invoquer la convention franco-espagnole du 6 février 1882 (2) : tandis que l'article 2 de la convention de 1869 subordonne à certaines conditions

1853, art. 1er, § 1er. *Recueil de de Clercq*. VI. p. 3?8, la Perse, tr. du 12 juill. 1855, art. 5 §, 4, *ibid*, VI. p. 571, le Siam, tr. du 15 août 1836, art. 1er *ibid*, VII p. 138, la Birmanie, tr. du 24 janv. 1873, art 1er, *ibid*, XI p. 295, la Serbie, tr. du 18 janv. 1883, art. 4, *ibid*., XIV, p. 112.

(1) Ainsi ils s'occupent de la liberté de conscience en matière de religion, de la faculté de tester, de l'obligation de fournir le service militaire, des crimes et délits dont les individus peuvent se rendre coupables, etc.

(2) Art. 3, qui reproduit l'art. 2 du traité du 7 janv. 1862 : V. De Clercq XIII, p. 241.

de résidence la compétence des tribunaux français à l'égard des Suisses, la convention franco-espagnole n'en indique aucune autre que celle « de se conformer aux lois du pays ». Mais la difficulté vient de ce que ce texte ne vise manifestement que les personnes physiques (1).

65. B. Des dérogations aux principes ci-dessus exposés et résultant d'une renonciation expresse ou tacite.

En ce qui concerne l'article 14, la Jurisprudence et la doctrine sont unanimes pour admettre qu'il n'est pas d'ordre public et qu'il peut en conséquence être valablement l'objet d'une renonciation ; il en est de même de l'article 15, quoique cela ait été jadis contesté. (Dall. *Rép. Alph. V° Droits civils*, n°s 438 et 443). Ceci admis pour ces articles, la solution est évidemment la même pour ce qui regarde l'article 420 (C. proc.)

(1) Il parle de la protection accordée à la personne opposée à celle accordée aux biens, ainsi que des droits politiques. Les sociétés espagnoles elles-mêmes ne pourraient donc pas s'en prévaloir. Ce traité, on le voit, est conçu dans la forme de ceux qui accordent *libre accès* auprès de nos tribunaux. D'autres contenant la même clause ont été conclus avec la Bolivie, 9 déc. 1834. *Coll. de Clercq*, VI, p. 284, Equateur, 6 juin 1843, *ibid.*, 1843, v p. 88, le Chili, 15 sept. 1846, *ibid.*, V. p. 458, Costa Rica 8 et Guatemala 12 mars 1848, *ibid.*, V, p .603 et 614, Paraguay, 4 mars 1853, *ibid.*, VI p. 303, Honduras, 22 fév. 1856, *ibid.*, VII p. 10. Nouv. Grenade, 15 mai 1856, *ibid.*, VII p. 102, Nicaragua 11 avril 1859. *ibid.*, VII p. 586, Pérou, 9 mars 1861, *ibid.*, VIII p. 193, Russie, 1er avril 1874, *ibid.*, XI, p. 167.

La question de savoir si les sociétés de ces différents pays peuvent se prévaloir devant nos tribunaux de la clause du libre accès dépend uniquement à notre avis des termes dans lesquels est conçu le texte du traité. Or, tous ces traités sont rédigés sur le même moule, que nous avons déjà indiqué en parlant du traité franco-espagnol.

1. *Renonciation expresse.*

Elle pourrait être contenue dans un contrat civil ou commercial passé par une société étrangère avec un Français ; les effets en seraient absolument les mêmes que si le contrat avait été conclu exclusivement entre personnes physiques (1), aussi n'y insisterons-nous pas. Nous envisagerons seulement l'hypothèse où la renonciation est insérée dans les statuts de la société elle-même, et se manifeste soit par l'attribution des litiges sociaux à un tribunal déterminé, par exemple au tribunal du siège social, soit par une clause compromissoire.

α. *De la clause dévolutive de compétence au tribunal du siège social.* — Il convient d'en préciser très exactement la portée, étant donné qu'impliquant une dérogation aux articles 14 et 15 du Code civil, elle doit être interprétée restrictivement.

Il est nécessaire de faire remarquer tout d'abord, qu'elle n'intéresse que les associés : les créanciers sociaux ne pourraient souffrir, nous l'avons dit, que d'une clause formellement insérée dans la convention passée par eux avec la société : ce qui nous amène à dire que les obligataires français ne sauraient se voir opposer les statuts au cas où ils poursuivraient la société en France, conformément à l'article 14 ; ils sont en effet des créanciers et non des

(1) V. Cass., 13 août 1879, S. 81, 1, 225 et D. 80, 1, 85, Amiens, 11 août 1880, S. 81, 1, 203 (Contrat de transport passé avec une compagnie de chemin de fer attribuant compétence au juge du pays de destination), Caen, 7 mai 1884, *Loi*, 17 juillet 1885 ; Seine, 10 fév. 1886, *J. de Dr. int. priv.* 1886, p. 324 (Contrat d'assurance contenant attribution de compétence au tribunal de l'agence qui a émis la police.)

associés. Ce qui pourrait seul leur faire perdre le bénéfice de la juridiction française, c'est l'insertion d'une clause d'une telle nature au dos de leur bulletin de souscription, ou tout autre mesure parfaitement connue d'eux et les visant personnellement (1).

D'ailleurs la clause qui nous occupe n'est pas pleinement efficace à l'égard de toutes les contestations sociales : il y a parmi celles-ci un choix très important à faire : seules les contestations relatives à l'interprétation du pacte social, c'est-à-dire *intéressant tous les actionnaires* et résultant de décisions prises par le conseil d'administration conformément aux statuts (2) peuvent être qualifiées contestations sociales et doivent être portées devant le juge choisi. La Jurisprudence a fait l'application de ce principe : elle a décidé qu'une demande en dissolution de la société (3) relève du juge du siège social, de même la poursuite exercée par un actionnaire contre la société qui après délibération régulière du conseil d'administration décide de suspendre pour l'avenir la distribution des dividendes (4).

Les différends qui ne répondraient pas aux conditions que nous venons d'indiquer n'auraient pas le caractère social, et le demandeur pourrait les porter sans

(1) Ainsi la reproduction même intégrale des statuts et, partant, de l'article de ceux-ci relatif à la compétence ne saurait les engager.

(2) L'une des ressources du plaideur qui s'adressera à un juge de notre pays sera donc de prétendre que la décision du conseil d'administration n'est pas régulière.

(3) Chambéry, 1er déc. 1866. D. 66, 2, 246. Paris, 18 mai 1867 et Cass. 24 août 1869, S. 70, 1, 201. Cass., 22 mai 1863, *Le Droit*, 25 mai 1883. D'ailleurs, l'action en nullité de société doit toujours être portée devant le juge du siège social, car elle relève du statut personnel de celle-ci.

(4) Cass. 24 août 1869, D. 69, 1, 500.

difficulté devant le tribunal français conformément à l'article 14. Il en serait ainsi de la demande en dommages intérêts exercée par certains associés contre certains autres qui auraient frauduleusement et au mépris de la pensée, sinon du texte des statuts, convoqué une assemblée générale afin de lui faire prendre une décision contraire à l'intérêt bien entendu de la société (1). Non seulement, avons-nous dit, la décision du conseil d'administration doit être régulièrement prise, elle doit encore intéresser tous les actionnaires : ainsi une compagnie Autrichienne, la Compagnie du Chemin de fer Nord-Ouest Autriche avait décidé que, par suite de l'élévation du change, les actionnaires français jusqu'alors payés de leur dividende en France, le seraient désormais en Autriche : l'un de ces derniers la poursuivit à Paris, où elle avait une succursale, en restitution de la retenue qu'il devait subir sur le montant de ses dividendes par suite de l'élévation du change de l'Autriche sur la France : la défenderesse invoqua l'article 66 des statuts qui attribuait compétence au juge viennois ; ce fut en vain, son déclinatoire fut repoussé (2).

(1) Cass., 4 déc. 1871, S. 71, 1, 195, aff. *Ch. de fer Victor Emmanuel*). V. une hypothèse très analogue (Cass., 26 mars 1873, S. 73, 1, 387) à propos de la même compagnie : M. Laffite, président du conseil d'administration de ladite société y était accusé d'avoir abusé de son mandat. Dans ces deux espèces, d'ailleurs, la compétence du juge français n'était pas douteuse, car il y avait quasi délit.

(2) « Considérant que la suppression par la compagnie des paiements faits à Paris pendant un temps plus ou moins long et la résolution correspondante de ne plus payer qu'à Vienne ne constituent pas une affaire sociale dans le sens de l'article 56 des statuts ; que d'une part, en effet, cette modification est en dehors des prévisions des statuts ; que d'autre part, elle n'intéresse pas

66. β. *De la clause compromissoire.* On entend par compromis une convention par laquelle deux ou plusieurs parties soustraient à la juridiction de droit commun une contestation qui les divise pour les soumettre à la juridiction d'un arbitre : cette convention est soumise par l'article 1006 du Code de Procédure à des conditions très rigoureuses. Elle doit, à peine de nullité, désigner *les objets en litige et les noms des arbitres.* La loi paraît avoir voulu ainsi protéger ceux qui renoncent aux garanties que présente l'organisation des tribunaux ordinaires. La clause compromissoire ne doit pas être confondue avec la stipulation attributive de compétence à tel ou tel tribunal, que nous venons d'étudier. Celle-ci est valable, et implique renonciation au bénéfice des articles 14 et 15 sans qu'il soit nécessaire d'accomplir les conditions exigées par l'article 1006. La confusion a été souvent faite. (v. notamment Trib. de Commerce de Marseille, 17 juin 1885. *journal de Dr. int. privé*, 1886, p. 188 : Aix, 19 déc. 1885, *Rev. int. de Dr. marit.* 1885-86, p. 494, etc.).

On appelle *clause compromissoire* la promesse insérée dans un contrat quelconque — le plus souvent un contrat de société — par laquelle les parties s'engagent à faire trancher par la voie de l'arbitrage toutes les difficultés auxquelles le contrat pourra donner lieu, sans spécifier, conformément à l'article 1006, la nature du litige et le nom des arbitres. Cette clause est-elle valable ? La jurisprudence a varié sur ce point. Actuellement elle la déclare nulle dans tout

la généralité des actionnaires, et qu'en réalité elle doit être considérée, malgré sa gravité en ce qui concerne les intérêts français comme une simple mesure d'administration intérieure et à ce titre non prévue par l'art. 56. » V. Trib. de la Seine, 2 déc. 1875. *Droit* du 16 déc. 1875.

contrat autre que le contrat d'assurances maritimes (1).

Ceci admis, que déciderons-nous si une pareille clause se rencontre dans les statuts d'une société étrangère (2) qui prétend en invoquer les effets en France, notamment à l'égard d'un Français (3) ? Autrement dit, l'article 1006 est-il d'ordre public international (4) ?

En 1865, un arrêt de la Cour de Paris en date du 11 janvier a décidé qu'un individu français entrant comme administrateur dans une société portugaise dont les statuts stipulaient que toute contestation entre le conseil d'administration et un de ses membres serait soumise au jugement d'arbitres nommés et procédant dans les formes de la loi portugaise, avait renoncé implicitement au bénéfice de l'article 14, sans pouvoir alléguer que la clause compro-

(1) V. art. 332 C. commerce. Dans le sens de la validité de la clause compromissoire en général. V. Agen, 1er juin 1843, S. 43,2,298, CARRÉ et CHAUVEAU VI, *Quest. de Proc.* 3274 et 3279 *bis*, etc. Dans le sens de la nullité, Cass., 10 juill. 1843. S. 43, 1, 562, Cass., 15 juill. 1879, S. 79, 1, 364, Cass., 22 mars 1880, S. 81, 1, 10, etc. V. aussi BOITARD, COLMET DAAGE et GLASSON, *op. cit.* II, n° 1185 : etc.

(2) Il y a lieu de se demander, ici comme dans le cas de la clause attributive de compétence à tel ou tel tribunal, si le litige en présence duquel on se trouve rentre bien dans la catégorie de ceux que les statuts ont entendu soustraire à leur juge naturel. V. Paris, 5 mars 1869, S. 69, 2, 111.

(3) Sur la législation comparée en matière d'arbitrage, *Rép. Gén. du Dr. Fr.* V. *Arbitrage*, nos 1581 et suiv.

(4) Dans le sens de la nullité, v. Trib. de Rochefort, 28 janv. 1859, infirmé par arrêt de la Cour de Poitiers, 18 mai 1859, lequel arrêt a été confirmé par la C. de Cass., 21 nov. 1860, S. 61, 1, 333, V. aussi Trib. civ. de la Seine, 27 janv. 1865 et Paris, 8 nov. 1865, S. 66,2,117. Ces décisions, toutefois, n'ont pas véritablement statué sur la difficulté résultant du point de savoir si l'article 1006 est véritablement d'ordre public international : elles se fondent principalement sur divers éléments de fait.

missoire n'était pas conforme à l'article 1006 du Code de Procédure (1). La même doctrine a été consacrée par la Cour de Chambéry (2). La clause compromissoire insérée dans les statuts d'une société étrangère vaut dès lors en France comme un contrat passé dans les formes de la loi étrangère, soumis aussi à cette loi, quant au fond, et dont les effets ne sont pas par eux-même contraires à l'ordre public en France. Toutefois ce principe comporte des restrictions : ainsi serait nulle la clause engendrant un arbitrage devant se dérouler en France (V. aff. Aachen Leipsiger Versicherungs Aktien Gesellschaft, C. London Lancashire Fire Insurance C°) (3).

Il est de même très difficile de préciser dans quelles conditions une sentence arbitrale rendue à l'étranger est susceptible d'exécution en France. Nous supposons, bien entendu, qu'il s'agit non d'un arbitrage forcé imposé aux plaideurs par la loi, mais d'un arbitrage choisi par eux (4).

(1) S. 66, 2, 147.

(2) 1er déc. 1866, S. 67, 2, 182, D. 66, 2, 246, *adde* Trib. de Com. de Lille, 5 juillet 1886, *Rev. int. de Dr. marit.*, 1886-87, p. 160.

(3) Cour de Paris 18 mai 1885, *J. de Dr. Int. priv.*, 1886, p. 580.

Dans l'espèce, à propos d'une réassurance il avait été convenu entre les deux plaideurs qu'en cas de difficulté on s'en rapporterait à la juridiction d'arbitres pris à Paris, et si l'arbitrage ne pouvait avoir lieu, au tribunal de commerce de la Seine : le différend redouté s'étant produit, et la défenderesse n'ayant pas désigné d'arbitre, la demanderesse l'assigna devant le tribunal de commerce de la Seine. Celui-ci admit l'exception d'incompétence en décidant toutefois que la convention intervenue valait au moins comme ayant engendré une obligation de faire dont l'inexécution entraînait des dommages intérêts.

(4) En présence d'une décision résultant d'un arbitrage imposé aux plaideurs, par une disposition légale, on décide en général qu'il convient d'appliquer les règles relatives à l'exécution des ju-

Certains pensent qu'elle devra seulement obéir aux conditions que la loi française impose à celles qui sont intervenues en France. Ce serait donc, conformément à l'art. 20 du Code de proc., le président du Tribunal civil agissant seul qui le revêtirait de la formule exécutoire (1). Cette solution est contestée au cas où la sentence arbitrale aurait déjà reçu la formule exécutoire par le fait du juge ou du tribunal étranger : on se trouverait alors, dans l'espèce, non plus en présence d'un contrat ordinaire, mais en face d'un jugement étranger soumis comme tel aux règles en vigueur en France, à l'égard de tous les jugements étrangers émanant d'une juridiction parfaitement organisée (2).

2. *Renonciation tacite*

67. La renonciation au bénéfice des articles 14 et 15, civ. et 420 proc. civ. n'a pas besoin d'être expresse, mais encore faut-il qu'elle soit certaine, ce sera là une question de pur fait que le juge devra résoudre, et qui échappera à la Cour de Cassation (3). Elle ne saurait no-

gements étrangers : les tribunaux français auraient alors le droit de reviser la sentence arbitrale.

Conf. Paris, 22 juin 1843, S. 43, 2, 346. A. Weiss. Traité élém. 2e éd. p. 823. Lachau et Ch. Daguin ; *De l'execution des jugements étrangers* 1889, p. 99.

(1) Conf. Chambéry, 15 mars 1875, S. 76, 2, 85, Montpellier, 21 juillet 1882, *J. du Dr. Int priv.*, 1884, p. 70, etc. Weiss, *op. cit.*, p. 822. — M. Thevenet, (De l'autorité de la force exécutoire des jugements étrangers en France, etc., 1880, n° 106), décide que l'exéquatur doit conformément à l'art. 546 Proc. être donné par le Tribunal tout entier.

(2) Sic Moreau *Eff. Int. des jug. en mat. civ.* p. 58 et 60 ; Lyon, 1er fevrier 1868, *Rec. arr. de Lyon*, 1868, p. 57.

(3) Cass., 13 février 1882, S. 82, 1, 341. D. 82, 1, 129, Cass., 16 mars 1885, *Droit*, 29 août 1885.

tamment se déduire de ce fait que le Français demandeur s'est adressé directement à un juge étranger (1) ; de même lorsqu'il était défendeur de ce qu'il s'est laissé condamner par celui-ci. Si une nouvelle instance se produit entre lui et la même personne, il pourra s'adresser à un tribunal français s'il est demandeur, revendiquer la juridiction de celui-ci s'il est défendeur, sans qu'on puisse lui opposer une renonciation tacite de sa part résultant d'une instance antérieure (2).

2. *La société plaide avec un étranger.*

68. On sait que le Code civil et, d'une façon plus générale, nos lois sont muettes sur la compétence des tribunaux français à l'égard des litiges entre étrangers (3). D'où il suit que dans la pratique beaucoup de difficultés sont nées et que les auteurs sont souvent, ici plus qu'en

(1) Paris, 22 juin 1843. S. 1843, 2, 436.

(2) Paris 3 juillet 1884, *J. de Dr. Int. priv.*, 1884, p. 626. Jugé que le seul fait par un Français de souscrire des actions d'une société étrangère ayant son siège à l'étranger et régie par une loi disposant comme la loi française que toute contestation sociale sera portée devant le juge du lieu où elle est établie n'emporte pas renonciation au bénéfice de l'art. 14. Paris 29 avril 1876, S. 77, 1, 261. — Le tribunal de commerce de la Seine (jug. du 28 avril 1884) a adopté la solution contraire : *aff. Soc. de Tharsis c. Aragon, Gaz. du Pal.*, 1884, t. 2, Suppl. p. 62. Comp. Toulouse 8 mai 1884 et cass., 16 mars 1885, *Droit*, 29 août 1885.

Le fait d'avoir contracté à l'étranger sous l'empire d'une loi imposant l'arbitrage forcé pour les contestations relatives à la convention n'est pas suffisant par lui-même pour faire présumer une renonciation au bénéfice de l'art. 14. V. VINCENT et PENAUD, *Dict de Dr. int priv.*, *Arbitrage*, n° 53.

(3) Cette lacune est comblée dans le projet de code de Proc. civ., art. 10.

toute autre matière, en désaccord avec les tribunaux. Nous n'allons pas discuter les conclusions diverses auxquelles ils ont pu aboutir, nous nous contenterons, en ce paragraphe comme dans l'autre, tenant pour acquis les principes qui se dégagent de la jurisprudence actuellement en vigueur, de faire l'application de ceux-ci aux litiges que des sociétés étrangères pourraient avoir à soutenir en France contre des étrangers,

La doctrine aujourd'hui en faveur auprès de nos tribunaux est celle qui consacre l'incompétence (1). Toutefois un grand nombre d'atténuations sont admises.

69. 1° *Le domicile de fait que le défendeur peut avoir en France a paru plus d'une fois susceptible d'être attributif de compétence* (2), *surtout lorsque ce dernier ne pourrait justifier d'avoir conservé un domicile à l'étranger.* — La solution contraire équivaudrait, en effet, le plus souvent, à un déni de justice, car le demandeur, repoussé en France, ne saurait plus où s'adresser, la partie adverse n'ayant plus aucune attache avec son pays d'origine (3). Conformément au principe *Reus in excipiendo fit actor*,

(1) V. Cass., 18 août 1847, S. 48, 1, 230, Cass. 6 avril 1851, S. 51, 1, 335 ; Cour de Rennes, 7 avril 1891, *Rev. prat. de Dr. int. priv.*, 1890-91, 1, p. 323, etc. D'ailleurs cette incompétence n'est que relative. Le tribunal peut se dessaisir de lui-même, mais il n'y est pas obligé. Il est libre à ce sujet ; si l'incompétence est invoquée, il est tenu de se dessaisir, sous les restrictions que nous indiquons. Dans le sens de la compétence, GLASSON, *J., de Dr. Int. priv.*, 1881 et Dall. note 86, II, 129.

(2) Le domicile de fait du demandeur ne produirait pas cet effet.

(3) Cass., 8 avril 1851, S. 51, 1, 335, Cass., 7 mars 1870. S. 72, 1, 361, etc.

celui qui invoque l'exception d'incompétence devrait justifier qu'il a conservé un domicile à l'étranger (1).

En ce qui concerne une société, son domicile de fait sera constitué par l'existence en France d'une succursale. D'où il suit qu'elle pourrait être appelée devant le tribunal de ce domicile pour les actes civils et commerciaux que des étrangers auraient passés avec elle par l'entremise de la succursale. Mais cela est-il bien sûr ? Nous ne le croyons pas ; nous estimons, quant à nous, que le droit de poursuivre une société étrangère devant le tribunal de sa succursale située en France et à l'occasion des affaires faites avec celle-ci (2) n'appartient qu'aux Français. En ce qui concerne les étrangers, ils doivent, pour plus de prudence, s'adresser au tribunal du siège social situé à l'étranger. En effet, la compétence des tribunaux français à l'égard des étrangers, personnes physiques, n'est admise, nous l'avons dit, que s'il est impossible de découvrir le domicile du défendeur. Or, tel n'est pas le cas des sociétés qui ont toujours un siège social qu'on peut connaître (3).

Si la société est demanderesse, il faut que son défendeur ait en France une résidence exclusive de tout domicile à l'étranger : Elle ne pourrait pas, par exemple, poursuivre un étranger qui se trouve accidentellement en France (4).

70. 2° *Lorsque l'ordre public est en jeu.* — Les tribunaux français doivent assurer l'application des lois de

(1) Mêmes arrêts.

(2) En ce qui concerne les actions touchant la société elle-même, le doute, à plus forte raison, ne nous paraît pas possible.

(3) Les tribunaux français ne seraient d'ailleurs incompétents que relativement. — En outre nous réservons le cas où l'art. 420 est applicable. (V. n° 56 *in fine*).

(4) Civ. Seine, 18 mars 1880, *J. de D. int. priv.*, 1880, p. 191. V. aussi *Gaz. des Trib.*, 31 mars 1880.

police et de sûreté qui sont faites pour tous, indigènes et étrangers.

α. Mesures provisoires et conservatoires ou urgentes (1). En vertu du principe que nous venons d'énoncer, le juge français se reconnaît le droit de statuer provisoirement sur la protection d'intérêts urgents appartenant à des étrangers qui se trouvent sur notre territoire : c'est ainsi que le président du tribunal de la Seine, tenant l'audience des référés, a ordonné que des valeurs mobilières appartenant à une société étrangère seraient confiées à un séquestre. Il s'agissait, dans l'espèce, de la société des chemins de fer portugais, compagnie anonyme qui, par décision de l'assemblée générale des actionnaires, avait révoqué le mandat donné à MM. Joubert et autres pour représenter la compagnie à Paris. Les administrateurs nommés à leur place se virent refuser par eux la prise de possession du siège du comité établi à Paris, sous le prétexte que la délibération de l'Assemblée des actionnaires n'était pas valable. Sur la demande de prise de possession immédiate formée par les nouveaux administrateurs, le juge statua ainsi (2) : « ... Attendu que la validité de ladite délibération est contestée, qu'il n'appartient pas au juge des référés d'apprécier la régularité de la dite opération ni de statuer quant à présent sur la demande de prise de possession immédiate formée par Cotard et Bartissol ès-

(1) FŒLIX, t. I, p. 337. DEMOLOMBE, t. I, p. 318. GLASSON *France Judic.*, 1881, p. 252. FERAUD-GIRAUD, *J. de Dr. int. priv.*, 1885, p. 332, etc. jurisprudence constante. Le caractère d'urgence est absolument nécessaire. V. FERAUD-GIRAUD, *ibid.*, 1880, p. 168 et 169, Civ. Seine, 13 janvier 1883, *ibid.*, 1883, p. 169.

(2) Trib. civ. de la Seine, audience des référés, 1er oct. 1884. *J. de Dr. int. priv.*, 1885, p. 191.

qualités d'administrateurs-délégués de la Sociétés des chemins de fer portugais; mais attendu qu'en présence du litige paraissant exister entre les demandeurs et les défendeurs sur leurs qualités respectives et sur la possession des objets et valeurs actuellement détenus par l'ancien comité délégué à Paris pour représenter la Société en France, il y a lieu de confier lesdits objets et valeurs à un séquestre..., nommons Hue séquestre des objets et valeurs quelconques appartenant à la Société des chemins de fer portugais et se trouvant, quant à présent, à Paris et en France, aux mains de l'ancien comité de Paris, l'autorisons à prendre possession du siège de la délégation de la dite Société à Paris, ainsi que de tous livres, pièces, documents généralement quelconques, titres, fonds et valeurs s'y trouvant (1) ».

La saisie-arrêt étant un acte conservatoire, les tribunaux français peuvent connaître de sa validité, alors même que le saisissant, le saisi (2), et même le tiers saisi sont étrangers (3). Mais il faut pour cela que le saisissant ait un titre. S'il ne l'a pas, il ne pourra le demander à un tribunal français, en effet, son action étant purement personnelle et mobilière, devrait être portée devant les tribunaux étrangers; mais comme un titre exécutoire n'est pas in-

(1) Un étranger pourrait de même s'adresser à un tribunal français pour se faire autoriser à s'opposer à la sortie d'un navire appartenant à une société étrangère de navigation, et amarré dans port français. Trib. de Marseille, 15 juillet 1870, D. 72, 2, p. 41. Il pourrait de même obtenir la saisie conservatoire de ce navire. Cass., 22 août 1882, D. 83, 1, 215. 11 novembre 1885. *Rev. int. de dr. marit.*, 1885-86, p. 137.

(2) Jug. du trib. civ. de la Seine, 10 avril 1880. *J. de Dr. int. priv.* 1880, p. 301.

(3) V. Feraud-Giraud. *J. de Dr. int. priv.*, 1885, p. 234 et 235.

dispensable pour saisir-arrêter, et qu'une ordonnance du juge suffit, il pourra en obtenir une de celui-ci et opérer la saisie. Toutefois, une grosse différence existe entre les deux hypothèses, saisie en vertu d'un titre, saisie en vertu d'une permission du juge, lorsqu'on arrive au moment où la saisie doit être validée ; dans le premier cas, le tribunal n'a à examiner que la procédure faite en France (opposition, dénonciation avec assignation, contre dénonciation), dans le second cas, il doit, en outre, examiner l'existence de la créance et prononcer condamnation : or, il n'est pas compétent pour le faire, la difficulté relève du juge étranger. En conséquence, il ne déclarera pas la saisie nulle, mais il accordera au saisissant un délai pour s'adresser au juge naturel, et il ne statuera que lorsque ce dernier aura rendu sa décision. On voit ainsi qu'une société étrangère, banque ou compagnie d'assurances, peut se trouver assigner en France en déclaration affirmative, ou en validité de saisie, à la requête d'étrangers, et réciproquement (1).

β. Lorsqu'un délit ou un quasi délit est commis en France par un étranger à l'égard d'un autre étranger, le tribunal français est compétent pour juger aussi bien sur l'action civile que sur l'action publique.

γ. Le tribunal français est compétent aussi à l'occasion des incidents qui peuvent se produire lors de l'exécution en France des jugements étrangers (2).

δ. Parmi les lois qui touchent à l'ordre public se trou-

(1) Même solution pour les distributions de deniers par voie de contribution : Jug. du trib. civ. de la Seine, 12 mai 1877, *ibid.*, 1877, p. 352 et 353.

(2) Trib. de la Seine, 1er août 1885, *ibid.*, 1886, p. 325, 19 décembre 1885, *ibid.*, p. 704.

vent celles concernant la propriété industrielle ; les étrangers doivent s'y soumettre en même temps qu'ils sont protégés par elle lorsqu'ils prennent un brevet en France et qu'une contrefaçon est commise en France à leur égard.

71. *3° Lorsqu'il s'agit d'actions réelles ou mixtes concernant des immeubles situés en France.*

4° Dans certaines hypothèses spéciales dérivant de l'application des règles du Code de Procédure.

Une société étrangère est, par exemple, appelée en garantie ou intervient d'elle-même dans un procès qui se déroule entre un Français et un étranger devant un juge français conformément aux articles 14 et 15 du Code civil (1).

De même, il est possible que la société demanderesse, supposée étrangère, ait pour adversaires un étranger et un Français : quelle sera sa situation ? Conformément à l'article 59, § 2 du C. de Proc., elle peut choisir entre deux tribunaux, elle peut s'adresser au tribunal de l'un ou de l'autre défendeur (2), à la condition toutefois qu'un lien véritable unisse ces deux défendeurs, sinon celui qui ne sera pas poursuivi devant son juge naturel pourra demander sa mise hors de cause (3).

5. *Des restrictions au principe de l'incompétence, apportées par les traités.*

Nous avons déjà eu à nous occuper de la convention franco-suisse de 1869 à l'occasion des procès se déroulant en France entre Français et Suisses : l'article 2 du même acte diplomatique traite des litiges que des Suisses peu-

(1) Cass., 1er avril 1873, S. 73, 1, 101.
(2) Cass., 14 mars 1883, S. 83, 1, 259.
(3) Feraud-Giraud, *J. de Dr. int. priv.*, 1880, p. 171.

vent avoir entre eux et tranche la question de savoir dans quelle mesure les tribunaux français pourront les résoudre. Toutefois, il ne répond pas à toutes les hypothèses (1). Il ne prévoit que le cas où tous les plaideurs sont domiciliés ou ont un établissement commercial en France.

Plaçons-nous immédiatement au point de vue des sociétés commerciales. Une société suisse a une succursale en France, elle sera donc, en vertu de l'article 2, poursuivie devant le tribunal de celle-ci par le Suisse domicilié ou établi en France (2). Mais cesse-t-elle de pouvoir être assignée devant le tribunal de son siège social situé en Suisse ? Nous ne le pensons pas, l'article 2 est facultatif pour le demandeur ; il n'est obligatoire que pour le défendeur et pour le juge. Le demandeur ayant le choix, nous croyons que ce choix est absolu et qu'il peut, en conséquence, poursuivre la succursale pour toutes actions même touchant la société elle même (3).

Supposons que l'un des plaideurs suisses n'a en France ni domicile ni établissement commercial : le traité est muet dans cette hypothèse : qu'arrive-t-il alors, si un juge français a été saisi ? Est-il incompétent ? et quelle est la nature de son incompétence ? — La question est très con-

(1) Voici le texte de cet article : « Dans les contestations entre suisses qui seraient tous domiciliés ou auraient tous un établissement commercial en France .. le demandeur... pourra... saisir le tribunal du domicile ou du lieu de l'établissement du défendeur, sans que les juges puissent se refuser de juger et se déclarer incompétents à raison de l'extranéité des parties contractantes ».

(2) C'est là un avantage que, nous l'avons vu, nous ne reconnaissons pas aux sociétés des autres pays qui plaident en France avec des individus de leur nationalité...

(3) *Contrà*, *Rev. prat. de Dr. int. priv.*, 1890-91, II, p. 35, n° 37.

troversée, et elle a été résolue en sens opposés par les tribunaux de France et de Suisse. La Cour de Paris, par arrêt du 8 juillet 1870 (1), a statué dans le sens de l'incompétence absolue, et pendant plusieurs années, les tribunaux suisses ont été influencés par cette décision (2). Cette doctrine est très critiquée, on a fait remarquer avec raison que l'article 2 n'a d'autre but que d'interdire dans certains cas au juge d'admettre l'exception d'extranéité, (3), en ce qui concerne les hypothèses autres que celles qu'il prévoit expressément, le droit commun reste applicable : en conséquence, les tribunaux français sont libres de se déclarer compétents dans les procès entre Suisses, dont l'un n'est ni domicilié ni établi en Franee, absolument comme cette faculté leur appartient sans consteste dans les procès intéressants d'autres étrangers que des Suisses (4).

(1) S. 71,2,177. D. 71,2,11.

(2) Tribunal cantonal du canton de Vaud, 25 mars 1874, *J. des trib. vaudois* 1874, p. 345; trib. civ. de Genève, 27 déc. 1878, *J. de Dr. int. priv.*, 1880, p. 399. *Contrà*, Cour d'appel de Paris, 4e ch., 25 nov. 1886, *aff. Oltramar*. Trib. de Genève, 7 déc. 1888, *Semaine judiciaire de Genève* 14 janv. 1889, p. 8 et *Rev. prat. de Dr. int. priv.*, 1890-91, II, p. 94.

(3) V. note de M. ROGUIN dans le *Journ. de Dr. int. priv.*, 1880, p. 399, v. aussi le *commentaire du traité franco-suisse* par M. BROCHER, p. 18. *Rev. prat. de Dr. int. priv.*, 1890-91, II, p. 39, n° 41.

(4) Conf. trib. civ. de Genève, 15 mars 1879. *J. de Dr. int. priv.*, 1880, p. 400, et Cour de justice civile de Genève, 26 avril 1880, *ibid.*, v. aussi l'article de M. DE SEIGNEUX dans le *J. de Dr. int. priv.*, 1875, p. 79. Mais le tribunal de Genève est revenu à la première interprétation, 7 déc. 1888. *Rev. prat. de Dr. int. priv.*, 1889, p. 30. Comp. trib. de com. de Genève, 8 avril 1886, *Journ. de Dr. int. priv.*, 1889, p. 179.

On fortifie cette argumentation lorsqu'on discute cette question

Enfin l'alinéa 2 de l'article 2 du traité de 1869 prévoit le cas où un différend s'élève devant un tribunal français entre un Suisse et un étranger qui aurait un domicile ou une résidence en France. Dans ce cas le défendeur ne peut invoquer son extranéité et le tribunal français est tenu de le juger.

Au cas où la société étrangère plaide avec un étranger autorisé à avoir un domicile en France, dans les termes de l'article 11, les choses se passent comme si elle se trouvait en présence d'un Français, et les règles que nous avons posées dans le paragraphe précédent retrouvent leur application.

B. *Des procès civils.*

72. Nous devons reconnaitre que ces procès seront assez rares. D'une part, en effet, en vertu de la théorie de l'accessoire, un grand nombre d'opérations faites par un commerçant relativement à l'exercice de son commerce sont déclarées commerciales, bien qu'elles n'interviennent pas dans une pensée de spéculation (1).

à l'occasion des personnes physiques, en disant : Si le Suisse défendeur n'est pas domicilié en France, le fait de la part du tribunal français de se déclarer incompétent équivaudra parfois à un déni de justice, car le défendeur, quoique suisse, ne sera pas nécessairement domicilié en Suisse, et son créancier ne saura plus à quel juge s'adresser. Ce raisonnement a une base moins solide s'il s'agit d'une société défenderesse, qui si elle est Suisse, a nécessairement son siège social en Suisse. Il est vrai, mais nous avons dit qu'une société pouvait déplacer son siège social sans nécessairement changer de nationalité. En outre, le déni de justice se produira certainement, si c'est la société qui est demanderesse et qui plaide dans notre pays, contre un Suisse exclusivement domicilié en Allemagne ou ailleurs.

(1) Ainsi une société de banque etrangère sera réputée faire un

D'autre part, si les engagements se référant à des immeubles ou à des droits immobiliers n'ont pas, en principe, le caractère d'actes de commerce (1), les règles que nous allons poser ne leur sont toutefois applicables que s'ils ne portent pas sur un droit réel (2).

C'est, à ce qu'il nous semble, principalement pour les sociétés dont l'objet est civil d'après la *lex fori*, mais dont

acte de commerce lorsqu'elle achètera des comptoirs, des appareils de chauffage ou d'éclairage pour l'aménagement de ses bureaux. Conf. LYON-CAEN et RENAULT. Traité, t. 1er, n° 171. Cass., 29 janvier 1883. S. 85,1,482, Louis DAVID. *De la compétence en matière commerciale*, n° 33, etc.

Cette doctrine est déduite *a contrario* de l'art. 638. 1° C. de commerce, qui soustrait à la compétence du juge consulaire « les actions intentées contre un commerçant, pour paiement de denrées ou marchandises achetées pour son usage particulier ». Une société, à cause de son caractère de personne morale, n'aura jamais à invoquer cet alinéa de l'art. 638.

(1) Jurisp. et doctrine. Conf. V. notamment Cass., 8 avril 1882. S. 82, 1, 407. Pal. 82, 1016; V. *Pandectes Françaises*, Actes de commerce, n° 55.

(2) Si la contestation porte sur un droit réel immobilier, c'est le tribunal de la situation de l'immeuble qui est compétent pour en connaître (Proc., a. 59, al. 3), quelle que soit la nationalité du propriétaire (civ. a. 3).

Remarquons aussi que les contrats personnels concernant des immeubles, deviennent de la compétence du juge consulaire en vertu de la théorie de l'accessoire. Ainsi on peut prétendre que la société qui loue un immeuble, pour y établir une succursale, fait un acte de commerce, puisque cette location intervient en vertu de spéculations futures déjà commencées dans un autre local. Comp. Paris, 12 janv. 1856. *Le Droit*, 18 janv. 1856. *Contrà* si elle louait ou sous-louait une partie du local dont elle n'aurait pas l'emploi. En effet, la location d'immeubles dans le but de les sous-louer n'a jamais le caractère commercial, même lorsqu'elle est faite dans une pensée de spéculation, V. Aix, 27 déc. 1855. Pal. 1857, p. 851, etc DEMANGEAT sur BRAVARD, VI, p. 334, etc.

la forme est commerciale, avec toutes les conséqnences de droit, d'après leur loi nationale que les règles ci-après seront susceptibles d'application. Ainsi l'exploitation d'une mine, d'une carrière, d'une source thermale est considérée par la jurisprudence française comme un acte civil (1). Si donc une société étrangère exploite une mine, une carrière, etc., située en France, elle fait acte civil, et les contestations qui s'élèvent à l'occasion de la vente de ses produits (2) sont des procès civils; même solution si l'exploitation et la vente étaient à l'étranger (3). Il faut d'ailleurs supposer que la société a la qualité de société

(1) Les mines, carrières, sources, participant de la nature du sol qui les produit, sont des immeubles : leur exploitation est soumise aux mêmes principes juridiques que l'exploitation du sol par l'agriculteur ou le fermier : les produits des mines, carrières, etc., sont des produits de la nature. L'art. 32, loi 21 avril 1810, est formel pour les mines. Conf. pour l'exploitation d'une saline, Aix, 7 juin 1858. D. 58, 5. 12. En vertu de cette idée, il a été jugé : « Si l'exploitation de la source est faite par une société et s'il a été construit des hôtels et casinos pour recevoir des voyageurs, l'exploitation de ces hôtels et casinos est considérée comme accessoire à l'exploitation de la source, et entreprise seulement pour faciliter la vente des produits du fonds (Metz, 16 mars 1865. S. 65, 2,265, Dijon, 19 mars 1868. S. 68, 2, 333. V. aussi cass., 16 juin 1874. *Journ. des trib. de com.*, t. XXIV, p. 531).

(2) Les différends qui se produiraient à propos des titres de la société seraient de la compétence du juge commercial en vertu de l'art. 631, 2°, à la condition, toutefois, que les deux plaideurs fussent deux associés.

(3) En effet, nous l'avons dit, c'est d'après la *lex fori* qu'il faut déterminer le caractère civil ou commercial d'une opération, au point de vue de la compétence : peu importe donc que l'opération soit passée en France ou à l'étranger, et qu'à l'étranger elle ait le caractère commercial. — Mais il faut pour cela que l'exploitation soit faite par le propriétaire lui-même. Si, au contraire, le propriétaire loue la mine moyennant une redevance annuelle, l'exploitation devient un acte de commerce pour lequel le tribunal de

commerciale d'après sa loi nationale, laquelle se fonde pour la lui attribuer soit sur sa forme (1), soit sur le caractère juridique de ses opérations.

C. — Observations commune aux procès commerciaux et civils.

73. On sait que l'article 59, § 5 du Code de procédure décide qu'en matière de société le défendeur doit être assigné devant le tribunal du siège social, en même temps d'ailleurs que l'article 631, 2°, du Code de commerce attribue compétence au juge consulaire pour les contestations entre associés. Dans quelle mesure ces deux dispositions régissent-elles les sociétés étrangères ?

En ce qui regarde l'article 631, 2° du Code de commerce, il est sûrement applicable, les lois sur la compétence étant, nous l'avons déjà dit, d'ordre public.

Quant à l'article 59, alinéa 5, si les sociétés françaises peuvent l'invoquer contre les étrangers (2), les sociétés étrangères poursuivies en France ne sauraient s'en prévaloir à l'égard des Français. De même les Français ne peuvent lui opposer le dit article : ils restent régis par l'article 15 (3).

commerce devient compétent, 17 déc. 1847. D. 48, V, 4. — V. aussi Ruben de Couder. Dict. *Acte de commerce*, n° 78. *Contrà, Pand. Franç. Acte de commerce*, n° 134.

(1) Le Code de commerce allemand décide que les commandites par actions (art. 174), et les compagnies anonymes (art. 208), valent comme sociétés de commerce alors même que leur objet réside en autre chose que dans des entreprises commerciales.

(2) Cass., 4 mai 1868. S. 68, 1, 333. D. 68, 1, 313 ; Trib. de la Seine, 24 juillet 1878, et Paris, 13 déc. 1881. *J. de Dr. int. priv.*, 1882, p. 315, trib. de com., de la Seine, 20 sept. 1887. *Le Droit*, 1er oct. 1887.

(3) Ainsi un Français, actionnaire d'une banque belge sera

Des réserves toutefois doivent être admises pour les actions tendant à faire se prononcer le juge sur le statut personnel de la société. On sait que le principe en honneur, lorsqu'il s'agit du statut personnel des individus, est celui d'après lequel compétence exclusive appartient au tribunal national (1) de ceux-ci pour rendre des décisions relatives à ce statut. Cette doctrine se fonde sur le principe de droit des gens, dont l'article 3 du Code civil n'est qu'une application faite aux Français, d'après lequel l'état et la capacité des personnes sont régies par les lois de la nation à laquelle elles appartiennent. Il convient dès lors de conclure, pour pousser jusqu'au bout les conséquences de ce principe, que les décisions du tribunal national ont la même autorité que la loi à ce point de vue (2), et que les tribunaux étrangers ne sont pas à son égard plus compétents que ne le sont les lois étrangères. Les tribunaux français et belges ont fait l'application de cette idée dans la matière qui nous occupe en décidant que le juge compétent pour déterminer si une société est régulièrement constituée et par suite pour en prononcer la dissolution est le juge du pays dont la société tient sa nationalité (3).

poursuivi devant le juge français en libération de ses actions sans pouvoir prétendre être renvoyé devant le tribunal du siège social, c'est-à-dire le tribunal belge. Paris, 29 janv. 1885. *J. de Dr. int. priv.*, 1885, p. 539.

(1) Seine, 30 juin 1876. *J. de Dr. int. priv.*, 1877, p. 146, 4 décembre 1886, *ibid.*, 1886, p. 712.

(2) Toutes réserves faites d'ailleurs pour le cas où elles contiendraient rien que de contraire à la morale et à l'ordre public.

(3) Trib. de com. de Courtray, 26 fév. 1887, et cour de Gand, 23 juillet 1887. *Le Droit*, nos des 1er avril, 19 et 20 sept. 1887. Trib. correctionnel de la Seine, 10 fév. 1881. *J. de Dr. int. priv.*, 1881, p. 158. Paris, 12 mai 1881, *ibid.*, 1882, p. 317.

D'ailleurs, qu'il s'agisse de personnes physiques ou morales, le tribunal étranger est compétent quant aux conséquences de ces statuts par rapport au patrimoine (1).

74. On sait que la loi française, dans une pensée de méfiance à l'égard des étrangers demandeurs dans un procès contre un français autorise ce dernier, en cas de poursuite, à requérir qu'il soit fourni par le demandeur, caution de payer les frais et les dommages intérêts auxquels, en cas de débouté, il pourrait être condamné (civ. art. 16. Proc. a. 166 et 167). L'article 16 ancien du Code civil et l'article 423 du Code de Procédure, limitaient ce privilège aux matières civiles : la loi du 9 mars 1895 l'a étendu aux matières commerciales (2).

Par suite, les sociétés commerciales étrangères devront

(1) V. *Pand. belges*, t. XIX. *Chose jugée en matière civile*, nos 36 et suiv., v., notamment arrêt de Gand précité : « attendu que les conséquences, d'après la loi française du 24 juill. 1867, de la nullité ainsi prononcée par le tribunal de Lille sont poursuivies en Belgique par le procès actuel contre l'intimé, que partant l'interprétation de cette loi appartient dans cet ordre d'idées au juge belge ».

(2) Voici le texte de cette loi :

Art. 1er. L'art 16 du Code civil est ainsi modifié : « En toutes matières, l'étranger qui sera demandeur principal ou intervenant sera tenu de donner caution pour le paiement des frais et dommages intérêts résultant du procès à moins qu'il ne possède en France des immeubles d'une valeur suffisante pour assurer ce paiement ».

Art. 2. L'art. 423 du Code de Procédure civile est abrogé.

Il a été jugé que la loi du 5 mars 1895, étant une loi de procédure, devait rétroagir, et par conséquent était applicable aux frais faits depuis sa mise en vigueur, même dans les procès commencés antérieurement à la promulgation de ladite loi. Trib. de com. de la Seine, 1er juin 1895. *J. de Dr. int., priv.*, 1895, p. 810.

désormais fournir la caution *judicatum solvi* (1) dans tous les procès civils, commerciaux ou criminels (2) qu'elles soutiendront contre des Français, en qualité de demanderesses ou intervenantes : il en serait de même si elles plaidaient contre des étrangers autorisés au domicile (3). L'exception *judicatum solvi* doit être invoquée *in limine litis* (4) et requise formellement par le défendeur, le tribunal ne pourrait pas l'opposer d'office (5) ; mais la question est très controversée de savoir si elle doit être invoquée avant ou après l'exception d'incompétence (6).

En tous cas, la société sera dispensée de fournir caution si le tribunal estime qu'elle possède en France des immeubles suffisamment importants pour assurer le recouvrement des frais du procès : il en sera de même s'il est intervenu des conventions diplomatiques, entre le pays

(1) C'est à la nationalité de la société, et non à celle des associés qu'il convient de se reporter pour déterminer si la caution est due. Le contraire a été jugé à tort. V. Trib. de la Seine, 26 mai 1884, J. *de Dr. int. priv* , 1885, p. 192.

2) Conf. doctrine et jurisprudence : v. notamment Cass., 18 fév. 1846, S. 1846, 1, 320. D. 1846, 1, 128, Aix, 4 juin 1877, *Bull. de la Cour d'Aix.*, 1878, p. 221. AUBRY et RAU, VIII, p. 128, Même solution en matière administrative, V. avis du Conseil d'Etat, 23 janvier 1820. DALL. Rep. Alph. V· *Exception*, n· 71.

(3) Conf. Cass., 15 av. 1842, S. 1842, 1, 473 D. 1842, 1, 196, v. aussi Trib. corr. de la Seine, 4 janv 1881, *J. de Dr. int. priv.*, 1881, p 58. En effet le droit de requérir la caution *judicatum solvi* est un droit civil, et doit, dès lors, appartenir à l'étranger autorisé au domicile dans les termes de l'art. 13.

(4) Cass., 28 déc. 1831, S. 1832, 1, 627, D. 1833, 1, 47.

(5) Trib. Seine, 2 juin 1886. *Gaz. Pal.*, 17 juin 1886.

(6) BOITARD, COLMET, DAAGE et GLASSON, t. I, p. 431, n· 565. D. R. A. V. *Exception*, n· 77. CARRÉ et CHAUVEAU, *Lois de la proc.* quest. 704. RODIÈRE, t. I, p. 336 et 338; etc. V. aussi Civ. Seine 23 août 1881, *J. de Dr. int. priv.*, 1882, p. 616.

de la société et le notre, plus ou moins explicites à ce sujet (1).

§ 2. Régime fiscal des sociétés étrangères, principalement au point de vue de leurs actions et obligations.

(1) Traité du 24 mars 1760 (art. 22) conclu entre la France et le royaume de Sardaigne, mais actuellement, applicable à toute l'Italie. V. Coll. de Clercq, t. I, p. 80.

Serbie (traité du 18 janv. 1883, art. 5, *ibid.*, XIV, p. 112).

Suisse (traité des 4 vendémiaire an XII, 18 juillet 1828 et 15 juin 1869, art. 13, v. de Clercq, t. X, p. 89).

Ces divers traités s'occupent spécialement de la caution *judicatum solvi* : ils visent les « sujets » des États contractants. Les personnes morales peuvent-elles s'en prévaloir ? Il semble bien que oui. Même solution à ce point de vue devrait être donnée à l'occasion des traités contenant la *clause de libre accès* : ces traités ont en vue principalement des avantages de procédure. Nous en déciderions autrement à propos de la *clause de la nation la plus favorisée* qui vise les avantages commerciaux. Conf., Trib. de Bastia, 29 avril 1873, D. 73. 3, 79.

Enfin, nous l'avons déjà dit, les sociétés étrangères ne sauraient se prévaloir de l'autorisation rendue en leur faveur par le gouvernement français pour prétendre à la condition faite à la personne physique autorisée au domicile. Art. 14. C'est ainsi qu'il a été jugé que les sociétés anglaises n'étaient pas dispensées de fournir devant les tribunaux français la caution *judicatumsolvi*, Trib. de la Seine, 10 mai 1883. *J. de Dr. int. priv.*, 1883, p, 610. V. aussi, Cour de Paris, 27 juillet 1875. *J. de Dr. int. priv.*, 1876, p. 356. Comp. Trib. civ. de la Seine, 5 juill. 1864. *Gaz. des trib*, 18 août 1864.

75. C'est un principe fondamental du droit des gens que les lois d'impôts sont *réelles*, ce qui veut dire que leur application s'étend à tous les biens qui se trouvent sur un territoire, en même temps d'ailleurs, qu'elle se limite à eux (1).

Aussi n'y a-t-il pas lieu d'être surpris que les sociétés étrangères soient frappées par nos lois fiscales à l'occasion des affaires qu'elles font dans notre pays, ou de la circulation de leurs titres en France : c'est ainsi qu'elles doivent payer la patente (L. du 25 avril 1844 et loi du 15 juillet 1880, art 1er) (2), l'impôt foncier, la taxe des biens de

(1) Le principe de la souveraineté des Etats s'oppose à ce que le recouvrement de l'impôt se poursuive en dehors du pays à qui il est dû. Conf. Trib. civ. Seine, 16 mars 1864. *Gaz. Trib.*, 17 mars 1864.

(2) A l'occasion de la succursale ou même seulement de la simple agence qu'elle occupera en France. V. Conseil d'Etat, 9 mai 1860 (aff. Guilhou) *Rec. Lebon*, 1860 p. 378, 19 juillet 1867, 22 février 1870. S. 71, 2,288, 24 juillet 1874. S. 76,2,.188 ; adde *J. de Dr. int. priv.*, 1887, p. 220.

On sait que la société française ne paie le droit fixe intégral que sur un établissement, quand elle en a plusieurs ; sur les autres, elle ne paie que la moitié du droit fixe. La société étrangère paiera-t-elle le droit intégral ou le demi-droit sur la succursale qu'elle aura en France ? M Lyon-Caen estime qu'elle doit payer le droit en entier, *Soc. Etrang.*, p. 108. Si la société a plusieurs succursales en France, elle ne paiera qu'un droit fixe pour l'établissement le plus imposé et un demi-droit pour les autres. Vincent et Penaud. *Dict.* V. *Soc.*, n° 72.

mainmorte instituée par la loi du 22 février 1849, etc (1).

En dehors des impôts qui précèdent, qui tous ne frappent pas nécessairement des commerçants ou des personnes physiques exclusivement, il en est d'autres, qui, dans le but de maintenir l'égalité entre les sociétés étrangères et les sociétés françaises s'appliquent sans distinction aux unes et aux autres.

76. I. Tout d'abord, indépendamment des cas où une société étrangère fait des opérations ou a des titres circulant en France, nos impôts peuvent, à son occasion, frapper des Français ou des étrangers.

C'est ce qui arrive lorsque ses titres sont en France l'objet d'une mutation, sans qu'il y ait lieu de se préoccuper de l'endroit où ils se trouvent en fait (2). L'article 7 de la loi du 18 mai 1850 complété par la loi du 23 août 1871 (art. 3 et 4) frappe les valeurs étrangères des mêmes droits que des valeurs françaises, lorsque la transmission a lieu entre vifs à titre gratuit ou onéreux, ou par décès. Dans ce dernier cas, cependant, il faut tenir compte de la loi qui régit la succession. C'est seulement si la succession est dévolue conformément à la loi française que les

(1) Cette taxe représentative des droits de transmission entre-vifs et par décès est de 0 fr. 625 pour franc du principal de la contribution foncière. Le droit a été porté à 0 fr. 70 par l'art. 5 de la loi du 30 mars 1871 et soumis aux décimes : il ne frappe que les immeubles assujetis à la contribution foncière. La loi du 14 déc. 1875 a exempté les sociétés anonymes qui ont pour *objet exclusif* l'achat d'immeubles pour les revendre.

(2) Lorsque l'opération se produit à l'étranger, elle doit, pour être efficace en notre pays, acquitter au préalable le droit de timbre proportionnel ou de dimension suivant qu'elle contient ou non obligation de sommes ou valeurs.

valeurs étrangères faisant partie de son actif sont frappées du droit de mutation. A ce point de vue, la Jurisprudence a déclaré passible du droit de succession la part d'intérêt appartenant au Français décédé en France, où il était domicilié, dans une société ayant son siège à l'étranger (1). Elle a tranché la question en sens contraire dans une hypothèse où le Français, quoique décédé en France, était domicilié à l'étranger (2). S'il s'agit d'un étranger décédé en France, on doit déclarer passible du même droit les valeurs dépendant de son patrimoine, au cas où il est domicilié en France avec ou sans autorisation (a. 13. civ.) (3).

Dans toutes ces hypothèses, l'Administration a à l'égard des titres étrangers, les mêmes droits qu'à l'égard des titres français pour se protéger contre les déclarations insuffisantes ou incomplètes (4).

77. II. En second lieu, les sociétés étrangères sont soumises avec juste raison aux taxes qui frappent les sociétés françaises, lorsque leurs titres circulent en France.

Les sociétés françaises doivent payer :

1° *Le droit de timbre* (loi du 5 juin 1850, art. 14 et suiv.) 0 fr. 50 à 1 fr. 0/0 du capital nominal des titres, suivant la durée de la société. Ce droit peut se payer en

(1) Mais il faut que la loi du lieu du domicile ait été appliquée en fait à la succession, jug. de Trib. de Saint-Julien, 26 mai 1879. R. P. 5302.

(2) Cass., 7 juillet 1874, R. P. 4079. Il faut d'ailleurs que ce domicile soit plus qu'une résidence momentanée ou accidentelle V. Déc. Min. fin., 22 mai 1880, *J. de l'Enr.* 21.397.

(3) Cass., 27 juin 1883, *J. de l'Enr.* n° 22.126, et Ch. civ., 19 juill. 1892, I. G. 2834, § 3.

(4) Mêmes arrêts.

une fois, ou se remplacer par un abonnement annuel de 0 fr. 05 0/0 du dit capital nominal (même loi, art. 22) sujet au double décime.

2° *Le droit de transmission* (loi du 23 juin 1857, art. 6, loi du 16 sept. 1871, art. 11, loi du 30 mars 1872, art. 1er; loi du 29 juin 1872, art. 3) 0 fr. 20 0/0 du capital nominal à payer annuellement pour les titres au porteur, remplacé pour les titres nominatifs par un droit de 0 f. 50 0/0 devant être payé lors de chaque transfert.

3° *L'impôt sur le revenu* (loi du 29 juin 1872 et loi du 26 déc. 1890, art. 4) établi sur les intérêts, revenus, dividendes et autres produits des sociétés; fixé primitivement à 3 0/0 du revenu, il a été porté à 4 0/0 par la loi du 26 déc. 1890 (art. 4). Cet impôt a été étendu aux lots et primes de remboursement par la loi du 21 juin 1875, art. 5.

Les taxes que nous venons d'énumérer ont été étendues aux titres des sociétés étrangères pour les droits de timbre (1) et de transmission (2) par la loi du 23 juin 1857,

(1) En ce qui concerne le droit du timbre frappant les valeurs étrangères, il a été porté par la loi du 28 déc. 1895, à 2 %, sans double décime : ce qui en fait ne constitue qu'une aggravation de 0 fr. 80 0/0 puisque le droit de 1 0/0, étant sujet au double décime se trouvait, en réalité, de 1 fr. 20 0/0.

Les titres déjà timbrés au jour de la promulgation de la loi tombent sous son application, mais le droit nouveau ne leur est appliqué qu'imputation faite du montant de l'impôt déjà payé.

La taxe est perçue sur la valeur nominale de chaque titre ou coupure considérée isolément, et dans tous les cas sur un minimum de cent francs, solution critiquable qui frappe en réalité d'un droit de 8 0/0 les titres de vingt-cinq francs dont la valeur est restée aux environs du pair, ce qui est assez fréquent, plus encore aujourd'hui qu'à l'époque où la loi fut faite et où les valeurs de mines d'or qu'on voulait spécialement frapper étaient à des cours encore assez élevés.

Au-delà de cent francs, la perception se calcule proportionnel-

art. 9, pour l'impôt sur le revenu par la loi du 29 juin 1872 art. 4. Toutefois, elles ne les frappent que lorsqu'ils s'introduisent en France, sans quoi le principe de la territorialité de l'impôt serait violé.

78. Cette introduction sera révélée par les faits suivants indiqués dans la loi du 29 juin 1872, art. 4, al. 2.

1. Inscription à la cote officielle.
2. Emission en France.
3. Exposition en vente et négociation en coulisse.
4. Usage quelconque dans les actes et transactions passés en France.

Reprenons ces divers points :

Inscription à la cote officielle : elle est actuellement régie par le Décret du 7 février 1880. Les Chambres syndicales des Agents de change (à Paris ou dans les départements) ne l'accordent qu'après plusieurs justifications dont l'une d'elles (art. 2, 3°) est celle de l'agrément par le ministre des finances d'un représentant responsable du paiement des droits du Trésor (1).

L'inscription à la cote des Bourses de Paris ou des dé-

lement, par progression de vingt francs en vingt francs. Il arrive parfois que plusieurs actions (5, 10, 25, etc) soient représentées par un seul titre ou certificat. Elles n'en sont pas moins taxées en raison de leur valeur individuelle. Le Décr. du 2 janv. 1896, *J. off.* du 3 Janv. a complété la loi du 28 Décembre 1895.

(2) A cause de l'impossibilité où se trouve le Trésor de prendre connaissance des registres des transferts lesquels se trouvent le plus souvent au lieu du siège social, c'est-à-dire à l'étranger, les titres nominatifs étrangers sont soumis au même droit annuel que les titres au porteur.

(1) Notons en outre que « le Ministre des finances peut toujours interdire la négociation en France d'une valeur étrangère », art. 5.

partements rend les taxes exigibles indépendamment de toute négociation effective et alors même qu'il serait certain en fait qu'aucune négociation n'a lieu (1). Au contraire, la radiation de la cote laisse les titres passibles des taxes tant qu'ils continuent à circuler et à faire en France l'objet de mutations (2).

Emission en France : L'expression « émission » doit s'entendre dans un sens excessivement large : « Elle doit s'entendre, a dit l'Administration de l'Enregistrement, de toute opération qui a pour objet d'introduire les titres étrangers sur le marché français soit qu'elle consiste dans un placement de titres nouvellement créés, soit qu'elle ait lieu par voie de négociation de titres antérieurement émis à l'étranger... ; il n'y a pas de différence appréciable, au point de vue où s'est placé le législateur entre la négociation et l'émission proprement dite, lorsqu'elles ont pour objet de placer pour la première fois les titres étrangers entre les mains des capitalistes français. Cette interprétation concorde avec l'esprit de la loi fiscale dont le but a été de soumettre aux mêmes charges les contribuables qui possèdent des valeurs françaises et ceux qui possèdent des valeurs étrangères. »

Cette manière de voir a été consacrée par la Cour de cassation (3).

Négociation en France. — Elle est, comme l'inscription

(1) Cass., 10 juin 1874, S. 74, 1, 445. D. 75, 1, 25.

(2) Trib. civ. de la seine 25 fév. 1893. Jobit. *Régime fiscal des valeurs mobiliers étrangères* en France, 1893, n° 70. C'est à la société à prouver avant de se faire décharger des taxes que ses titres ne circulent plus en France.

(3) Ch. civ., 17 janvier 1888. D. 88, 1, 409, aff. *le Phénix Espagnol*.

à la cote et l'émission en France, une cause d'exigibilité des taxes, car elle constitue, comme elle, un fait de *circulation*. Les circonstances dans lesquelles elle se produit (exposition chez un changeur, vente par l'intermédiaire d'un coulissier sur le marché en banque, etc.) importent peu. Il n'est pas davantage nécessaire que la société ait manifestement pris part à la négociation ou émission. « L'interprétation contraire, dit M. Jobit (1), serait destructive de la loi de 1872, car elle aurait pour conséquence de permettre à une société étrangère de se soustraire juridiquement, si bon lui semble, au paiement des taxes acquittées par les sociétés françaises et par d'autres sociétés étrangères plus respectueuses du principe d'équivalence proclamé par la loi fiscale, en alléguant qu'elle n'a pas concouru aux négociations dont ses titres sont l'objet en France, alors même que le placement en serait effectué par l'intermédiaire des banquiers qui lui servent de correspondants » (2).

Usage fait de titres étrangers dans des conventions ou actes passés en France. — (« Enonciation dans des actes de prêt, de dépôt, de nantissement ou dans tout autre acte ou écrit à l'exception des inventaires »).

La Cour de Cassation a rendu à ce sujet, le 31 mars 1886, un arrêt intéressant : Elle a précisé très exactement ce qu'il faut entendre par une *énonciation* dans le sens de la loi du 30 mars 1872, article 2, en décidant que celle-ci avait entendu l'usage quelconque fait en France, dans un acte, sans qu'il y ait à se préoccuper si les titres sont en France, ou même encore aux mains des parties

(1) *Op. cit.*, n° 75.

(2) *Contra*, Seine. 25 février 1893. aff. Société belge de la Vieille-Montagne. V. *J. de l'Enreg.*, 1893, n° 24105 et la note.

qui ont figuré dans l'acte. La loi a présumé que l'énonciation dans un acte passé en France était le plus souvent un indice certain de la circulation des titres dans ce pays ; la présomption posée par elle est absolue et n'admet pas la preuve contraire (1).

Une exception est faite en faveur des inventaires : elle se justifie uniquement par le désir d'assurer leur sincérité, ainsi que la rapidité de leur confection. Il est de l'intérêt de tous que le notaire ne soit pas tenté de dissimuler les titres non timbrés, ou obligé de surseoir pour les présenter au timbrage (2).

Les divers impôts que nous venons d'étudier sont des charges de la société, c'est elle qui doit les acquitter, bien plus le droit de timbre constitue une charge personnelle pour laquelle, en cas de paiement par elle, la société n'a pas de recours en restitution contre ses membres. Cependant, la loi de 1872, article 2, alinéa 4, décide que toutes les parties sont solidaires pour le paiement du timbre, de sorte que le propriétaire du titre pourra se trouver inquiété par le Trésor ; il sera d'ailleurs facilement informé de l'éventualité des poursuites par un simple coup d'œil au *Journal Officiel* (3), lequel publie de

(1) V. *J. de l'Enreg.*, n° 21653. La loi de 1872 a été reconnue applicable aux actes ci-après désignés, dépôt de titres à la Caisse des Dépôts et Consignations pour cautionnement, donation, exploit, jugement, liquidation des reprises, requête présentée par un avoué, qualités d'avoué, testament, etc., V. JOBIT. *op. cit.*, n° 97.

(2) L'Administration a tempéré les rigueurs du principe ci-dessus posé lorsque les titres ont été déposés dans une banque dans le but unique de les protéger contre les risques de vol, perte ou destruction. V. Déc. min. des fin., 8 septembre 1882. S. 83, 2, 72.

(3) Si ses titres sont cotés par la Chambre syndicale, il n'a rien à craindre puisque, nous l'avons dit, l'admission à la cote n'est prononcée qu'après soumission de payer les droits.

temps à autre, par les soins de l'Administration, la liste des sociétés étrangères qui paient l'abonnement au droit de timbre. Cette publication tient lieu de l'apposition du timbre sur les titres de ces sociétés (1), au contraire, en ce qui concerne la taxe de transmission et l'impôt sur le revenu, elles incombent définitivement au porteur, et si la société les paie, elle a un recours contre lui : L'Administration pourra choisir entre la société et l'actionnaire.

79. III. Les sociétés étrangères, alors même que leurs titres restent à l'étranger, sont susceptibles de payer l'impôt à l'occasion des profits qu'elles retirent en France. Cette règle s'ajoute à celles déjà posées et découle avec elles du principe d'égalité que le législateur a entendu maintenir entre les sociétés françaises et étrangères.

La loi française n'est cependant pas très nette sur ce point : Elle est ainsi conçue (L. du 29 juin 1872, art. 4) :

« Les actions, obligations... des sociétés, compagnies, etc., sont soumises à une taxe équivalente à celle qui est établie par la présente loi sur le revenu des valeurs françaises. Les titres étrangers ne pourront être cotés... qu'en se soumettant à l'acquittement de cette taxe... Un règlement d'administration publique fixera le mode d'établissement, etc. ».

Le règlement annoncé fut promulgué le 6 décembre 1872; voici ce qu'on lit dans son article 4 : « Toutes les dispositions des deux articles précédents sont applicables aux sociétés

(1) V. dans Jobit, *op. cit.*, p. 456, la liste des compagnies abonnées complétée par une autre liste contenue dans le supplément à cet ouvrage publié en 1896 et indiquant les sociétés abonnées au 1er janvier 1896, p. 63. Adde la liste des sociétés jadis abonnées, mais ne l'étant plus aujourd'hui, 1893, p. 479.

dont les titres sont cotés ou circulent en France, *ou qui ont pour objet des biens soit mobiliers, soit immobiliers situés en France* ».

Il est facile de le voir, les deux textes sus-énoncés ne concordent pas, le second est manifestement plus compréhensif que le premier ; aussi la légalité du décret a été contestée (V. Jug. trib. civ. Seine, 5 juin 1885, *J. de l'Enreg.*, n° 22,838). Cependant, l'opinion contraire l'a emporté en doctrine et en jurisprudence : « En effet, remarque M. Besson (1), d'après la jurisprudence admise, tous les produits des valeurs françaises sont passibles de la taxe et aucune portion de revenu, si faible qu'elle soit, n'en est affranchie. Il doit dès lors en être de même des valeurs étrangères et aucun de leurs produits ne saurait échapper à l'impôt. Quand une société étrangère possède des biens en France, les produits de ces biens, qui doivent nécessairement revenir aux actionnaires et qui sont par suite des revenus d'actions, se réalisent en France sous la protection de la loi française, il est donc juste de les atteindre ; le principe de la territorialité de l'impôt ne saurait y faire obstacle puisque c'est en France même que se forme le revenu imposable ». D'ailleurs, dit aussi M. Paul Pont (2), il y a une référence nécessaire de l'article 4, § 1er, qui s'occupe des sociétés étrangères et entend les soumettre au même régime que les sociétés françaises, à l'article 1er qui organise les conditions dans lesquelles celles-ci seront frappées (3).

(1) Traité pratique de la taxe de 3 o/o sur le revenu n° 313.

(2) Dall. 83, 1, 97, et la note.

(3) V. dans le même sens, Cass., 22 avril 1879. D. *loc. cit.*, Cass., Ch. civ., 29 août 1881, *J. de l'Enreg.*, n° 21727 et D. *loc. cit.*, S. 82, 1, 181. — Adde Ch. des Req. 2 août 1886. S. 87, 1, 329. D. 87, 1, 167. Il s'agissait, dans l'espèce, d'une société belge ayant pour

Il convient maintenant de déterminer très exactement quelles sociétés doivent la taxe sur le revenu.

Les sociétés en nom collectif, les sociétés coopératives entre ouvriers et artisans échappent expressément à la taxe (Loi du 1er déc. 1875).

D'autre part, l'exigibilité de celle-ci se fonde moins sur l'existence des bénéfices réalisés que sur leur distribution aux associés : par suite, la taxe ne sera due que si cette distribution a lieu. Mais, quand pourra-ton dire que la société a réalisé un bénéfice en France ? On aurait tort de distinguer parmi les bien situés en France et de ne frapper que ceux qui servent à l'exploitation de l'entreprise et deviennent ainsi une source de bénéfices (1). Cette distinction n'est pas faite pour les sociétés françaises. Tous les biens situés en France et appartenant à des sociétés étrangères seront donc atteints : leurs situation, s'ils sont meubles corporels ou immeubles sera facilement connue : Quant aux meubles incorporels, l'opinion qui a prévalu en jurisprudence au point de vue fiscal est celle qui prétend qu'ils se trouvent au domicile du débiteur (2).

objet l'exploitation d'usines à gaz situées exclusivement en France, et à laquelle l'Administration avait par suite réclamé la taxe de 3 0/0 sur l'intégralité des actions composant le capital social. La C. de Cass., ch. civ. a, à nouveau, résolu la question dans le même sens sur conclusions conformes de M. le conseiller DARESTE, 4 mai 1887. D. 87, 1, 167. *J. de l'Enreg.*, no 22838. S. 88, 1, 138. On se trouvait en présence d'une Compagnie d'assurances italienne (*Société Trieste et Venise*) qui avait établi à Paris une agence par l'intermédiaire de laquelle elle contractait des réassurances avec les compagnies françaises. Conf. Versailles, 2 février 1889, *J. de l'Enreg.*, no 23189. — V. sur ce point TESTOUD, *Rev. crit.*, 1883, p. 428 ; etc.

(1) V. DEMASURE, *Rég. fiscal des Soc.* no 240,

(2) Cass., 20 janvier 1858. S. 58, 1, 309. D. 58, 1, 318. S'il s'agit

C'est ainsi qu'une compagnie d'assurance étrangère qui fait des opérations en France voit frapper par la loi française les bénéfices résultant pour elle de polices souscrites par des individus domiciliés en France (1). La société serait de même soumise à l'impôt pour les arrérages payés à elle par des individus domiciliés en France à qui elle aurait prêté de l'argent (v. sol. de l'Administration, 25 mai 1890, aff. Banque d'Angleterre). Peu importe dans quelle forme l'emprunt est intervenu, hypothécaire ou chirographaire (2), authentique ou sous seing privé (3).

80. IV. Pour assurer le recouvrement des diverses taxes ci-dessus indiquées, la loi française exige que les sociétés intéressées fassent agréer par le ministre des finances un représentant responsable de ce recouvrement. Décret du 6 décembre 1872, art. 3 et 4.

L'exigence de la loi est absolue (4).

D'ailleurs le représentant est beaucoup moins le mandataire de la société qu'un débiteur personnel. Il sera donc poursuivi comme tel sur tous ses biens. L'Administration a ainsi plus de garanties. D'ailleurs le ministre n'agréera

d'un droit contre une société, action ou obligation, son assiette réside au lieu du siège social. V. Cour de Nice, 7 février 1881, *J. de l'Enreg.*, n° 21664.

(1) V. aff. Compagnie Trieste et Venise, Versailles, 2 fév. 1889. *J. de l'Enreg.*, n° 23189.

(2) Cass., 8 nov. 1880. S. 81, 1, 87.

(3) Cass. 12 déc. 1877. S. 78, 1, 81, etc., pour plus de détails, v. JOBIT, *op. cit.*, nos 122 à 124.

(4) La société ne peut offrir des mesures équivalentes. V. Sol. de l'Administration, 4 juill. et 7 septembre 1892 ; par exemple, elle ne peut s'acquitter par l'offre de déposer dans une banque ou même à la Caisse des Dépôts et Consignations, un cautionnement en espèces.

qu'un Français (1), d'une honorabilité reconnue. En fait, dit M. Jobit (2), pour éviter toute difficulté, la plupart des sociétés étrangères désignent comme représentant responsable, l'Etablissement financier qui est chargé de leurs opérations de trésorerie en France (3).

L'engagement du représentant responsable dure en principe aussi longtemps que la société peut, pour une raison ou une autre, être passible de l'une des taxes susénoncées (5) ; mais afin de faciliter à celle-ci l'accomplissement de son obligation, il a été admis que le représen-

(1) D. du 6 déc. 1872, art. 3.

(2) *Op. cit.*, no 128.

(3) M. BARCLAY, avocat à Londres, a soutenu que les sociétés anglaises étaient, à raison des conditions dans lesquelles elles ont été habilitées en France, dispensées de justifier d'un représentant responsable. *Journ. de Dr. Int. priv.*, 1888, p. 224. Cette doctrine nous paraît fondée : en effet, dit cet auteur, « les sociétés étrangères qui jouissent de leurs droits en France, en vertu d'une loi d'ordre intérieur ne peuvent que se soumettre aux règlements de l'Administration française. L'Etat français est seul juge des modifications que demande sa propre législation et des règlements que comporte son application : autre est la situation des sociétés britanniques dont la capacité est régie par un traité. L'obligation de faire agréer par le ministre des finances un représentant français avant toute opération en France constitue une diminution de cette capacité qui n'a pu leur être imposée à une date postérieure à celle du traité que d'un commun accord des deux parties contractantes ».

Nous le répétons, cette doctrine nous paraît très juridique. C'est en effet un principe élémentaire du Droit que les conventions ne peuvent être révoquées que du consentement mutuel des parties, alors même que ces parties sont des États. M. JOBIT n'ébranle pas notre conviction en appelant à l'aide le caractère d'ordre public des lois d'impôts. Pour plus de détails, v. JOBIT, *op. cit.*, no 128 à 135.

(4) Conf., deux décisions du min. des finances 18 juillet 1879, S. 80,2,97 et 18 février 1880. D. 81, 5, 356.

tant choisi pouvait, après une ou plusieurs périodes de trois ans, se dégager pour l'avenir en prévenant l'Administration six mois à l'avance. Le point de départ des trois ans se place à la date non de l'engagement, mais du fait générateur de l'impôt, par exemple de l'admission à la cote, de l'introduction des titres en France, etc.

81. V. Détermination de la quotité imposable.

Cette détermination présente des difficultés : en effet, la société étrangère aura rarement en France son champ intégral d'exploitation, de même ses titres circuleront le plus souvent en partie en dehors de notre pays. Elle ne devra donc, sous peine de violer le principe de la territorialité de l'impôt, être frappée que partiellement (l. du 30 mars 1872, art. 1er *in fine*, le 29 juin 1872, art. 4, al. 3). Le décret du 24 mai 1872 a indiqué dans quelles conditions la détermination serait faite et le décret du 6 déc. suivant s'est contenté de renvoyer à ses dispositions.

Le nombre des titres qui doivent servir de base à la perception des taxes est fixé par le ministre des finances sur l'avis préalable d'une commission composée ainsi qu'il suit : « Le Président de la section des finances au Conseil d'Etat, président, le Directeur général de l'Enregistrement, des Domaines et du Timbre, le Directeur du mouvement général des fonds, un Régent de la Banque de France, le syndic des agents de change de Paris.

Les délibérations de cette commission, la décision du ministre ne sont susceptibles d'aucun recours (1). »

(1) La société doit donc se soumettre, sinon se retirer du marché français et vendre les propriétés qu'elle possède en France. BESSON, *op. cit.*, n° 323. La Régie, d'autre part, ne peut poursuive le recouvrement tant que la quotité imposable n'a pas été déterminée par

Sociétés dont les titres circulent en France sans y avoir de biens. Il est, on le comprend, fort difficile de connaître le nombre de ces titres, surtout lorsqu'il ne sont pas souvent l'objet de transactions en France. La loi a tenu compte de cette difficulté en fixant une sorte de forfait ou minimum légal, susceptible de revision par périodes triennales (1).

Sociétés qui ont des biens en France sans que leurs tires y circulent. Le décret de 1872 (6 déc.) art. 4, al. 3, ne contient pas de minimum au-dessous duquel la valeur imposable ne saurait descendre. Quoiqu'il en soit, l'opé ration consiste à établir exactement l'importance de l'actif social situé en France par rapport à l'actif social se trouvant à l'étranger, opération très délicate lorsqu'on sera en présence de valeurs incorporelles autres que des créances. Comment préciser par exemple la valeur d'une agence ou d'une succursale située en France? Il est évident que la connaissance du nombre d'affaires réalisées par celle-ci peut être d'un grand secours, elle ne sera toutefois pas infaillible. En effet, la loi française entend frapper le revenu net. Or, la succursale pourra coûter à la société plus qu'elle ne lui rapporte (2).

le ministre. Jug. du Trib. de Grasse, 18 février 1878. J. *de Enreg.*, nº 21.727.

(1) Art. 2 (D. du 24 mai 1872). « Le nombre des titres assujétis aux droits de timbre et de transmission ne peut être inférieur pour les actions à un dixième et pour les obligations à deux dixièmes du capital social. » — Sur la question de savoir si le minimum légal porte sur les actions proposées à la souscription ou mises en vente, ou bien sur les titres réellement souscrits ou vendus, V Seine, 8 août 1890. Rec. Pér. de Garnier, nº 7669 et Cass., 2 mai 1893. *Rev. de l'Enreg.*, 1893, nº 453.

(2) Sur la manière dont l'Administration apprécie l'importance

Sociétés ayant en France à la fois des titres et des biens. — Elles sont soumises aux diverses taxes sur des bases différentes suivant chacune de ces taxes.

En ce qui concerne les droits de timbre et de transmission, la quotité imposable est déterminée d'après le nombre des titres circulant en France. Pour ce qui touche l'impôt de 4 0/0, il ne saurait atteindre qu'une fois les revenus de la société réalisés ou distribués en France : soit une société belge de transports ayant exclusivement son champ d'exploitation en France, tandis que ses titres sont pour les neuf dixièmes placés en Belgique. Elle paiera l'impôt sur le revenu sur la totalité du capital social, elle ne sera soumise aux droits de timbre et de transmission que sur un dixième des titres du même capital.

Le revenu frappé est celui distribué par la société à ses associés, ou à ses créanciers (principalement les obligataires) (1).

Révision de la quotité imposable. — Nous avons dit que la quotité imposable déterminée par les soins du ministre des finances, ne l'était pas d'une façon irrévocable dans son montant. Elle peut, en effet (2), être revisée sur l'initiative de l'Administration ou de la société intéressée. En cas de silence de l'une et de l'autre, elle devient inattaquable pour une période de trois ans. Dans le cas contraire, la demande de révision doit être présentée dans le trimestre qui précède l'échéance de la troisième année.

82. VI. Liquidation et paiement des droits.

des succursales des Compagnies d'assurances étrangères en France, v. plus loin n° 110.

(1) V. Loi du 29 juin 1872, article 2.

(2) D. du 24 juin 1872, article 3.

Droit de timbre.—Les sociétés françaises qui, on le sait, sont frappées de ce droit, ont pour l'acquitter le choix entre deux procédés : un paiement au comptant, un paiement par abonnement (1). La société étrangère ne peut, au contraire, acquitter le droit de timbre que par la voie de l'abonnement (2). Il n'en est toutefois ainsi, que lorsqu'elle a fait agréer un représentant responsable. Jusqu'à cette époque, elle peut faire timbrer ses titres au comptant, et si, par la suite, elle régularise sa situation vis-à-vis du Trésor, elle est libérée pour toute la série de ses titres qu'elle justifie avoir été timbrés au comptant, et elle n'est débitrice que de la taxe afférente à l'autre série de ses valeurs représentant la différence entre les titres timbrés au comptant et le quantum de la quotité imposable (3).

Ajoutons que la société est dispensée du paiement de la taxe lorsqu'elle est mise en faillite ou liquidation, ou bien lorsqu'elle reste deux ans sans rien verser à ses actionnaires (4).

D'ailleurs nous avons déjà dit que le porteur de titres étrangers pouvait être poursuivi personnellement en paiement du droit de timbre, dont ceux-ci sont passibles lorsque l'une des hypothèses prévues par l'article 2, §§ 1e t 2, (le 30 mars 1872), se trouve réalisée. La solution sera la

(1) L. du 5 juin 1850, art. 22 et 23. En tous cas, le titre est timbré ainsi que la souche d'où il est tiré : art. 16 et art. 22, al. 3.

(2) Et la justification de l'abonnement est fournie exclusivement par une insertion au *Journal officiel*. D. du 17 juillet 1857, art. 11.

(3) V. Jobit, *op., cit.* n° 183.

(4) L. 5 juin 1850 art. 24. Après ces deux années, la dispense ne se produit que si l'année qui suit est improductive, et elle ne porte que sur cette année. Cette dispense ne peut être invoquée en faveur des obligations, Cass , 27 décembre 1877. S. 78, 1, 225. D. 78, 1, 354, Cass. 19 janvier 1892. *Rev. de l'Enreg.*, 1892, n° 55.

12

même dans le cas où la société cesse d'acquitter la taxe d'abonnement pour une cause ou une autre (1). Le porteur doit alors la totalité du droit sans pouvoir obtenir une réduction quelconque à raison des sommes payées annuellement par la société lorsqu'elle étaitabonnée.

Droit de transmission. Il est dû, nous l'avons dit, à l'occasion des mêmes actes juridiques que le droit de timbre. Il ne peut être acquitté que par voie d'abonnement. L. 17 juillet 1857, art. 1er, § 3. A la différence du droit de timbre calculé sur la valeur nominale du titre il est évalué en se référant à la valeur moyenne du titre dans l'année précédente, déduction faite des versements restant à effectuer. A la différence aussi de ce qui se passe pour le droit de timbre, la mise en liquidation ou en faillite de la société ne supprime pas l'exigibilité du droit de transmission, les actions ou obligations subsistent et font encore l'objet de négociations, plus ou moins faciles, il est vrai. En effet, nous ne rencontrons rien de semblable à l'article 24 de la loi du 5 juin 1850 en ce qui regarde le droit de transmission (2).

Il a de même été jugé que les titres qui faisaient l'objet d'une cession étaient passibles au cas où la société qui les a émis ne paie pas la taxe annuelle, du paiement non pas de cette taxe, mais du droit proportionnel édicté par la loi du 22 frimaire an VII, article 69, § 2, n° 6 (3).

Taxe sur le revenu. — Les Règles sont les mêmes que

(1) Par exemple lorsque l'engagement du représentant responsable n'a pas été renouvelé.

(2) Conf. Cass. Ch. Réunies, 27 décembre 1877, S. 78, 1, 225, D. 78, 1, 354.

(3) V. Sol. de l'Adm., 25 mars 1891, aff. Soc. des chemins de fer russes. *Revue de l'Enreg.*, 1891, n° 323.

pour les sociétés françaises (1). On considère comme un revenu non pas le bénéfice fait par la compagnie mais seulement le dividende distribué à ses actionnaires (2). Il sera connu par les délibérations des actionnaires, les rapports des administrateurs (3) ; s'il n'y a pas d'actionnaires la loi tient compte des bénéfices déterminés par une délibération régulière du Conseil d'administration (4), et c'est seulement à défaut d'une pareille délibération qu'elle recourt à un forfait ainsi fixé. Elle présume *juris* et *de jure* que le revenu est alors de 5 0/0 du prix auquel sont consenties les cessions, et à défaut de cession, 5 0/0 du capital social (5). Cette présomption lie les deux parties (6).

§ 3. De la protection accordée par la loi française aux valeurs émises par des sociétés étrangères

83. Généralités.
84. *a)* Action du *verus dominus* contre le détenteur.
85. *b)* Action du *verus dominus* contre l'établissement débiteur.

(1) Les articles 1 et 2 du décret du 6 décembre 1872, indiquent dans quelles conditions le paiement en sera effectué. La seule différence réside dans ce fait que la société française paie le droit sur son revenu intégral.

(2) Conf. Cass., 8 mai 1844, s. 85, 1,230. D. 84, 1,465.

(3) Lesquels rapports et délibérations la société devra transmettre à l'Administration de l'Enregistrement. L., 29 juin 1872, art. 2, n° 1.

(4) Art. 2, n° 3.

(5) Cass., 9 novembre 1886. D. 87, 1,341. S. 88, 1,33.

(6) *Contra.* Cass., 13 avril 1886. D. 86, 1,185. S. 87, 1,181.

NOTA. Ajoutons, pour terminer, que la loi de finances du 28 avril 1893 complétée par le Règlement du 20 mai 1893 et l'Instruction du 30 mai 1893, ladite loi contenant dans ses art. 28 à 35 création d'un impôt sur les opérations de bourse, est applicable aux valeurs étrangères. L'art. 28 parle en effet des opérations portant sur les valeurs de *toute nature*.

83. On sait qu'il existe en France une loi ayant pour objet de protéger les porteurs de titres contre la perte ou le vol de ceux-ci : nous voulons parler de la loi du 15 juin 1872. C'est une question très discutée, au moins en doctrine, que de savoir dans quelle mesure les propriétaires de titres étrangers peuvent bénéficier des mesures protectrices qu'elle renferme (1).

Notons d'abord que l'objet de ladite loi est double : α. Elle assure le secours du *verus dominus* contre l'établissement débiteur (art. 2 et suiv.) ; β. Elle tranche la question de propriété entre celui-là et le tiers détenteur (art. 12 et suiv.). Cette simple remarque faite, nous voyons aussitôt que la loi de 1872 ne saurait être en tous points efficace à l'égard des titres étrangers, puisque l'*Etablissement débiteur*, pour ces titres, est nécessairement hors de France, et par suite en dehors de la sphère d'application des lois françaises. Disons, d'autre part, que le lieu de la perte ou du vol importe peu au point de vue des conséquences civiles, qui nous occupent seules. Ce qui a de l'intérêt, c'est le lieu où les titres sont acquis par un mode régulier de transmission de la propriété. Ces observations présentées, et supposition faite que nous sommes en présence de titres étrangers, deux hypothèses sont possibles : acquisition en France, acquisition à l'étranger (2).

(1) Nous nous placerons exclusivement au point de vue de la France : mais il paraît que la même question se pose à peu près dans tous les pays : v. Jencken « The Law of negotiable securities » dans *Association for the Reform of the law of the nations*, 1879, p. 64.

Sur la législation en vigueur à l'étranger, v. Al. Wahl, *Traité des titres au porteur*, t. II, n°s 1298 à 1415, 1433 à 1482, 1495 à 1509, etc.

(2) C'est à l'étranger que cette acquisition se produira le plus

Si pour résoudre la difficulté qui nous occupe, on voulait bien s'en tenir à la stricte application des principes généraux du droit international privé, la discussion ne serait pas longue. Au point de vue de l'acquisition, on découvrirait le *verus dominus* par un simple coup d'œil jeté sur la loi du pays où cette acquisition s'est produite (1). Quant au recours contre l'établissement débiteur, il serait exercé conformément à la loi du pays où celui-ci se trouve (2). — De la sorte, le droit de l'individu ayant acquis en France des titres étrangers serait régi, quant à son existence par l'article 12 de la loi du 24 juin 1872. Il ne serait toutefois pleinement efficace, qu'à la condition que la loi des titres fût presque aussi favorable que la nôtre au *verus dominus* dépossédé (3). Sinon, l'établissement débiteur pourrait, au mépris de notre loi et sans danger pour lui, réserver ses faveurs au tiers acquéreur. Cette doctrine, très juridique, nous le reconnaissons, et défendue éloquemment par M. Wahl a été mal accueillie par notre jurisprudence. Cela s'explique par ce fait qu'il

plus souvent : phénomène qui s'explique, si l'on sait que les lois étrangères, à la différence de la nôtre, s'intéressent avant tout à l'acquéreur.

(1) Nous supposons que les titres se trouvent là même où est passé le contrat de cession dont ils sont l'objet. Conf. Cass., 13 fév. 1884. *J. de Dr. int. priv.*, 1884, p 75, adde VINCENT, *ibid.*, 1885, p. 676. *Contra*. AUBRY et RAU, t. I, p. 102, § 51. MERLIN, *Rép*. V° Prescription, sect. I, § 3, n° 7, etc., adde BROCHER. *Cours*, t. I, n°s 47 et 117.

(2) C'est en effet cette loi qui régit le paiement. Conf. de Bar, *Theorie und Praxis*. II, p. 141, note 14.

(3) Ce qui sera excessivement rare : Dans la plupart des pays étrangers, en effet, l'exercice des moyens accordés au *verus dominus* ne détruit pas par lui-même la présomption de bonne foi qui entoure l'acquisition par le détenteur.

n'existe pas au monde de meubles aussi « mobiles » que les titres au porteur. Si donc il est si aisé de déplacer les valeurs mobilières, il n'est rien de plus simple que d'échapper aux prescriptions de la loi française, lesquelles, nous l'avons dit, sont bien plus rigoureuses que celles contenues dans les lois étrangères. Pour tout dire en un mot, s'en tenir en cette matière aux principes généraux du droit, c'était rendre lettre morte la loi de 1872, non seulement à l'égard des titres étrangers, mais encore à l'égard des titres français négociés hors de France. Nos tribunaux, les auteurs ont voulu appuyer leur doctrine sur des arguments juridiques ; ces arguments, à notre avis, sont assez faibles, le point d'appui véritable de leur raisonnement, c'est le désir de protéger malgré tout contre une dépossession les propriétaires de valeurs mobilières, étrangères ou françaises.

Ce désir apparaît manifeste, si l'on considère l'évolution subie par la jurisprudence de notre pays depuis 1872 jusqu'en 1885.

Examinons successivement les deux points de vue indiqués plus haut.

α. Action du « verus dominus » contre le détenteur.

84. Nous avons dit que lorque l'acquisition des titres étrangers se produit en France, les auteurs les plus stricts sur l'application des principes étaient d'accord pour décider qu'elle devait être régulière suivant la la loi française, pour produire des effets juridiques devant nos tribunaux. Au cas où l'acquisition se produit hors de France, la question est plus délicate. D'abord, en ce qui concerne les valeurs françaises, négociées à l'étranger, on a douté que l'acquéreur de bonne foi pût se voir opposer l'article 12 de la loi de 1872, lequel décide que « toute négociation ou transmission postérieure au jour où le bulletin (des oppositions) est parvenu, ou aurait pu parvenir par la voie de la poste dans le lieu où elle a été faite sera sans effet vis-à-vis du *verus dominus*. Cependant la jurisprudence n'a pas tardé à vaincre ce doute (1). Elle a consacré la même solution au cas où il s'agit de titres étrangers (2). Cette doctrine est susceptible de critiques : on a fait observer, non sans raison, que la loi française s'appliquera dans des conditions où les négociateurs n'auront même pas pu soupçonner qu'elle aurait à intervenir dans leur opération : on a ajouté qu'au point de vue juridique la même doctrine était absolument extraordinaire : « Voici maintenant, a-t-on dit, qu'un statut réel prolongera ses effets hors du territoire sur des objets juridiques créés sous l'empire d'une loi étrangère, ou, si l'on aime mieux, que le statut personnel *sui generis* de ces mêmes objets, contrairement à celui des personnes physiques, sera régi, non par leur loi d'origine, mais par la loi du lieu de la contestation. Nous sommes en plein arbitraire. Nous avions le statut

(1) Civ. Seine, 2 juillet 1879. *Gaz. des Trib.*, 30 sept. 1879. Trib. co. Marseille, 28 juill. 1879. *J. de Marseille*, 1879, p. 214 ; Paris, 14 déc., 1883. *J. de Dr. int. priv.*, 1883, p. 631. Civ. Seine, 2 fév. 1883, *ibid.*, p. 683. Civ. Seine, 8 août 1885, *ibid.*, 1885, p. 681.

Nous lisons notamment dans le jugement du 2 juill. 1879 : « Attendu que COHEN et Cie prétendent vainement que la loi du 5 juin 1872 ne s'applique pas aux négociations de titre français volés ou perdus faites en pays étranger : mais attendu qu'il n'est pas fait d'exception en faveur des négociations faites en pays étranger, que ces ventes, pour être régulières, doivent être faites conformément à la loi française qui les régit. »

(2) Civ. Seine, 15 juill. 1885. *J. de Dr. int. priv.*, 1885, p. 450 et suiv. Civ. Seine, 6e ch., 10 janv. 1893, *ibid.*, 1893, p. 596.

réel ou territorial, le statut personnel, nous possédons maintenant le statut universel (1) ».

Voyons cependant sur quels arguments se fondent nos tribunaux pour en décider ainsi ; on peut les réduire à deux.

Il est incontestable, dit en substance un jugement du tribunal civil de la Seine (2), qu'une différence existe entre les meubles corporels et les meubles incorporels ; tandis que les premiers sont véritablement là où il paraissent être, c'est-à-dire là où ils font l'objet d'une tradition, d'un nantissement, les seconds n'y sont que fictivement ; ainsi, lorsque la propriété d'une obligation française est transmise à l'étranger, la valeur ne s'y trouve que par le signe qu'elle représente, puisque le capital cédé est en France dans l'établissement débiteur.

Voilà une articulation qui, pour être peut-être exacte, n'en est pas moins dangereuse. En effet, si elle vient à l'aide de ceux qui prétendent soumettre à la loi française les valeurs de notre pays négociées à l'étranger, elle se retourne contre ceux qui voudraient appliquer la même loi aux valeurs étrangères. Aussi, lorsqu'il s'agit de celles-cile, le juge invoque-t-il un autre argument.

« Attendu, dit-il, que les mesures de protection dont la loi de 1872 a eu pour but d'entourer la propriété des titres au porteur sont de sûreté publique et générale ; que cette loi doit s'appliquer également aux titres français et aux titres étrangers circulant en France ; qu'elle n'a fait aucune distinction entre ces deux espèces de titres et qu'elle

(1) Conf. la note dans le *J. de Dr. int. priv.*, 1885, p. 452, adde, Wahl, *op. cit.* nos 1581 et 1606. L. von Bar *op. cit.*, 2e éd. p. 307 n° 292.

(2) 8 août 1885. *J. de Dr. int. priv.*, 1885, p. 681.

a entendu assurer les mêmes garanties à tous les titres au porteur, quel que fût le siège social de la société financière qui les eût émis ; attendu qu'il importe peu que les titres litgieux aient été négociés à l'étranger ; *que les négociations passées hors de France entre sujets étrangers ne sauraient faire échec en France aux mesures de sûreté régulièrement prises conformément à la loi française, sous sa garantie et avec la sanction qu'elle comporte...* (1)

Voilà donc le second argument : Le juge invoque le caractère d'ordre public international de la loi de 1872. Il est évident que s'il est juridiquement fondé, les interprètes dissidents doivent s'incliner (2). Mais est-on en droit de dire que cet argument est fondé. Nous ne le croyons pas. Tout ce qu'on peut dire en sa faveur, c'est qu'en 1872 une résolution restreignant aux titres français le bénéfice des dispositions de la loi alors en préparation fut rejeté. Non ! La véritable cause des décisions judiciaires dont nous parlons, c'est la crainte de rendre la loi de 1872 inefficace, pour mieux dire, lettre morte. Plusieurs jugements en font foi : « Attendu que si l'on admettait que la vente à l'étranger d'une valeur soustraite en France constitue un contrat auquel sont inapplicables les prescriptions de la loi du 15 juin 1872, cette loi qui a, au moins dans une partie de ses dispositions, le caractère d'une loi de police serait sans aucune efficacité (3).

(1) Civ. Seine, 10 janv. 1893. *J. de Dr. int. priv.*, 1893, p. 596. (Le texte en italique est la reproduction d'un « attendu » du jugement du 15 juillet 1885.

(2) Il ne faut plus parler alors de « statut universel » pas plus qu'on n'a jamais employé une pareille expression à l'égard des lois françaises s'opposant à ce que des étrangers invoquent en France une condition juridique qui leur fut contraire.

(3) Civ. Seine, 8 août 1885. *J. de Dr. int. priv.*, 1885, p. 681. V.

β. *Action du « verus dominus » contre l'établissement débiteur.*

85. La loi de 1872 s'occupe de cette actions dans les articles 2 et suivants. Il suffit de lire ces articles pour voir qu'on ne saurait les appliquer dans toutes leurs dispositions aux Établissements étrangers. Aussi n'a-t-on pas contesté le principe que nous avons posé plus haut, à savoir que le recours du porteur contre la société est régi quand à son exercice par la loi du lieu où celle-ci a son principal établissement (1).

Le tribunal de la Seine consacra cette manière de voir

aussi Civ. Seine, 2 juillet 1879. *J. de Dr.int. priv*, 1880, p. 196 : « ...Autrement, sous prétexte de négociations faites en pays étranger, les dispositions de la loi de 1872 seraient éludées par les voleurs ou receleurs de valeurs mobilières perdues ou volées. »

(1) Comment la loi française,dit en substance M. Buchère, (*J. de Dr. int. priv.*, 1881, p. 32) pourrait-elle contraindre une société étrangère constituée d'après les lois de son pays et qui, en émettant des actions ou des obligations, a déclaré qu'elle ne ferait de paiement qu'au porteur des titres ou des coupons y afférant, à verser les intérêts échus ou à rembourser le capital sur la représentation de ces titres et sur la vue d'une simple ordonnance rendue par le président d'un tribunal français ? Quelle serait d'ailleurs la garantie de cette société contre tout recours ultérieur ? Que lui importerait que la loi française la déclarât libérée vis-à vis du détenteur des titres si sa loi nationale décide qu'elle est responsable indéfiniment à l'égard de celui-ci ?

Dans le même sens, Civ. Seine aff. Cie *ch. de fer Est-Autriche*, 27 janvier 1875, *Le Droit*, 11 mars 1875. Paris, *aff. Rothschild et la Rente italienne*, 31 décembre 1877, *J. de Dr. privé*, 1878, p. 165. Civ. Seine, 7 juin 1878, *Le Droit*, 21 juin 1878.

Adde Lyon-Caen et Renault. Précis, I, n° 394 ; Moret et Desrues, *Memento théorique et pratique des titres au porteur*, p. 117. Le Gost, *Etude théorique et pratique sur les titres au porteur*, n° 277 ; voir aussi une note sous Paris, 21 août 1882. S. 83, 2, 117 et Wahl, *op. cit.*, n° 1597.

dans l'espèce suivante : En 1879, un vol ayant pour objet diverses valeurs mobilières et notamment cinq obligations au porteur de la Compagnie des chemins de fer du Sud de l'Autriche fut commis au préjudice d'un sieur Hasenfeld. Aussitôt celui-ci, se conformant à la loi de 1872, fit opposition entre les mains de la Compagnie débitrice aux bureaux du comité qui la représente à Paris, et notifia son opposition au Syndicat des agents de change. Cependant, quelque temps après, il apprit qu'en dépit des mesures par lui prises, ses titres avaient circulé entre les mains de plusieurs personnes, que la compagnie avait même payé des coupons échus se rattachant auxdits titres sur lesquels était opposition. Il assigna alors la Compagnie, prétendant qu'elle avait commis une faute en ne retenant pas les coupons des titres qui lui avaient jadis appartenu. Sur les conclusions conformes de M. le substitut Morise, il perdit son procès. L'honorable organe ministère public s'était exprimé en ces termes :

« La Compagnie des chemins de fer du Sud de l'Autriche est une société autrichienne qui a son siège à Vienne. Elle est donc régie par les disposition de la loi autrichienne. Or celle-ci ordonne de considérer comme en étant le légitime propriétaire le porteur de titres ; elle ne lui permet pas de s'arrêter aux oppositions dont ces titres peuvent être frappés. Dans cette situation, il est bien clair qu'il y a impossibilité pour la compagnie de déférer à une opposition qui lui est signifiée en vertu de l'article 10 de la loi de 1872, parce qu'elle ne pourrait déférer à cette opposition sans désobéir en même temps et du même coup aux prescriptions de la loi autrichienne qui la régit (2). »

(1) Civ. Seine, 5e ch. 3 juin 1890, *Le Droit* du 19 juin 1890

Est-ce à dire que le porteur de valeurs étrangères qui vient à être dépouillé de son bien doit rester dans l'inaction ? Non. D'abord il peut recourir aux mesures de protection organisées par la loi nationale de la société. S'il ne le fait pas, son devoir est tout au moins de s'adresser à la loi foi française. Les oppositions faites en vertu de cette loi ne peuvent, le plus souvent, que lui profiter. En effet, comme le font remarquer M. Buchère (*loc. cit.*) et M. Wahl (*op. cit.*, n° 1599), la compagnie étrangère qui aura reçu en France une opposition au paiement des instérêts ou au remboursement du capital d'un titre tiendra compte de cette opposition au point de refuser tout paiement au porteur, avant que celui-ci ait obtenu main-levée de la part de l'opposant. La Compagnie étrangère ne procédera autrement que si sa loi nationale lui interdit de tenir compte des oppositions qui lui sont faites (1).

(1) Ajoutons, pour épuiser cette matière, que la loi du 27 février 1880, relative à l'aliénation des valeurs mobilières appartenant aux mineurs ou aux interdits, est applicable aux valeurs étrangères. « Les formalités imposées aux possesseurs français dans un but d'intérêt public, pour la transmission ou la négociation des titres qui leur appartiennent, s'étendent d'une manière incontestable aux titres émis par les sociétés étrangères, parce que ces prescriptions s'adressent au propriétaire de ces valeurs, sans réagir sur la société débitrice ». Ainsi, les formalités à remplir pour la vente ou la conversion des titres mobiliers appartenant au mineur ou à l'interdit, l'obligation imposée au tuteur de convertir en titres nominatifs les titres au porteur appartenant au pupille, sont applicables même lorsqu'il s'agit de valeurs étrangères « avec cette restriction toutefois que les sociétés étrangères peuvent n'être pas tenues par la loi de leur pays d'avoir des titres nominatifs. Cette disposition de la loi du 27 février 1880 restera, alors dans ce cas, sans effet ». (*Journ. de dr. int. privé*, 1881, p. 29, article de M. Buchère).

86. Nous venons d'étudier dans cette section 2° du chapitre III, ce que l'article 1er de la loi du 30 mai 1857 appelle « lois de l'Empire (1) ». Après quelques hésitations qui se sont produites à l'origine chez les auteurs sur le sens de cette expression, on est tombé d'accord, ainsi que nous l'avons dit plus haut, sur ce point à savoir que la société reste soumise quant à sa constitution, à son fonctionnement, autrement dit quant à son état, à sa loi nationale.

Cependant, il faut s'assurer si l'ordre public français n'est pas violé par le fonctionnement en France d'une société étrangère. Les tribunaux ont eu à statuer sur plusieurs espèces intéressantes que nous allons passer en revue.

87. Une société anglaise avait décidé dans ses statuts qu'au cas où un actionnaire serait en retard pour la libération des actions par lui souscrites, celles-ci seraient vendues en Bourse à ses risques et périls, ajoutant que par le fait de cette vente, l'associé perdrait tout droit dans la société, principalement au point de vue du boni résultant de la vente du titre à un prix supérieur au montant de la libération exigée : la société déclarait que l'excédent lui reviendrait de droit au lieu d'être remis à l'actionnaire en retard, ainsi que cela est stipulé le plus souvent. Un Français se vit appliquer cette clause dans toutes ses

(1) « Les sociétés anonymes, etc., peuvent exercer tous leurs droits et ester en justice en France, en se conformant aux lois de l'Empire ».

conséquences ; il protesta, prétendant 1° que débiteur d'une somme d'argent, il ne pouvait être condamné au paiement que du montant de cette somme et aux intérêts d'icelle déterminés par la loi de 1807, cette loi qui fixe le taux légal étant d'ordre public international, en ce sens qu'elle devait protéger le Français en quelque lieu qu'il s'obligeât et quelle que fût la nationalité de son créancier, 2° que la société s'appropriait un gage et le vendait sans remplir la formalité voulue par l'article 2078 du Code civil.

Son action fut repoussée ; il fut répondu à la première prétention que la loi de 1807 n'avait rien à voir dans l'espèce, l'article 1846 du Code civil décidant que l'associé en retard pour effectuer son apport en argent pouvait être condamné à des dommages-intérêts indépendamment des intérêts ordinaires et légaux. Quant au gage vendu contraitement aux dispositions protectrices de l'article 2078, il lui fut objecté de même, que dans l'espèce il n'y avait rien de tel. L'action ne constituait pas pour la société, un gage, mais l'équivalent, la contre-partie de la promesse faite par l'actionnaire de libérer son titre ; la société avait la faculté de résoudre le contrat, l'actionnaire, son débiteur, ne s'exécutant pas (1184, civ). en même temps que d'insérer une clause pénale dans le contrat (1226). — La clause pénale consistant ici dans le droit pour la société de garder le boni (1).

(1) Paris, 7 mai 1870, et Cass., 14 février 1872. S. 72, 1, 321.

Nous trouvons dans les cahiers des charges des ventes judiciaires d'immeubles, une clause analogue à celle-ci : l'adjudicataire fol enchérisseur ne se trouve pas indemnisé de déboursés par lui faits qui profitent au nouvel adjudicataire, art. 16 (vente sur saisie immobilière). « Dans aucun cas, le fol enchérisseur ne

88. Une question assez curieuse est celle de savoir si une société étrangère ayant pour objet la contrebande des marchandises dans un pays autre que la France, peut prétendre à une existence quelconque dans notre pays.

Disons, de suite, qu'une controverse règne entre les auteurs sur le point de savoir si la contrebande peut faire l'objet d'un contrat quelconque (1). On fait remarquer dans le sens de la validité du contrat que si la contrebande est punie par les lois de toutes les nations et si tous ceux qui habitent le même territoire doivent s'y soumettre, ces lois ne lient pas les Etats les uns aux autres. « Attendu, dit un arrêt de la Cour d'Aix (2), que la contrebande est un vice commun à toutes les nations, que c'est une sorte de guerre constante que les nations se livrent même dans les temps de paix réelle, par suite des diverses prohibitions que les gouvernements établissent sur les marchandises ; que cette position détermine alors un droit de représailles que l'on exerce réciproquement. »

Elle pourrait, dans ce système, faire l'objet notamment d'un contrat d'assurances maritimes.

pourra répéter, soit contre le nouvel adjudicataire, soit contre les vendeurs auxquels ils demeureront acquis à titre de dommages-intérêts, les frais de poursuite de vente, ni ceux d'enregistrement, de greffe et d'hypothèque qu'il aurait payés, et qui profiteront au nouvel adjudicataire, lequel n'aura en conséquence, ni à les payer, ni à en tenir compte à personne ». Même disposition dans le cahier des charges de ventes judiciaires autres que celles sur saisie immobilière, article 18.

(1) *Nullité*, POTHIER, *Tr. des Assurances*, n° 58 DELANGLE, *Soc. comm.*, I, p. 104. FIORE, *Dr. int. priv.*, n° 286 et suiv., etc. *Validité*, PARDESSUS, *Dr. comm.*, n° 1492. EMERIGON, *Tr. des Ass.* ch. 8, § 5. VALIN, *tr. des Ass.* MASSÉ, *Dr. comm.*, n° 568. AUBRY et RAU, t. 1, 4e éd., p. 106.

(2) 30 avril 1833. S. 34,1, 161.

La Cour de Pau a eu à statuer sur l'hypothèse qui nous occupe :

Divers individus avaient formé une société afin de faire pénétrer en Espagne des marchandises sans acquitter les droits de douane. Dans le but de faciliter l'opération, l'un d'eux avait soumissionné le service des vivres, liquides et fourrages de l'armée française d'intervention en Espagne, et c'était sous le couvert du ravitaillement de cette armée que les marchandises franchissaient les Pyrennées. La société s'éteignit le 31 décembre 1825 : Les bénéfices furent considérables ; quand il fallut les répartir, des difficultés surgirent dont les tribunaux français eurent à connaître.

Après avoir posé le principe de la validité, la Cour distingua suivant que la contrebande a eu lieu en trompant la surveillance des préposés ou en achetant leur connivence : « que si la contrebande est licite quand on a employé l'un de ces moyens, elle cesse de l'être dans l'autre ; que la raison de cette différence, c'est que dans le premier cas, *on viole des lois prohibitives qui n'obligent que les sujets du prince qui les a établies*, et dont les tribunaux d'un autre pays ne sont pas chargés de réprimer l'infraction, tandis que dans le second, on blesse les principes de la morale qui ont partout, et à l'égard de tous, une égale autorité, et que dans aucun pays civilisé on ne peut réclamer les secours de la justice pour former l'exécution d'engagements où ont été méconnus... etc. ». Pau, 11 juillet 1834. S. 35, 1, 673.

La Cour de Cass. par arr. du 25 août 1835, a approuvé cette argumentation. « Considérant que la contrebande en pays étranger à l'aide de ruse employée pour tromper les préposés chargés de l'empêcher, n'est prévue ni réprimée par aucune loi ; que, par suite, l'arrêt de Pau n'ayant pas violé de loi française, a bien jugé, etc... »

Quant à nous, nous hésitons à admettre cette distinction : En effet, d'une part, si l'on s'appuie, comme le fait la Cour de Cassation, sur cette circonstance que la contrebande à l'étranger, pratiquée à l'aide de ruse à l'égard des préposés, n'est pas punie par la loi française, on est bien obligé de reconnaître qu'il en est de même au cas où la bienveillance du préposé a été achetée. D'autre part, si, avec la Cour de Pau, on invoque la morale, la difficulté se réduit à une appréciation personnelle qui varie avec les individus, partant, tout à fait relative. A notre avis, prétendre que l'individu qui trompe un douanier est moins coupable que celui qui le corrompt, est des plus hasardeux. Si, à l'égard des préposés français, la loi positive fait une distinction, la loi morale, qui ne considère que l'intention, n'en fait guère, et l'on peut dire que si la corruption n'a pas eu lieu, c'est bien moins la faute du fraudeur que du douanier.

Nous croyons donc que la contrebande, en quelque lieu qu'elle se pratique, est un acte contraire aux mœurs, et qu'elle doit, par suite, vicier tout contrat dont elle constitue l'unique objet.

89. Une question analogue est celle de savoir si un contrat passé à l'étranger avec une société étrangère exploitant une maison de jeu, est susceptible de donner naissance à une action devant les tribunaux français.

On sait qu'aux termes de l'article 1833 civ., toute société doit avoir un objet licite, et qu'en vertu de l'article 1133, l'objet ou la cause de la société n'est pas licite lorsqu'il est contraire aux lois ou aux bonnes mœurs. Nous venons, d'ailleurs, d'en faire l'application dans l'espèce précédente. On sait, en outre, que la loi de finances du 18 juillet 1836 a prohibé à tous points de vue, l'exploitation du jeu en France, d'où l'on est en droit de se demander si une société de jeu, ayant dans son pays d'origine une existence légale, conserve aux yeux de la France, cette existence.

La question, disons-nous, est controversée : un arrêt de la 2e chambre de la Cour de Paris, en date du 22 février 1849 (D. 49, 2, 105, S. 49, 2, 144), décide que la société est licite, attendu « que si les jeux publics ont pu, par des considérations particulières à la France, être considérés jusqu'à un certain point, comme contraires à l'ordre public en France, ils n'ont point été considérés comme tels dans tous les pays, et qu'il n'importe nullement à l'ordre public français, que la loi a dû seul considérer, que des jeux soient ou non, établis en pays étrangers ».

Au contraire, un arrêt de la 4e chambre de la même Cour (31 mars 1849. D. 49, 2, 214, S. 2, 464), estime que la société est illicite : Attendu, dit-il, « que la passion du jeu est considérée dans tous les pays comme un vice, cause prochaine de malheurs ou de crimes, et que la spéculation sur le vice d'autrui est plus immorale que le vice lui-même, et essentiellement contraire aux bonnes mœurs, qu'il suit de là qu'une société constituée pour l'établissement d'une maison de jeu, nulle aux termes des lois écrites de la France, l'est encore aux termes de la morale publique, et que cette nullité doit recevoir son application en France, même aux actes de société passés entre Français en pays étranger, et aux maisons de jeu exploitées dans des pays où elles paraissent tolérées ».

C'est cette doctrine qui paraît aujourd'hui consacrée :

(jug. du Trib. civ. de la Seine, 29 juill. 1865 *Gaz. Trib.*, 1865 n° du 25 août). Un individu avait souscrit à une société fondée pour l'exploitation d'une maison de jeu sise à Saxon les Bains, canton du Valais, (Suisse) une somme de 10.000 francs, sous la condition résolutoire que si l'exploitation n'était pas commencée dans un certain délai, il aurait droit à la restitution de la somme par lui versée. La société étant déchue de sa concession, il assigna le gérant en restitution de ladite somme devant le tribunal civil de la Seine : il fut repoussé pour cette raison qu'ayant avancé de l'argent dans le but de subvenir à l'exploitation d'une maison de jeu, son obligation avait une cause illicite et ne pouvait par suite engendrer d'action en remboursement.

Nous approuvons cette solution, et cela quelque nom que porte, sous quelque formule que se dissimule la société : Nous entendons viser spécialement les « cercles » du genre du *Park Club* dont parle M. A. Michel dans le *Journ. de Dr. int. priv.* (1891, p, 810). Sous les apparence d'un cercle ordinaire où les membres payaient une cotisation annuelle et paraissaient rechercher les avantages que présentent d'habitude pareils établissements, le *Park Club* offrait à ses habitués des repas et des cigares en perte tandis que le jeu lui fournissait la majeure partie de ses bénéfices provenus de l'impôt perçu sur les joueurs du baccarat (1).

Une société étrangère contenant une clause qui pourrait s'interpréter comme constitutive d'une société de biens

(1) Nous adopterions la même solution à l'égard d'une société du genre du « Cercle de l'Escrime et des Arts », de Paris, annulée d'ailleurs récemment par la 1re ch, de la Cour de Paris, mars 1897.

présents et à venir ne pourrait s'en prévaloir sans violer les art. 791 et 1131 civ. qui prohibent les pactes sur succession future (1).

(1) Comp. jug. trib. civ. Seine, 18 juill. 1885. *Loi*, 26 sept. 1885 (aff. Hamida et consorts). *J. de Dr. int. priv.*, 1886, p. 208, et Paris, 26 janv. 1888. *Gaz. Pal.*, 9 et 10 fév. 1888.

CHAPITRE IV

CONDITION JURIDIQUE DES SOCIÉTÉS ÉTRANGÈRES NON AUTORISÉES

90. Opinions extrêmes.
91. Système mixte; distinction au point de vue du droit d'ester en justice, suivant que la société agit comme demanderesse ou défenderesse.
92 Objections possibles contre ce système.
93. Réfutation victorieuse de ces objections.
94 et 95. Arguments en faveur de notre système tirés des matières analogues (Communautés religieuses non autorisées, sociétés françaises de fait).
96. Conséquences de notre système.

90. Il nous reste maintenant à étudier quelle situation appartient en droit aux sociétés étrangères qui fonctionnent en France sans être habilitées dans les conditions prévues par la loi de 1857 (1). Nous avons, on se le rappelle, repoussé la doctrine d'Alauzet, d'après laquelle la loi de 1857 aurait été faite dans la pensée unique, de rassurer les tri-

(1) Nous entendons parler des sociétés appartenant à des pays, en faveur desquels il n'est intervenu, ni loi, ni traité, ni ni décret, ainsi que de celles qui se sont constituées depuis que dans leur pays d'origine, l'anonymat est devenu libre. C'est là une des conséquences de la doctrine que nous avons défendue plus haut, n[os] **44** à **46**.

bunaux de Belgique et des autres pays sur la stabilité des décisions que la Jurisprudence française avait jusqu'alors rendues en faveur des sociétés étrangères. Nous avons dit que, suivant nous, la pensée certaine du législateur de 1857 avait été de subordonner, à l'avenir, l'existence des sociétés étrangères en France à un examen général préalable des lois qui les régissaient suivi de lois, décrets ou traités d'autorisation. Si donc nous estimons que les sociétés non autorisées ne peuvent prétendre à la situation juridique qui appartient aux sociétés autorisées, nous devons dire quelle situation, d'après nous, est la leur.

C'est surtout au point de vue du droit d'ester en justice que la question se pose ; en effet, ce droit est la sanction de tous les autres : A quoi servirait aux Français de traiter avec une société étrangère, à celle-ci de contracter avec ceux-là, si le créancier ne peut compter sur des moyens de coercition contre son débiteur en retard ou de mauvaise foi (1) ?

A première vue, l'opinion de M. Alauzet repoussée, il semblerait naturel de décider que les sociétés étrangères non autorisées n'ont aucune existence en France et qu'elles ne sauraient figurer en justice à un titre quel-

(1) Le refus du droit d'ester en justice paraît être le moyen le moins vexatoire, sinon le plus efficace d'empêcher les sociétés étrangères de faire des affaires en France. Il ne se présente pas comme une mesure venant du gouvernement. Il émane des tribunaux, ceux qui ont à en souffrir, sont en conséquence moins portés à se croire victimes de l'arbitraire. L'Administration française, à la différence du gouvernement d'Alsace-Lorraine en 1881, s'est toujours montré très tolérante à l'égard des sociétés étrangères non autorisées. Plusieurs compagnies américaines d'assurances fonctionnaient, paraît-il, en France avant 1882, époque où fut rendu le décret habilitant les sociétés des États-Unis, ainsi La « New-York » opérerait en France depuis 1869.

conque. Cette doctrine fut consacrée par la Jurisprudence française au lendemain de la promulgation de la loi de 1857 (1).

91. Cependant, on s'avisa qu'elle pouvait présenter de sérieux inconvénients, en même temps qu'elle violait cette loi, sinon dans son texte, au moins dans son esprit. On fit alors une distinction suivant que la société se présentait devant le juge comme demanderesse ou comme défenderesse. S'il est vrai, dit-on alors, qu'en droit la société non autorisée n'existe pas, il faut bien, cependant, lui reconnaître une sorte d'existence de fait, au moins lorsqu'elle est poursuivie en justice par un Français, sous peine pour ce dernier de voir méconnus ses droits les plus légitimes. D'une part, l'article 14 du Code civil autorise le Français à poursuivre devant un tribunal français l'étranger qui a contracté avec lui. Or, l'expression « étranger » s'applique sans distinction aux individus et aux personnes civiles (Cass., 1er août 1860. D. 60, 1, 444). D'autre part, repousser cette solution ce serait de la part du juge français commettre un déni de justice. En effet, ce serait, sous une autre forme, prétendre que la justice française n'est due qu'aux nationaux créanciers de nationaux. Or qu'arriverait-il si pareille doctrine était aussi consacrée par le juge de la société défenderesse sinon ceci à savoir que celui-ci se déclarerait incompétent dans une instance où plaiderait un Français. Cependant l'intérêt du Français peut être des plus respectables : en dehors du cas d'inexécution d'opérations commerciales proprement dites, il peut

(1) Aix, 17 janv. 1861. S. 61, 2, 335 Rennes, 26 juin 1862. S. 63, 1, 353. Paris, 15 mai 1863. S. 63, 1, 351 en note.

s'agir d'employés non payés de leurs salaires, d'individus victimes d'un accident par la faute de la société et impuissants à obtenir réparation du préjudice à eux causé.

92. A quoi les défenseurs des arrêts d'Aix (17 janv. 1861) et de Rennes (26 juin 1862) objectaient : Vous vous appuyez sur l'article 14 pour prétendre que le Français peut, sans difficulté, assigner la société non autorisée ; prenez garde ! Car si vous rapprochez de l'article 14 l'article 15, vous voyez qu'on peut à aussi bon droit s'appuyer sur lui pour autoriser la société étrangère à plaider comme demanderesse, ce que vous ne voulez pas. En effet, l'article 15 est conçu absolument dans les mêmes termes que l'article 14. Quant au déni de justice, dont serait l'objet le Français à l'égard duquel le tribunal étranger se déclarerait incompétent, croyez vous qu'il soit plus grand que celui dont a à souffrir la société étrangère qui ne peut obtenir paiement de ce qui lui est dû par des Français? D'ailleurs, pour qu'il y ait déni de justice, il faudrait supposer que le tribunal étranger se déclarât incompétent ; ce qui n'arrivera pas nécessairement. C'est une inexactitude de prétendre que l'incompétence des tribunaux français à l'égard des procès où se trouve en cause une société étrangère non autorisée, dérive de ce principe que la justice française n'est due qu'aux nationaux : ce qu'il faut dire, c'est qu'un juge français ne peut pas entendre un plaideur qui juridiquement n'existe pas. Au contraire, si nous passons à l'étranger, la société étrangère retrouve son existence et le Français ne perd pas la sienne. Le juge national de la société pourra donc statuer sur la difficulté qui divise les deux plaideurs (1).

93. Cependant le Procureur général Dupin répondait à son tour (V. Cass., 19 mai 1863. S. 63, 1, 353 et suiv.): Une différence profonde sépare les articles 14 et 15 du Code civil. L'article 14 se borne à garantir au Français l'exercice d'un droit qu'il avait sans lui. Le Français, par cela seul qu'il est Français, a droit à la justice de son pays, et l'article 14 se borne à interdire à l'étranger qui plaide avec lui le bénéfice d'une exception d'incompétence qu'il aurait pu puiser dans sa qualité d'étranger. L'article 15, tout au contraire, crée un droit nouveau : sans lui, certes, l'étranger ne pourrait pas plaider en France comme demandeur : on comprend alors que le Français poursuivi puisse exciper de toutes les exceptions qu'il veut et lui dise : « Mais qui êtes-vous, existez-vous réellement en France ? Si je plaide avec vous, et si vous perdez, me trouverai-je en face d'une personne civile ou bien d'un fantôme ? » D'autre part, ajoutons-nous, laisser au Français demandeur pour seule ressource, la faculté de s'adresser au tribunal de la société, c'est, en fait, sinon en droit, lui ôter tout moyen d'obtenir satisfaction. Un procès à soutenir à quelques centaines de lieues du pays où l'on habite, est des plus coûteux en même temps que des plus aléatoires. Le tout n'est pas d'obtenir un jugement, il faut encore pouvoir l'exécuter, ce qui ne fait qu'accroître la difficulté. De loin, le créancier connaît mal les ressources de ses débiteurs et le lieu où elles se trouvent. Quant à essayer de poursuivre cette exécution en France, il n'y

(1) BALLOT. *Rev. prat. de Dr. fr.* t. XVII, p. 90. CHERVET, *Soc. étr. en Dr. int. priv.*, p. 199 et suiv.

faut pas songer, car une procédure d'exequatur serait nécessaire, et dans le système que nous combattons, elle est impossible, étant donné qu'à un titre quelconque, une société étrangère ne saurait comparaître devant la justice française.

Nous estimons donc, quant à nous, avec la quasi unanimité des auteurs et la jurisprudence la plus récente (1), que si les sociétés étrangères non autorisées en France, conformément à la loi de 1857, ne peuvent pas plaider devant nos tribunaux comme demanderesses, elles ne sauraient cependant invoquer leur inexistence juridique, quand elles sont poursuivies en qualité de défenderesses.

94. Au surplus, la distinction entre les deux qualités, *demanderesse, défenderesse*, est consacrée depuis longtemps par la doctrine et les tribunaux dans des matières analogues.

On sait que la loi du 24 mai 1825, modifiée par le décret loi du 31 janvier 1852 exige que les communautés religieuses de femmes, pour pouvoir prétendre à l'existence légale, aient été autorisées soit par une loi, soit par un décret. Qu'arrive-t-il, si elles se constituent et fonctionnent sans s'être conformées à cette exigence ? — Elles ne sont

(1) Cass., 19 mai 1863, S. 63, I, p. 353. Amiens, 2 mars 1865, S. 65, 2, 210. Paris, 8 avril et 9 mai 1865, S. 65, 2, 211. Trib. civ. de la Seine, 11 mars 1880, *J. de Dr. int. priv.*, 1880, p. 185. — 3 juill. 1890, *Rev. des Soc.*, 1890, p. 532. Trib. de co. de Marseille, 31 juill. 1893, *J. de Dr. int. priv.*, 1894, p. 329. — AUBRY et RAU, 4e éd., t. I. §. 54, p. 188 et note 23. BUCHÈRE, *J. de Dr. int. priv.* 1882, p. 51 et suiv. VAVASSEUR, *Traité*, t. 2, n° 933. LYON-CAEN, *Cond. jur. des soc étr.*, p. 121. LYON-CAEN et RENAULT, *Traité*, t. 2, n° 1131. LESCŒUR, lég. des soc. comm. en France et à l'étranger, n° 150, PIC. *Journ. de Dr. int. priv.*, 1892, p. 597. MOUTIER, *ibid.*, 1894, p. 977. WEISS, *traité élém.*, 2e éd., p. 170.

pas des personnes morales ; elles sont incapables d'être propriétaires, de procéder à aucun acte de la vie civile (Lyon, 23 fév. 1867, Alger, 27 mai 1868. Raynaud, c. héritiers Parabère). Cependant, si cette inexistence civile doit leur nuire, elle ne peut pas leur profiter : lesdites congrégations ne pourraient donc s'en prévaloir afin d'échapper aux conséquences de leurs contrats, quasi-contrats, quasi-délits ou délits : « Attendu, dit un arrêt du 30 décembre 1857, qu'une communauté religieuse non autorisée, si elle n'a pas d'existence légale, et si elle ne présente aucun des caractères d'une véritable personne civile, constitue cependant entre ceux qui ont concouru à formation. une société de fait, nécessairement responsable vis-à-vis des tiers des engagements par elle pris, soit que ces engagements résultent de contrats ou de quasi-contrats, soit, à plus forte raison, s'ils dérivent de délits ou de quasi-délits ; qu'autrement la communauté non autorisée, à raison même du vice de sa constitution et par cela qu'elle se serait soustraite, contrairement au vœu de la loi, à la surveillance du gouvernement, échapperait dans sa personne collective et dans les individualités dont elle se compose, à toute action de la part des tiers engagés avec elle ou lésés par sa faute ; qu'elle obtiendrait ainsi des immunités à bon droit refusées aux sociétés régulièrement organisées ou aux communautés religieuses reconnues et qui se sont soumises à la tutelle de l'Etat ; qu'un privilège aussi exorbitant blesserait également l'ordre public, la morale et la loi, etc. (1) ».

Cette argumentation est pleinement applicable à la so-

(1) Cour de Cass., Civ. 30 déc. 1857, D. 58. 1, 21 qui rejette le pourvoi formé contre un arrêt de la cour d'Orléans du 30 mai 1857, aff. communauté de Picpus.

ciété étrangère qui nous occupe ; on ne saurait donc pas plus admettre qu' « une société étrangère, même irrégulièrement constituée d'après la loi du pays où elle s'est formée, mais qui possède en France un établissement commercial important, des immeubles dans lesquels s'exerce son industrie, un représentant officiel qui traite avec les tiers, un administrateur dont les pouvoirs sont si bien définis qu'il se nomme et se met scène lorsqu'il croit nécessaire de faire valoir ses droits en justice, ne puisse être actionnée comme défenderesse et pour l'exéution, au moins sur ses biens de France, des obligations commerciales qu'elle a contractées avec des Français ». Lettre du Garde des Sceaux, rapportée par Dupin, *loc. cit.*

95. D'ailleurs, cette doctrine de l'existence de fait ne se rencontre pas qu'à l'occasion des communautés religieuses, les auteurs et les tribunaux en ont fait l'application dans la matière des sociétés : ils ont décidé que si une société qui n'avait pas accompli les formalités exigées par la loi à peine de nullité de sa constitution devait être réputée sans existence légale, il fallait néanmoins tenir compte de ce qui s'était passé entre l'époque de la constitution et le jour du jugement prononçant la nullité (1). Si, pour l'avenir, son inexistence n'était pas douteuse, il fallait respecter les faits accomplis, qui avaient pu produire des bénéfices ou occasionner des pertes dont la liquidation devait être poursuivie dans les rapports respectifs des

(1) Ou plutôt le jour de la demande d'annulation en justice. Conf. Bordeaux, 5 févr. 1841, D. R. A. V° *Soc.*, n° 837. Paris, 26 janv. 1855, D. 55, 2, 195. — Adde, sur le principe de l'existence de fait. Req. 17 fév. 1865, D. 65, I. 289. Req. 19 juillet 1888, D. 89, 1,345, 15 janv. 1889. D. 90, 1,471, C. Cass., 15 nov. 1892, D. 93, 1, 13. Lyon-Caen et Renault, *Traité*, t. 2, n° 785, etc.

associés comme en cas de dissolution, c'est-à-dire d'après les statuts et en conformité des droits et obligations résultant pour chaque intéressé des clauses du pacte social... à la condition toutefois de faire abstraction des clauses statutaires contraires à la loi.

Cependant MM. Ballot et Chervet ne se sont pas laissés abattre par ce rapprochement qui paraît pourtant décisif : après avoir affirmé que l'existence de fait de la société constituait par elle-même un tout indivisible, un bloc qu'il fallait admettre ou repousser sans distinguer entre deux points de vue opposés, ils ont nié qu'on pût comparer aux sociétés, qui nous occupent la communauté de femmes non autorisée, la société nulle pour défaut de publicité ou tout autre cause. Celles-ci, disent-ils, sont coupables d'une faute initiale, soit intention frauduleuse, soit maladresse, dont elles doivent supporter toutes les conséquences ; elles commencent par violer la loi, tant pis pour elles ! Tout différent est le fait de la société étrangère : elle ne viole pas la loi française, à vrai dire elle n'avait pas à s'y soumettre. « Elle ne réclame aucun privilège, elle ne se réfugie derrière aucune simulation, elle est ce que l'a faite la loi étrangère réellement observée. « Elle vient telle quelle sur le sol français, elle ne commet ni fraude ni violation de la loi française ; elle ne demande qu'une chose juste, qu'on dise si elle est ou n'est pas pour la justice française, et non pas qu'on la trouve bonne pour payer, mauvaise pour être payée elle-même.

96. Quant à nous, nous n'hésitons pas à répondre : que la société étrangère n'ait pas agi dans une pensée de fraude à la loi, c'est possible, il n'en n'est pas moins certain qu'elle a commis une maladresse qu'il lui était des plus faciles d'éviter. Pourquoi est-elle venue fonctionner en France ? Tout au moins, si elle est restée dans son pays d'origine, pourquoi a t-elle traité avec des Français sans perdre toutes les précautions voulues ? Au surplus, les disposition de la loi de 1857 sont évidemment prises dans l'intérêt exclusif des habitants du territoire français. Il suit de là que ces derniers peuvent seuls invoquer contre la société les effets de l'inobservation de cette loi.

A notre avis, on pourrait comparer les sociétés étrangères non autorisées aux officiers publics, que l'article 1596 al. 5 du Code civil déclare incapables de se rendre adjudicataire des biens nationaux dont les ventes se font par leur ministère. L'incapacité qui frappe ceux-ci ne peut être invoquée que contre eux et non par eux : autrement dit, elle est établie exclusivement en faveur des *capables*. De même la société étrangère non autorisée qui, quoiqu'incapable d'ester en justice en France aux termesde la loi de 1857, ne peut opposer d'exception tirée de son incapacité à celui qui la poursuit devant nos tribunaux.

L'existence de fait de la société non autorisée une fois admise par nous, nous tirons les conséquences suivantes :

1. Lasociété est valablement assignée dans la personne de ses Directeur et Administrateurs, il n'est pas nécessaire de mettre en cause tous les individus qui la composent, sinon ce serait exposer le demandeur à une avance de frais considérables, et certainement à une impossibilité pratique lorsque certains associés ne se rattacheraient à la société que par la détention en qualité de propriétaires de titres au porteur de la société (1).

(1) Cass., 14 nov. 1864. S. 65, 1, 135 et 136, Lyon-Caen, *op. cit.*,

2. En cequi concerne l'exécution du jugement intervenu à la suite du procès intenté dans les conditions qui viennent d'être indiquées, et d'une façon plus générale, l'exécution de toutes les conventions, traités, opérations passées entre les tiers et la société, les directeur et administrateurs ne seront tenus que dans les limites spécifiées dans les statuts, à défaut de ceux-ci, prévues par la loi : les actionnaires ne seront inquiétés que jusqu'à concurrence de leur apport (1).

p. 126. ROUSSEAU, *Traité*, n. 2167 bis, CLAMAGERAN, *Rev. Prat.*, t. III, p. 423. GERBAUT, compétence des tribunaux français à l'égard des étrangers, n° 165.

(1) Nous estimons que la société non autorisée poursuivie comme defenderesse peut former une demande reconventionnelle, mettre en cause un garant : elle ne fait, en effet, alors qu'exercer dans toute son entendue le droit de se défendre que nous lui reconnaissons. LYON-CAEN, *op. cit*, p. 123, RUBEN de COUDER Dict. V° Soc. étr. n. 38.

CHAPITRE CINQUIÈME

DE LA FAILLITE DES SOCIÉTÉS ÉTRANGÈRES

97. Difficultés pratiques résultant du fonctionnement en France des sociétés étrangères.

Première question : Une société étrangère peut-elle être mise en faillite par un tribunal français ?

98. Principe : tout individu peut être mis en faillite en France, qu'il soit français ou étranger.....

99..... Sans qu'il soit nécessaire de distinguer si, étranger, il est ou non domicilié en France, si les créanciers sont français ou étrangers.

100. Ces règles sont de tous points applicables aux sociétés.

101. La loi qui régit la faillite est celle du tribunal qui l'a prononcée.

Deuxième question : Quels effets produit sur les opérations d'une société étrangère en France, le jugement déclaratif de faillite qui a été rendu à l'étranger par le tribunal de son siège social ?

102. Solutions extrêmes, difficultés de choisir entre elles.

103. Attraits et inconvénients de la doctrine de l'unité.

104. Doctrine consacrée par la jurisprudence française.

105. Ses conséquences.

106 et 107. Des traités réglant les difficultés que nous venons d'étudier. Convention franco-suisse de 1869.

97. Il arrive un moment où, après avoir faits des affaires en France pendant un temps plus ou moins long, la société étrangère qui nous occupe vient à s'éteindre. Les causes de sa mort restrictivement indiquées dans sa loi nationale et dans ses statuts varient avec ceux-ci : il est donc impossible de les faire connaître toutes : cependant parmi elles figurent le plus souvent : « l'expiration du temps pour lequel elle a été contractée, l'extinction de la chose ou la consommation de la négociation, la volonté qu'un seul ou plusieurs expriment de n'être plus en société » (a.1865, C. civ.) et la faillite de la société (1).

Dans tous les cas qui précèdent, sauf le dernier, la liquidation se fait sans conteste conformément à la loi de la société (2). Dans l'hypothèse d'une faillite, au contraire, la loi française peut avoir à intervenir. Diverses questions se présentent alors, et c'est elles seules que nous nous proposons d'étudier dans ce chapitre (3).

On peut les ramener à deux :

A. Une société étrangère peut-elle être mise en faillite par un tribunal français ?

B. Quels effets produit sur les opérations d'une société étrangère en France le jugement déclaratif de faillite qui a été rendu à l'étranger par le tribunal de son siège social ?

(1) V. C. de Co. italien, art. 189, 4° ; en France, la loi est muette sur ce point, et il a été jugé que la faillite de la société n'emporte pas de plein droit sa dissolution (Cass., 9 mai 1854).

Dans l'énumération des causes de dissolution, nous nous en tenons aux causes générales, nous laissons les causes particulières aux sociétés de personnes d'une part, (mort, faillite, interdiction de l'un des associés), aux sociétés de capitaux, d'autre part, (perte de la plus grosse partie du capital social, etc.).

(2) Il n'y a donc pas de difficulté et c'est l'application de la règle posée plus haut. D'ailleurs le tribunal français n'a pas à en connaître, en vertu du principe ci-dessus indiqué (n° 73) d'après lequel le juge national est seul compétent pour se prononcer sur les actions relatives au statut personnel de la société.

(3) Il n'y a pas ici à distinguer suivant que la société est ou non autorisée à agir en France en vertu de la loi de 1857. Conf. Pic, *Faillite des Sociétés*, p. 223.

Première question. — Une société étrangère peut-elle être mise en faillite par un tribunal français ?

98. On admet aujourd'hui en doctrine et en jurisprudence, que l'étranger qui fait le commerce en France, peut être déclaré en faillite par un juge français (1). On appuie cette solution sur diverses considérations dont la suivante : L'article 437, Code de commerce décide que « tout commerçant qui cesse ses paiements est en état de faillite » ; or, il n'a certainement pas entendu faire une distinction entre régnicoles et étrangers ; d'une part, en effet, l'état de faillite n'est pas le résultat de l'exercice d'un droit civil *stricto sensu* (11, civ.), mais la conséquence d'un fait (cessation des paiements) que la loi impose au commerçant, qui se trouve dans cet état, de faire connaître sous menace de peines rigoureuses applicables à tous ; d'autre part, la loi s'est proposée de protéger les créanciers, d'assurer la conservation et la liquidation rapide de leur gage ; il serait absurde que ceux-ci se trouvassent désarmés lorsque leur débiteur est étranger. Autrement dit, l'article 437 est une loi de police et de sûreté qui oblige tous ceux qui habitent le territoire français (civ., art. 3).

(1) Conf. Paris, 23 décembre 1847. D. 1848, 2, 3. S. 1848. 2, 255, Paris, 22 janv. 1857. aff. Castrique. D. 57, 2, 135, et, sur pourvoi, Req 24 novembre 1857. D. 58, 1, 85, Paris, 11 juin 1872. D. 72, 1, 191, 20 mai 1878. D. R. A. Suppl. V. *Faillites* nº 1510 et la note, Aix, 30 novembre 1880. D. 82, 2, 64. Cass., ch. civ., 4 février 1885, D. 85, 1, 159 ; Fœlix et Demangeat, t. 2, nº 501, notes 2 et 3. Lyon-Caen et Renault, Précis, t. II, nº 3126, Ruber de Couder, *Dict.* V. *Faillites*, nº 27 : Dubois sur Carle *Faillite en Dr. int. priv.*, p. 42, note 50, Rousseau et Defert. Code des faillites annoté, p. 557, n. 1. Demangeat sur Bravard t. V, p. 10, note 2. Vincent et Penaud, *Dict.* V. *Faillites*, nº 37.

99. Il en est ainsi, non seulement lorsque l'étranger a en France un domicile de droit, mais encore lorsqu'il y a un simple domicile de fait (1), c'est-à-dire lorsqu'il n'est pas autorisé au domicile dans les termes de l'article 13.

Cette solution, critiquée par la doctrine qui pose le principe de l'universalité de la faillite, a été implicitement adoptée lors de l'élaboration de la loi du 4 mars 1889 : un député proposait d'insérer dans la loi une disposition décidant qu'un étranger pouvait être mis en faillite en France, alors même que son principal établissement était à l'étranger; le rapporteur s'y refusa pour cette raison que la solution proposée était depuis longtemps admise en jurisprudence. « L'étranger, dit-il, autorisé ou non à établir son domicile en France, se soumet à la faillite dans les formes légales s'il vient dans notre pays exercer le commerce. Rien de plus équitable, puisqu'il profite de la loi sur le sol français. La règle est générale et il n'est pas à notre connaissance qu'elle ait été sérieusement contestée, il est donc inutile de la faire figurer dans la loi ».

Il n'est même pas nécessaire que l'étranger ait en France un domicile de fait, l'article 14, sur lequel s'appuie le créancier, est absolu (2). « Le droit d'assigner devant un tribunal français, dit la Cour de Bordeaux, (25 mars 1885, *J. de Dr. int. priv.*, 1886, p. 710), pour le paiement d'une dette commerciale implique nécessairement le droit de

(1) Lyon-Caen et Renault, Précis, t. 2, nº 3136 bis.

(2) Paris 23 décembre 1847. D. 48, 2, 3, Paris, 23 novembre 1874, *J. de Dr. int. priv.*, 1875. p. 435, 17 juillet 1877. D. R. A. V. *Faillites. Suppl.* nº 1514, Rouen, 1er avril 1881. D. 82, 2, 92, et Lyon-Caen et Renault, *loc. cit.*, — *Contrà*, Dubois sur Carle p. 44, Glasson, *J. de Dr. int. priv.*, 1881, p. 126 et suiv. Weiss *Ann. de dr. comm.*, 1888, 2, p. 120.

provoquer la déclaration de faillite qui n'est que le mode de constatation du défaut de paiement par un négociant de ses engagements commerciaux ».

Cependant on a objecté que, dans ce dernier cas, il ne s'agissait pas d'obtenir un jugement déclaratif de droit, mais un jugement constitutif d'état, que ce jugement allait avoir autorité vis-à-vis non seulement du demandeur, mais encore vis-à-vis de tous créanciers du défendeur (Bertauld, *Quest. prat.*, t. 1, nº 204). A quoi on a répondu que si la faillite portait atteinte à l'état juridique du failli, il n'en était pas moins vrai que ce que le législateur avait en vue, c'était le patrimoine et non la personne du failli, ce patrimoine qui constituait le gage des créanciers et qu'il fallait liquider au plus tôt et au mieux au profit de ceux-ci, que décider que l'article 14, à cause de son caractère exorbitant, devait s'interpréter restrictivement et, partant, être considéré comme inapplicable dans l'espèce, c'était rendre inefficace le droit du français d'obtenir toute satisfaction de l'étranger commerçant (1).

On allègue, d'autre part, que l'article 438 du Code de commerce et l'article 59, alinéa 7, du Code de procédure civile donnent au tribunal du domicile du failli (s'il s'agit d'une société, lisez : tribunal du siège social) compétence pour déclarer la faillite. On répond à cette objection comme nous avons répondu à celle tirée de l'alinéa 6 du même article 59, qui paraissait attribuer compétence au tribunal du siège social de la société étrangère pour toutes affaires la concernant, que lesdits articles ne s'imposent au juge français que lorsqu'il se trouve en compétition

(1) Conf. Aff. Ch. de fer N. O. de l'Espagne, Paris, 17 juillet 1877. *Droit* du 22 juillet 1877, et D. R. A. Suppl. V. *Faillites*, nº 1514.

quant à la compétence avec un juge français, mais non lorsqu'il est seul devant un tribunal étranger (1).

Enfin, la faillite peut être demandée même à la requête de créanciers étrangers (2); mais il faut alors que le tribunal français soit en fait compétent, par exemple dans le cas où le demandeur est autorisé au domicile etc., pour plus de détails, voir plus haut, nos 68 à 72.

100. Les règles que nous venons de poser à l'occasion des personnes physiques sont de tous points applicables aux sociétés. Au surplus, c'est à l'occasion de celles-ci que la plupart des arrêts de principe sont intervenus (3).

Une société étrangère peut donc être mise en faillite en France si elle y a une succursale seulement même une simple agence, ou même si elle n'y a ni l'une ni l'autre. Un Français, ou bien un étranger qui se trouverait en droit de poursuivre la société devant un de nos tribunaux, pourront requérir sa mise en faillite : le syndic nommé dans ces conditions recueillera les biens situés en France et les répartira entre les créanciers produisants. Il n'est pas nécessaire juridiquement que la société ait des biens en France, mais en fait c'est seulement dans ce cas que sa mise en faillite sera requise.

Si la société a en France plusieurs succursales, un seul tribunal sera compétent pour prononcer leur faillite (v. ce que nous avons dit no 60, p. 125 note 2).

(1) Cass. 12 novembre 1872. D. 74, 1, 168, Paris, 17 juillet 1877, S. 77. I. 449 Aix, 30 novembre 1880. *J. de Dr. int. priv.*, 1881, p. 363.

(2) Cass , 12 janvier 1875. S. 1875, 1. 124, Paris, 20 mai 1878. S 1880, 2, 190. Cass., 4 février 1885. D. 86, 1. 159. S. 86, 1, 200.

(3) V. notamment Paris, 23 décembre 1847 D 48, 2, 3. S. 48, 2, 255. Paris, 22 juin 1857. D. 57, 2. 135, Paris, 17 juillet 1877. S. 77 1. 449.

101. Pour connaître quelle loi régit la faillite, il suffit de savoir quel tribunal l'a prononcée (1) : par suite, il pourrait importer beaucoup aux créanciers d'un individu ou d'une société qui fait des affaires dans plusieurs pays que leur débiteur fût mis en faillite par tel tribunal plutôt que par tel autre : spécialement, il pourrait être très intéressant pour les créanciers français qui ont traité avec une société étrangère que celle-ci fût déclarée en faillite en France plutôt que par un jugement du tribunal du siège social, alors même que ce jugement serait par la suite rendu exécutoire dans notre pays.

Cependant, au moins en France, cet intérêt n'est qu'apparent : nous verrons plus loin que dans certais pays la doctrine qui prévaut est celle d'après laquelle un seul tribunal est compétent pour prononcer la faillite, celui du domicile du débiteur ; dans ces pays-là, la faillite prononcée ne sera jamais soumise qu'à une seule loi, la loi du dit tribunal, sans qu'il y ait à distinguer entre le pays où a été rendu le jugement lui-même et ceux où le dit jugement n'a d'effet que par suite de l'obtention de l'exequatur (2), cette obtention n'ayant exigé du tribunal dont elle émane, qu'un examen de pure forme. Nous verrons aussi que dans d'autres pays,

(1) Trib. de com. d'Anvers, 24 juillet 1874. *J. de Dr. int. priv.*, 1875, p. 217.

(2) Conf. Cour de Milan, 14 août 1868. *Annali di Giurisprudenza italiana*, 1868, 2, p. 371. « On ne comprendrait pas, disent MM. CARLE et DUBOIS, qu'un jugement de faillite pût entraîner la nullité des actes en vertu d'une loi autre que celle sous l'empire de laquelle il a été rendu ». Conf. VINCENT et PENAUD. *Dict.* V. *Faillite* nos 230 et 318 : la capacité du syndic de disposer des biens de la faillite est déterminée par la loi du tribunal qui a prononcé à la faillite. V. HUMBLET. *J. de Dr. int. priv.*, 1883, p. 476.

et spécialement en France, on admet qu'à côté du jugement déclaratif rendu par le juge du domicile du débiteur, à l'étranger, puisse intervenir un jugement, lui aussi, déclaratif de faillite, atteignant tous les biens sis en France et rendu par un juge de ce pays ; qu'il y a ainsi deux faillites coexistantes soumises à deux lois différentes. Qu'au surplus, si le juge français n'a pas par lui-même prononcé la faillite, il a le droit, lorsqu'il est sollicité, de rendre exécutoire en France le jugement étranger, de l'examiner quant au fond et de le reviser, de sorte qu'en réalité, c'est un jugement nouveau qu'il rend, auquel s'applique la loi française. Dans ces conditions, nous le répétons, il importe peu aux créanciers français de solliciter la mise en faillite de la société leur débitrice auprès du juge français ou du juge étranger, puisqu'en tout cas l'actif de la faillite sera réparti entre tous ayants droits suivant la loi française (1).

Conformément aux principes que nous avons posés plus haut, la procédure des opérations de la faillite est réglée par la loi française : les créanciers, sans distinction de nationalité, seront admis à produire, que la société soit étrangère ou française (2), et sur le pied d'égalité (3), sans

(1) Conf. Brescia, 23 nov. 1873 et C. de cass. Turin, 6 oct. 1876, *Mon. des trib.* (Milan), 1874. p. 63 et 1876, p. 1253. Thaller, *op. cit.*, n° 231.

(2) Seine, 28 mai 1881, *J. de Dr. int. priv.*, 1881, p. 362, 24 déc. 1883, *J des faillites*, 1884, p. 211, etc. Paris, 23 juin 1885. *J. de Dr. int. priv.*, 1885, p. 436.

(3) A moins que quelques-uns d'entre eux aient déjà touché à l'étranger, auquel cas ils devront faire rapport à la masse de ce qu'ils auront touché, Montpellier, 12 juin 1884, et 8 août 1884, *Gaz Pal.* 1885, 1, p. 681. Trib. civ. du canton de Bâle ville, 1er juin 1883, *J. de Dr. int. priv.*, 1885, p. 340.

pouvoir invoquer un droit de représailles quelconque pour cette raison qu'à l'étranger il leur serait, en vertu de la loi locale, interdit de toucher dans l'actif dans une proportion plus ou moins grande. La capacité du failli, les conditions de validité des actes par lui faits sont régis par sa loi nationale, sauf certaines réserves à faire en faveur de la loi française dans les cas où ses dispositions paraissent d'ordre public, cas sur lesquels les auteurs ne sont pas d'accord.

Deuxième question. — Quels effets produit sur les opérations d'une société étrangère en France le jugement déclaratif de faillite qui a été rendu à l'étranger par le tribunal de son siège social ?

102. Deux réponses sont possibles : α. La faillite prononcée rayonne universellement sur tous les biens de la société en quelque lieu qu'ils se trouvent : fictivement, les frontières des États qui les séparent les uns des autres s'évanouissent afin qu'une seule personne ait qualité pour mettre sur eux la main et les répartir entre les créanciers.

β. L'autorité du jugement déclaratif de faillite expire aux limites de l'Etat du tribunal qui l'a rendu : au-delà, les biens et la personne du débiteur échappent à son atteinte : il faut l'intervention du juge de chaque pays où on les rencontre pour que le débiteur soit dessaisi. Entre ces deux solutions extrêmes, il faut choisir. Dans l'ancien droit où la théorie des statuts paraissait à beaucoup susceptible de résoudre tous les conflits de lois, on s'était demandé dans quel statut il convenait de faire rentrer les jugements déclaratifs de faillite et la question a été posée dans les mêmes termes par des jurisconsultes de ce siècle.

D'après les uns, le jugement déclaratif relèverait du statut personnel comme atteignant le débiteur dans son état et le suivant en tous lieux (1), et la difficulté porterait seulement sur le degré d'autorité à reconnaître à ce jugement (2).

D'après d'autres, nous serions, dans l'espèce, en matière de statut réel, la mise en faillite ayant pour objet principal d'atteindre le patrimoine du failli, celui-ci n'étant frappé que par contre-coup, et partant restant saisi et capable sur l'étendue des territoires où il n'est pas intervenu de jugement (3).

Cependant on estime, en général, que la théorie des statuts n'a rien à voir dans la circonstance : « Dans les lois sur la faillite, disent MM. Carle et Dubois (p. 51), le législateur ne se propose, ni de déterminer l'état et la capacité des personnes, ni de régler la condition juridique des biens : ce qu'il a en vue, c'est le crédit et l'intérêt général du commerce » (4).

La théorie des statuts écartée, la difficulté reste entière, et les deux autres systèmes que l'on propose alors se bornent, à ce qu'il nous semble du moins, à reproduire sous

(1) ANSALDUS, *de commercio e mercatura*. Disc. 38, n°° 31 et 32. LUCA, *de Cambiis*, disc. 32, n° 15. STRACCA, *de decoctoribus*, 3e p., n° 28.

(2) L'exequatur étant en tous cas nécessaire (2123, al. 4), le juge devrait-il se contenter d'examiner si les règles de la procédure ont été observées (BERTAULD, *Quest. prat.*. n°s 156 *bis*, 157 et 204), ou bien ne pourrait-il à son tour, connaître du fond de l'affaire et juger autrement que le tribunal étranger? AUBRY et RAU, t. I, § 31, notes 35 et 39.

(3) CASAREGIS, *de commercio*, disc. 130, n° 17. ROCCO, *diritto civ. int.*, 3e éd., Livourne, 3e p., ch. XXXI et *Rev. prat.*, XIX, pp. 124 à 141

(4) Conf. STELIAN, *La faillite*, pp. 169 et 170, LYON-CAEN et RENAULT. Précis, T. 2, n° 3140.

des noms nouveaux, les deux doctrines que nous venons de répudier. Quoiqu'il en soit, les uns invoquent le principe de l'« unité de la faillite », tandis que d'autres parlent de la « multiplicité des faillites »,

103. La théorie de l'« unité » — un seul juge compétent pour déclarer la faillite — se présente sous des apparences très séduisantes. M. Thaller (1), qui n'en est pas partisan, en fait le tableau suivant :

« Un seul agent pour mener de front la liquidation de tous les biens, un seul tribunal pour en surveiller l'exécution ». Concordance des solutions judiciaires : « On ne verra pas le même homme déclaré en faillite dans un pays et reconnu dans un autre à l'abri de son atteinte ; on ne verra pas deux masses de créanciers produisant dans deux masses de biens, obtenant deux dividendes de taux inégal, ou des habiles se faufilant dans deux groupes et arrivant à la faveur d'une confusion à se payer doublement ; on ne verra pas le concordat prévaloir à gauche, l'union à droite, en sorte que la condition du débiteur devienne tout simplement indéfinissable. Ajoutez que l'attraction exercée sur les centres accessoires permettra en outre à une seule loi de planer sur l'ensemble de la faillite et qu'on ne sera pas arrêté à tout instant par cette fastidieuse question : faut-il appliquer la législation du lieu où la valeur se trouve, ou bien celle du domicile principal (2) ? »

(1) *Op. cit.*, n° 224.

(2) En ce sens Glasson, *J. de Dr. int. priv.*, 1881, p. 126 et suiv. Esperson, *ibid.*, 1884, p. 376. Carle et Dubois, *loc. cit.*. Fiore, *op. cit.*, n° 305. Adde, Milan, 15 déc. 1876. S. 79, 2, 161, et divers arrêts des juridictions belges, V, *J. de Dr. int. priv.*, 1880, p. 87 et suiv., l'article de M. Humblet.

On nous pardonnera cette citation un peu longue qui donne une idée parfaitement exacte des anomalies auxquelles on arrive dans le système de la pluralité des faillites et que ne méconnaît pas l'un des partisans de ce système, anomalies qu'il faut pourtant subir car le principe de l'unité, une fois qu'on arrive à ses applications, fait naître des difficultés d'une nature encore plus grave, que nous allons indiquer :

Tout d'abord, la loi de la faillite ne saurait régir des biens ou des choses sises à l'étranger sur des territoires où la loi locale est d'ordre public. Des réserves sont donc dès maintenant nécessaires, et le traité franco-suisse de 1869 lui-même les a consacrées, v. art. 6, al. 5 (nous entendons parler principalement de l'organisation de la propriété foncière, des droits réels et privilèges qui grèvent le patrimoine).

Surgit d'autre part la grosse difficulté de l'autorité des jugements étrangers. La nécessité de l'exequatur est indiscutable (art. 2123, al. 4). Mais quel sera le rôle du juge ? On décide dans ce système que le jugement a l'autorité de la chose jugée en France, avant tout exequatur, et que l'exequatur ne devient nécessaire que pour l'exercice des *actes d'exécution* : le syndic pourrait de lui-même agir comme tel en France, pareil à une sorte de mandataire qui aurait reçu ses pouvoirs d'un acte rédigé dans la forme authentique, dessaisir le failli, annuler les actes frauduleux fait pas lui, faire cesser toutes mesures individuelles, s'apposer à ce qu'un second jugement déclaratif fût prononcé en France, etc.

Enfin pareille doctrine est-elle bien juste ? « N'est-il pas « permis de s'effrayer, dit l'avocat général Hemard (Cour « de Paris 7 mars 1878. S. 79, 2, 164), en pensant à la

« situation faite aux créanciers français d'un failli domi-
« cilié à l'étranger et dont l'actif devrait être concentré à « ce domicile ? Privés de la protection du pouvoir local, « ils seront obligés de s'adresser à un pouvoir étranger, ils « devront faire valoir leur droit à une distance souvent « considérable de leur domicile au prix de dépenses qui « grèvent une situation déjà compromise. Ils verront ainsi « tout l'actif qui leur avait inspiré confiance et qui était « leur gage émigrer vers les régions étrangères et échap-« per à leur surveillance. »

D'ailleurs qu'arrivera-t-il, si l'on ne peut s'entendre sur le véritable domicile du failli, et si deux tribunaux appartenant à deux pays différents revendiquent l'un et l'autre compétence exclusive pour déclarer la faillite ? L'affaire du Crédit foncier suisse est encore présente à toutes les mémoires (1).

104. Les inconvénients que nous venons de signaler ne se présentent pas dans le système de la multiplicité des faillites : mais comme dans ce système on en rencontre aussi de très sérieux — que nous avons d'ailleurs fait connaître — la jurisprudence française a voulu faire œuvre de conciliatrice, ce qui est parfois déplorable au point de vue du droit, sinon au point de vue de l'équité. Quoiqu'il en soit, tantôt nos tribunaux ouvrent une faillite en France sans avoir égard à celle qui aurait pu être déclarée par le juge étranger, tantôt ils délivrent l'exequatur à la requête du syndic étranger, paraissant ainsi reconnaître le caractère universel du jugement déclaratif.

(1) V. plus haut n° 23 p. 51. Comp. Nancy, 8 mai 1875. S. 76, 2, 137. Cass. Florence, 10 avril 1879, et sur renvoi Lucques, 9 avril 1880. S. 81, 2, p. 453 et 455.

Cependant la Jurisprudence justifie sa doctrine sur ce fait qu'un jugement étranger peut toujours, quel qu'il soit, faire l'objet d'un exéquatur (C. Proc. civ., art. 546), à moins que cet exéquatur n'ait pour effet d'entraver l'exécutiondu jugement déclaratif de faillite rendu en France. Voici d'ailleurs l'espèce dans laquelle est intervenue la décision qui nous paraît exposer le mieux le système de la jurisprudence : une société anglaise, *Hoffman and C^e^* avec siège social à Londres, et diverses succursales en Europe, dont une à Paris, fut déclarée en faillite par décision de la Cour des faillites de Londres en date du 21 mars 1876. M. White fut nommé administrateur des biens. Le 22 mars 1876 le tribunal de commerce de la Seine déclara en faillite la succursale sise à Paris et nomma M. Lamoureux syndic. Après avoir échoué dans son opposition au jugement du 22 mars 1876 (art. 580, C. com), M. White demanda au tribunal civil de la Seine de rendre exécutoire en France la décision du 21 mars 1876 rendue par le juge anglais; sa demande fut encore repoussée (26 juillet 1877).

« Attendu, dit le jugement du 26 juillet 1877, que la demande de White a pour but de lui permettre de prendre possession de l'actif existant en France de la faillite de Hoffmann qui avait un établissement commercial à Paris, n° 2 faubourg Poissonnière ; mais que cette demande ne peut être accueillie qu'autant qu'elle ne porterait pas atteinte au droit que les créanciers français tiendraient de faire prononcer eux-mêmes la faillite par la juridiction nationale.

« Attendu que l'exécution en France de la sentence de la Cour des faillites de Londres devant avoir pour conséquence de faire grief aux droits des créanciers français en ce qui concerne la faillite de leur débiteur, il en résulte qu'il n'y a lieu d'accorder l'exéquatur, alors surtout que Lamoureux, en sa qualité de syndic, a déjà procédé aux mesures préliminaires de la faillite, mesures que ne pouvait entraver la sentence étrangère qui, n'ayant pas été rendue exécutoire en France, était légalement sans efficacité. » (Confirmé par arrêt du 7 mars 1878. S. 79. 2, 164, D. R. A. Suppl. V. Faillite n° 1522, note 3.)

105. Le système de la jurisprudence arrive aux conséquences suivantes :

1. Les créanciers conservent, nonobstant la faillite déclarée à l'étranger, le droit de faire mettre en faillite la société étrangère par un tribunal français (1) ; ils conservent de même le droit individuel de la poursuivre devant les tribunaux (2).

2. La société reste en possession de ses biens sis en France, et cela tant que le tribunal français n'a pas lui-même prononcé la faillite ou rendu exécutoire la décision étrangère la prononçant. (La jurisprudence, nous allons le voir, a limité cette seconde conséquence de son système.)

3. Le syndic nommé par le juge étranger n'a aucune qualité légale pour agir en France. Cependant sur ce point la jurisprudence a fait un emprunt très saillant à la doctrine de « l'unité » de la faillite ; elle dit : « L'exequatur n'est pas plus nécessaire au jugement étranger pour permettre au

(1) Paris, 7 mars 1878, Bordeaux, 25 mars 1885, D. 88, 2, 290 et Paris, 10 novembre 1886, *ibid.*

(2) Paris, 12 novembre 1872, aff. *The impérial Land Company of Marseille* D. 74, 1, 168 : conf. quant au droit de pratiquer des saisies-arrêts, Paris, 13 août 1875. *J. de Dr. int. priv.*, 1877, p.40.

syndic d'exercer son mandat qu'il ne le serait pour un acte reçu par un officier public étranger qui constituerait un fondé de pouvoirs ou un mandataire privé ». Par suite elle autorise le syndic à faire en France tous actes conservatoires et même à plaider (1), à moins qu'il n'y ait contestation sur le fait de la déclaration de faillite ou sur le fait de la nomination du syndic, ou sur la date de la faillite (2).

Les auteurs (3), tout en reconnaissant les avantages pratiques de cette solution n'hésitent pas cependant à la critiquer comme non conforme aux principes en même temps que comme arrivant a des résultats contradictoires. Il est singulier de permettre au syndic de dépouiller en fait le débiteur qui juridiquement n'est pas dessaisi : aussi un certain nombre de décisions sont elles contraires (4).

Les pouvoirs du syndic se borneraient alors au droit de poursuivre devant le tribunal français l'obtention de l'exéquatur (5).

(1) Civ. rej. 23 juin 1870. D. 71, 1, 294. Paris, 7 mars 1878, Paris 16 juin 1887, *Ann. de Dr. comm.*, 1888, 1, 36.

(2) V. Trib. civ. de la Seine 21 décembre 1877, *J. de Dr. int. priv.* 1878, p. 376.

(3) LYON-CAEN et RENAULT, Précis, t. 2, nº 3139. THALLER, *op. cit.*, 2, n· 231.

(4) Cass., 29 août 1826, S. 26, 1, 673. Seine, 23 mai 1872 et Paris 31 janvier 1873. S , 74. 2, 23. 8 juillet 1880, *J. de Dr. int. priv.*, 1880, p. 581. · Paris, 30 novembre 1886, *Loi* du 24 décembre 1886, etc.

(5) Quelle est la situation des créanciers français vis-à-vis d'un concordat intervenu à l'étranger ? Pas de question s'ils y ont adhéré, ils sont liés comme par un contrat. LYON-CAEN et RENAULT *ibid* n· 3144, Toulouse, 4 février 1886, *J. de Dr. int priv.* 1885, p. 332. Difficultés, au contraire, s'il n'y a pas eu adhesion. D'après les uns, il serait impossible que le jugement étranger homologant le concordat produisît par lui-même des effets en France : bien plus, il serait impossible qu'un tribunal français lui donnât l'exé-

106. Les diverses difficultés que nous venons d'étudier ne se présentent pas au cas où il est intervenu entre la France et tel ou tel pays étranger un traité ayant pour effet de déterminer quel juge est compétent pour prononcer la faillite en même temps que les effets du jugement déclaratif. La convention-franco suisse du 15 juin 1869, dont nous avons déjà eu l'occasion de nous occuper, est l'un de ces traités. Voici le texte des articles qui se réfèrent à la question qui nous occupe en ce moment :

Article 6 : « La faillite d'un Français ayant un établissement de commerce en Suisse pourra être prononcée par le tribunal de sa résidence (1) en Suisse, et réciproquement celle d'un Suisse ayant un établissement de commerce en France, pourra être prononcée par le tribunal de sa résidence en France (2).

quatur, parce qu'il faut, pour se prononcer sur l'homologation d'un concordat, connaître parfaitement la moralité du failli, les chances de réussite de l'entreprise, les conditions dans lesquelles la faillite est intervenue, et que, dit-on, le jugement étranger ne peut donner à cet égard que des renseignements insuffisants. MASSÉ, t. 2, n° 311, THALLER, n° 235, p. 377. Dans le système de l'universalité de la faillite, le concordat n'a pas besoin d'être rendu par lui-même exécutoire ; il l'est naturellement si le jugement déclaratif l'a été, car il est la suite de celui-ci (CARLE et DUBOIS, p. 108). L'opinion générale est que le concordat ne peut produire d'effet en France que si le jugement étranger qui l'a homologué a été rendu exécutoire en France. Conf. trib de com. de la Seine, 6 mars 1886, *J. des trib. de com.*, 1887, p. 175, LYON-CAEN et RENAULT, *loc. cit.*

(1) L'expression « résidence » a été critiquée comme peu précise : si on la rapproche du commencement de la phrase, il paraît naturel de penser que les H.P.C. ont eu en vue le tribunal de l'établissement commercial. V. BROCHER, *Comm. du traité franco-suisse*, p. 66.

(2) Comment connaîtra-t-on l'établissement ? A notre avis, cet

« La production du jugement de faillite dans l'autre pays donnera au syndic ou représentant de la masse, après toutefois que le jugement aura été déclaré exécutoire, conformément aux règles établies en l'article 16 (1), le droit de réclamer l'application de la faillite aux biens meubles et immeubles que le failli possédera dans ce pays ».

« En ce cas, le syndic pourra poursuivre contre les débiteurs le remboursement des créances dues au failli ; il poursuivra également, en se conformant aux lois du pays de leur situation, la vente des biens meubles et immeubles appartenant au failli.

« Le prix des biens meubles et les sommes et créances recouvrées par le syndic dans le pays d'origine du failli seront joints à l'actif de la masse chirographaire du lieu de la faillite et partagés avec cet actif sans distinction de nationalité entre tous les créanciers, conformément à la loi du pays de la faillite.

« Quant au prix des immeubles, la distribution entre les ayants droits en sera régie par la loi du pays de leur situation. En conséquence les créanciers français ou suisses

établissement se trouve là où est le siège social, de sorte que, suivant nous, les sociétés suisses, c'est-à-dire celles qui ont leur siège social en Suisse, ne pourront être mises en faillite que par un tribunal suisse, alors même qu'elles feraient des affaires considérables en France, sauf le cas, cependant, où le siège social serait fictif, comme cela est arrivé dans l'affaire du Crédit foncier suisse, V. *Conseil fédéral de Berne*, 20 janvier 1875. D. 75, 2, 169, *J. de Dr. int. priv.*, 1875, p. 80.

(1) L'art. 16 décide que « l'autorité saisie de la demande d'exécution n'entrera point dans la discussion du fond de l'affaire », elle devra seulement examiner si le juge qui a rendu la décision était compétent, si le défendeur a été régulièrement assigné, si l'exécution du jugement en France ne violera pas l'ordre public de ce pays, v. Lyon, 19 mars 1880. *J. de Dr. int. priv.*, 1881, p. 255.

qui se seront conformés aux lois du pays de la situation des immeubles pour la conservation de leurs droits de privilège ou d'hypothèque sur les dits immeubles seront, sans distinction de nationalité, colloqués sur le prix des biens au rang qui leur appartiendra, d'après la loi du pays de la situation des dits immeubles ».

107. Par application des règles de ce traité, les créanciers d'une société suisse ayant une succursale en France doivent, pour la faire mettre en faillite, s'adresser au tribunal suisse : à plus forte raison ne peuvent-ils pas demander au juge français la faillite de la succursale française lorsque celle du siège social a déjà été prononcée par le juge suisse (1).

En présence des termes très nets de l'art. 6, al. 2, on a douté que le syndic suisse pût agir en France avant d'avoir obtenu l'exequatur. Bien qu'on arrive ainsi à accorder au syndic suisse moins de pouvoirs qu'on n'en reconnaît aux syndics des autres pays (2), on décide en général qu'il faut s'incliner devant les dispositions si formelles du traité. On fait remarquer d'ailleurs que la jurisprudence aujourd'hui dominante, quoique déjà constituée par un certain nombre d'arrêts bien avant 1869 (3), n'a peut-être pas été reconnue par le traité de cette époque comme juridiquement fondée (4).

(1) Conf. Cass., 17 juillet 1882. D. 83, 1, 65. *J. de Dr. int. priv.*, 1882, p. 370 cassant un arrêt de la Cour de Paris du 8 juin 1880 *J. de Dr. int. priv.*, 1880, p. 581.

(2) V. plus haut, n° 105

(3) Bordeaux, 10 février 1824. S. 1824, 2, 119. Aix, 8 juillet 1840. S. 41, 2, 263, Bordeaux, 21 déc. 1847. S. 48, 2, 228. Paris, 23 mars 1868. S. 69.2, 172. Cass. 30 nov. 1868. S. 69, 2, 267.

(4) Conf. Brocher. *Comment. du traité franco-Suisse*, p. 68.

La question a été discutée de savoir quel pouvait être l'effet, en France, d'un concordat homologué par un tribunal suisse. Pas de question, si les créanciers français y ont adhéré. Cette hypothèse écartée, quelle est la situation du tribunal français? La question s'est posée spécialement à l'occasion de la loi du 2 décembre 1880 du canton de Genève, qui autorise tout négociant empêché de satisfaire à ses engagements, à demander, pour éviter la déclaration de faillite, au tribunal de lui accorder un sursis pour prendre un arrangement amiable avec ses créanciers (V. *Ann. de législ. étrang.* 1880, p. 469 et suiv.).

D'après cette loi du 2 décembre 1880, le jugement de sursis arrête toutes mesures de coercition et poursuites contre le débiteur. Or, quelle est la situation des créanciers français en présence de ce jugement? Sont-ils tenus de ne plus poursuivre leur débiteur? Non! dit un jugement du tribunal de commerce de Nantes (1), lequel s'appuie sur ce fait que la convention du 15 juin 1869 ne vise que la faillite proprement dite et son mode d'exécution dans l'un et l'autre pays, et que l'état particulier où se trouve le Suisse ayant obtenu du juge un sursis concordataire étant tout différent de l'état de faillite, la loi de 1881 ne saurait obliger les Français, etc. (2).

LEMOINE. *Effets de jugements étrangers*, p. 264, Chambéry, 18 mars 1885. *J. des faillites*, 1885, p. 232.

(1) 10 mai 1884. *J. de Dr. int. priv.*, 1885, p. 179. *Aff. Soc. de Chantiers de la Loire c. Lloyd Suisse.*

(2) Un jugement du trib. civ. de la Seine (ch. du conseil, 21 nov 1883) a refusé l'exequatur a un jugement de sursis. Il nous paraît moins bien motivé que celui de Nantes, mais nous n'hésitons pas à l'approuver dans son dispositif.

Contra Stélian, p. 251, L. RENAULT. *Rev. crit.*, 1884, p. 733,

APPENDICE

DE LA CONDITION DES SOCIÉTÉS ÉTRANGÈRES D'ASSURANCES

I. *Au point de vue de l'existence en France.*

108. On sait que l'exploitation de l'assurance en général est soumise à un régime spécial plus ou moins rigou-

trib. de com. de Lyon, 4 mai 1882. *J. des faillites*, 1883, p. 543.

Nous avons répondu par avance (v. n. 64) à la question de savoir si les sociétés appartenant à certains pays étrangers dont les sujets jouissent en France du traitement de la nation la plus favorisée peuvent prétendre au régime organisé par le traité franco-suisse à l'occasion de la faillite.

reux, qui se justifie par le lien intime existant entre la prospérité de l'industrie de l'assurance et la prospérité publique elle-même.

La loi du 24 juillet 1867, sur les sociétés (art. 66), fait une distinction entre les diverses sociétés d'assurances : « Les associations de la nature des tontines et les sociétés d'assurances sur la vie, mutuelles ou à primes, restent soumises à l'autorisation et à la surveillance du gouvernement. Les autres sociétés d'assurances pourront se former sans autorisation. Un règlement d'administration publique déterminera les conditions dans lesquelles elles pourront être constituées ».

Ce règlement d'administration publique est celui du 22 janvier 1868; nous n'en dirons rien, sinon qu'il n'est manifestement applicable qu'aux sociétés françaises. Les sociétés étrangères d'assurances, quelle que soit leur organisation, à primes ou mutuelles, leur objet, assurances contre l'incendie, la grêle, les accidents, secours mutuels, assurances maritimes, du moment, en un mot, qu'elles ne font pas d'opérations fondées sur la durée plus ou moins longue de la vie humaine, bénéficient du régime de droit commun que nous avons étudié dans les chapitres précédents.

En ce qui concerne les sociétés d'assurances sur la vie, à primes ou mutuelles, au contraire, elles restent, nous venons de le voir, soumises à l'autorisation gouvernementale organisée par le Code de commerce de 1807 Cependant diverses difficultés sont nées relativement à l'étendue exacte d'application de l'article 66 : il est nécessaire de les indiquer ici rapidement, afin de bien montrer l'intérêt de la question que nous allons discuter tout à l'heure.

D'abord, on s'est demandé si l'article 66 avait en vue

seulement les sociétés anonymes ou bien encore les sociétés en commandite et par intérêts. Question peut-être plus théorique que pratique pour cette raison que les sociétés d'assurances sur la vie doivent se constituer pour une durée assez longue, nécessairement plus longue que la vie moyenne des hommes et que, par conséquent, la plupart des individus hésitent à remplir les fonctions de gérant dans une société en commandite ou par intérêts, dont les opérations ne pourront, pour la plupart, se liquider qu'après leur mort. A ce sujet, MM. Lyon-Caen et Renault, s'en tenant au texte même de l'article 66, estiment qu'il n'a en vue que les sociétés anonymes, ces sociétés étant les seules qui, avant 1867, avaient besoin d'une autorisation gouvernementale : ils déclarent en conséquence que, s'il s'agit de commandites par actions, la loi de 1867 leur est en tous points applicable (1). Cependant, l'opinion la plus admise, c'est qu'il convient de s'en rapporter plus à l'esprit qu'au texte de la loi qui paraît s'être proposé de protéger tous les assurés sur la vie, sous quelque forme que soit constituée la compagnie à laquelle ils s'adressent (2).

D'autre part, la nécessité de l'autorisation gouvernementale une fois admise pour toutes les sociétés, la question s'est présentée de savoir quelle est l'étendue exacte des droits du gouvernement. Est-il absolument libre d'admettre tous statuts qu'il lui plaît, ou bien doit-il exiger de ceux-ci qu'ils se soient au préalable mis en règle avec les lois sur les sociétés, principalement la loi de 1867 ? Certains

(1) LYON-CAEN et RENAULT. *Traité*, t. 2, n° 918.

(2) COUTEAU, *Traité des Assurances sur la vie*, t. 2, n° 227 ; HERBAUT, *Traité des Assurances sur la vie*, n° 83, etc. Conf. trav. prép. séance du 13 juin 1867, D. 67, IV, p, 122, note 3.

auteurs estiment que les pouvoirs de l'administration se limitent à *l'organisation de la surveillance de la société*, la *constitution* de celle-ci étant soumise exclusivement aux dites lois (1). La jurisprudence, au contraire, décide que le gouvernement est absolument libre (2). Sa doctrine nous paraît la préférable : il suffit en effet de lire l'art. 66 pour voir qu'il vise à la fois la constitution et le fonctionnement de la société : « l'autorisation » correspond à l'une, la « surveillance » correspond à l'autre de ces choses. Au surplus, sans que le décret d'autorisation s'exprime formellement sur ce point, les agissements frauduleux des administrateurs ne sont pas à l'abri de toutes poursuites judiciaires : ils restent passibles des peines de l'art. 405 du Code pénal relatif à l'escroquerie. A ceux qui trouveraient le remède insuffisant, on peut répondre que la surveillance du gouvernement a été jusqu'à ce jour assez active pour que des manœuvres frauduleuses à la charge de compagnies d'assurances françaises sur la vie aient été rarement relevées (3).

109. La condition juridique des compagnies françaises

(1) VAVASSEUR, *Tr. de Soc*, n° 1060, COUTEAU, *op. cit.*, t. 2, n° 228.

(2) Cass. crim rej, 28 nov. 1873, aff. JARRY, D. 74, 1. 441 : 9 mai 1879, aff. CASSIN, D. 79, 1, 315.

(3) MM. LYON-CAEN et RENAULT professent une opinion intermédiaire, qui, à vrai dire, ne nous paraît guère fondée. Ils choisissent parmi les dispositions de la loi de 1867, celles qui régissent les conséquences civiles et pénales des fautes des administrateurs et les déclarent applicables aux administrateurs de compagnies d'assurances sur la vie. Quant aux autres dispositions de la dite loi, ils estiment que la surveillance exercée par le gouvernement est suffisante pour assurer le bon fonctionnement de la société, *op. cit.*, t. 2, n. 919.

d'assurances sur la vie une fois rappelée, il convient maintenant de faire connaître celle des compagnies étrangères.

La question se poserait à peine, et il suffirait, pour y répondre, de se référer à ce que nous avons dit plus haut pour les sociétés étrangères en général, si l'on n'avait pas prétendu tirer argument de la situation légale particulière dans laquelle les compagnies françaises d'assurances sur la vie se trouvent par rapport aux autres sociétés de commerce. On a soutenu que les compagnies étrangères d'assurances sur la vie devaient être autorisées par le gouvernement français dans les termes où le sont nos compagnies sous peine de ne pouvoir prétendre à aucune existence juridique en France. M. Joseph Lefort, avocat à la Cour de cassation, dont les ouvrages font autorité en cette matière est le partisan le plus récent de cette doctrine (1). En ce qui nous concerne, nous refusons formellement de le suivre sur ce terrain. A vrai dire, toute son argumentation se résume dans cette idée, à savoir que l'article 66 de loi du 24 juillet 1867 est d'ordre public international. Or cette idée est des plus contestables ; il croit la justifier par la différence de régime qui peut exister entre nos compagnies d'assurances et les compagnies étrangères, différence susceptible de causer le plus grand dommage à ceux de nos compatriotes qui se sont laissés tenter par le bon marché des primes émises par celles-ci. Mais, nous l'avons vu, la

(1) *Condition juridique des compagnies étrangères d'assurances sur la vie en France, Recueil périodique des Assurances* 1890, p. 68 et suiv.; Conf. MALAPERT, *Les sociétés étrangères d'assurances sur la vie, le Droit* du 2 août 1880, COUTEAU, *Moniteur des Assurances,* 1882, p. 145. VAVASSEUR, *J. des Assurances* 1875, p. 150, *Messager de Paris,* 2 nov. 1892, HUMANN, *Rev. des Soc.* 1883, p. 485, 1885, p. 316.

loi française de 1857 a eu justement pour but de protéger les Français contre les socités appartenant à des pays aux lois commerciales insuffisamment rigoureuses. Si donc une société étrangère d'assurances sur la vie appartenant à un pays en faveur duquel il n'a pas été rendu de décret général d'autorisation fait des opérations avec des Français. elle se verra refuser l'accès de nos tribunaux lorsqu'elle agira comme demanderesse : Si, au contraire, nous nous trouvons en face d'une société autorisée à agir en France dans les termes de la loi de 1857 nous devons penser qu'il existe dans sa loi nationale des garanties équivalentes à celles qui se trouvent dans la nôtre, et que partout les Français peuvent s'adresser à elle avec une confiance, sinon absolue, au moins relative. Pour tout dire en un mot, la théorie de M. Lefort est en opposition certaine avec l'esprit de la loi de 1857.

MM. Lyon-Caen et Renault (1) font d'ailleurs remarquer que de 1857 à 1867 toutes les sociétés anonymes françaises étaient soumises à l'autorisation spéciale de notre gouvernement. Or à cette époque nul n'a jamais prétendu que les sociétés étrangères dussent se soumettre à la fois à l'autorisation générale de la loi de 1857 et à l'autorisation spéciale de l'article 37 du C. de commerce. Et pourtant, les raisons de fait qui décident MM. Lefort, Vavasseur, etc., se présentaient alors avec autant d'intensité. Depuis 1867, il n'est rien survenu dans nos lois qui puisse justifier une opinion différente (2).

(1) *Traité*, t. II, nº 1170.

(2) Conf. Meneau, *Les compagnies étrangères d'assurances sur la vie devant la loi française*, du même auteur, *les compagnies d'assurances sur la vie et l'art. 66 de la loi du 24 juillet 1867, La Loi* du 30 janvier et du 6 fév. 1881, Pascaud, *Rev. des*

Sur le terrain du droit, la doctrine de M. Lefort écartée, nous sommes les premiers à reconnaître qu'au point de vue des affaires, la lutte n'est pas égale entre nos compagnies d'assurances et les compagnies étrangères, principalement les compagnies américaines. Celles-ci, grâce au décret de 1882 qui a habilité sur notre territoire les sociétés commerciales des États-Unis de l'Amérique du Nord, font actuellement aux compagnies françaises une concurrence des plus sérieuses.

C'est ainsi que la compagnie la *Mutual Life*, qui, à en juger par les chiffres qu'elle accuse paraît bien la plus importante du monde (1) déclare avoir, rien qu'en France, à la date du 31 décembre 1896, pour 107.814.000 francs d'assurance en cours. Ce succès des compagnies américaines tient à plusieurs causes dont la principale est le système même de la mutualité employé par la plupart d'entre elles, tandis qu'en France le contrat d'assurance sur la vie constitue pour les sociétés qui le pratiquent une sorte d'exploitation dont les bénéfices sont répartis entre assurés et actionnaires, dans des proportions plus ou moins grandes (2).

Soc., 1889, p. 92, etc. Adde X. *Condition juridique des sociétés étrangères en France*, *Gaz des Trib.* 7 oct. 1888, X. *J. des Assurances*, 1892, p. 460. En fait, les compagnies françaises n'ont jamais paru croire à l'exactitude de la doctrine de M. Lefort, non plus que l'Administration qui ne s'est jamais opposée au fonctionnement en France des compagnies américaines, avant même qu'eût été rendu le décret de 1882 : la *New-York*, en effet, paraît-il, fait des affaires en France depuis 1869.

(1) Le 54e rapport annuel des administrateurs — qui se réfère à l'année 1896 — déclare pour quatre milliards 760 millions d'assurances en cours, et un fonds de garantie s'élevant à la somme de 1216 millions.

(2) Une autre cause du succès des compagnies américaines est

II. Au point de vue fiscal.

110. Les contrats d'assurance passés par les compagnies françaises sont soumis au paiement de deux impôts: le droit de timbre (l. du 5 juin 1850) et le droit d'enregistrement (l. du 23 août 1871).

En ce qui concerne la première de ces taxes, les articles 33 et 42 de la loi de 1850 exigent que « tout contrat d'assurance ainsi que toute convention postérieure contenant prolongation de l'assurance, augmentation dans la prime ou le capital assuré », soit rédigé sur papier timbré de dimension (1), afin d'assurer l'exécution de cette disposition, il est imposé aux compagnies de :

la différence du taux des placements en France et en Amérique. En revanche, on aurait tort de prétendre que la surveillance du gouverment français est une entrave au développement de nos compagnies. Les sociétés américaines, elles aussi, sont surveillées par le gouvernement de l'Etat auquel elles appartiennent, et cette surveillance, à en croire M. Chaufton, l'auteur d'un ouvrage sur les Assurances devenu classique, est des plus sérieuses.

Un procès retentissant s'est relevé récemment entre la compagnie française d'*Assurances générales sur la vie* et la *Mutual Life* : Celle-ci fut poursuivie devant le tribunal de la Seine en concurrence déloyale. Condamnée en première instance à 20.000 fr. de dommages-intérêts, elle vit en appel cette condamnation portée à la somme de 25.000 fr. Trib. civ. de la Seine (1e ch.) 16 fév. 1895. *J. des Ass.* 1895, p. 106, Cour de Paris (2e ch.), 23 juin 1896, *ibid.* 1896, p. 240. L'un des griefs articulés contre la *Mutual Life* fut d'avoir fait croire dans ses prospectus que le décret du 6 août 1882 lui était tout spécial, et que par lui elle avait été juridiquement placée sur le même rang que toutes les compagnies françaises. V. plus haut no 53 p. 114 note 1.

(1) La loi du 29 déc. 1884, art. 8, a remplacé cette exigence par celle de l'abonnement obligatoire, et cela pour toutes sortes d'assurances (sauf les sociétés d'assurances agricoles). Le droit est

1° Faire au bureau d'enregistrement du lieu où elles ont leur principal établissement une déclaration constatant la nature de leurs opérations, le nom de leur directeur (art. 34 et 43) ;

2° Tenir, au lieu de leur établissement, un répertoire sommaire dispensé du timbre, mais soumis à la cote, au paraphe et au visa du juge, et sur lequel sont rapportées, par ordre de numéro, toutes les assurances faites ainsi que les conventions les prorogeant, augmentant le montant de la prime ou du capital assuré (art. 35 et 44).

En outre, les préposés de l'administration ont le droit de se faire communiquer les polices.

La nécessité de faire enregistrer les contrats d'assurances résulte de la loi du 22 frimaire, an VII, article 62, § 2, n° 2 : toutefois, il convient de distinguer ici, comme en bien d'autres matières, suivant que lesdits contrats sont passés dans la forme authentique ou sous signature privée. Dans le premier cas, un certain délai est imparti à l'officier ministériel rédacteur, pour faire procéder à l'enregistrement. Rien de pareil dans le second cas et le droit n'est exigible qu'au jour d'une production en justice ou devant une autorité constituée (même loi, art. 23).

Des modifications ont été apportées à ces principes par la loi du 23 août 1871, article 6, en ce qui concerne les contrats d'assurances contre l'incendie et d'assurances maritimes. Désormais, pour ces contrats, nulle distinction à faire suivant la forme de l'acte. L'enregistrement se perçoit sous la forme d'une taxe annuelle proportionnée au montant de la police et variant suivant la nature de l'as-

proportionné au capital assuré ou aux primes versées suivant qu'il s'agit d'assurances contre l'incendie ou d'assurances sur la vie.

surance, moyennant laquelle taxe, la formalité de l'enregistrement est donnée gratis toutes les fois qu'elle est est requise.

Cependant les impôts que nous venons d'indiquer ne concernent pas que les sociétés françaises. L'article 7 de la loi de 1871 les a étendus avec toute leur organisation aux compagnies étrangères qui ont un « établissement ou une succursale en France », et le décret du 25 novembre 1871, article 10, impose à celle-ci de : avant toute opération ou déclaration, faire agréer par l'administration de l'enregistrement un représentant français personnellement responsable des droits et amendes. C'est ce représentant qui fera les déclarations prévues par les articles 34 et 43 de la loi de 1850.

Les compagnies étrangères qui contracteront à l'étranger des assurances contre l'incendie relatives à des immeubles sis en France ou à des valeurs appartenant à des Français ne nous paraissent pas obligées de les mentionner sur les registres qu'elles doivent tenir au lieu de leur succursale en France ; suivant nous, les compagnies françaises n'y seraient pas non plus obligées, le droit d'enregistrement n'est donc pas exigible aussitôt la police signée comme cela arrive pour les contrats conclus en France ; mais la loi estime qu'il est dû et elle décide qu'il doit être payé intégralement (8 0/0 du montant de la prime multiplié par le nombre d'années pour lesquelles l'assurance est conclue) avant tout usage en France, sous peine d'aggravation (l. 1871, art. 8). Quant aux contrats passés dans les conditions ci-dessus relativement à des immeubles ou meubles sis à l'étranger, ils n'ont — est-il besoin de le dire — aucun titre à figurer sur les livres des succursales téablies en France et le Trésor ne perçoit un droit à leur occasion que le jour où ils sont produits en France (8 0/0 du montant des primes restant à payer, l. 1871, art. 9). Les règles sont les mêmes pour les assurances maritimes, il n'y a que le montant du droit qui diffère (V. art. 8 et art. 6).

En ce qui concerne les assurances sur la vie conclues par les compagnies étrangères, il suffit de se reporter aux principes que nous avons rappelés plus haut. Le droit d'enregistrement n'est dû qu'en cas de production en France ou de rédaction par acte authentique: le droit de timbre n'est exigible que si le contrat a été passé avec une succursale établie en France, celui-ci figurant dès lors sur les livres de la société institués par la loi de 1850.

Les sommes payées à des Français ou à des étrangers domiciliés en France par des compagnies d'Assurances étrangères sont passibles des droits de mutation par décès (se reporter à ce que nous avons dit plus haut n° 76, texte, et note de la page 163).

Disons, pour terminer, qu'il paraît certain que l'Administration, a à l'égard des compagnies étrangères d'assurances, le droit d'exiger la communication « des polices et autres documents énumérés dans l'article 22 de la loi du 23 août 1871, afin que ces agents, s'assurent de l'exécution des lois sur l'enregistrement et le timbre » (loi du 21 juin 1875, art 7) (1).

(1) Conf. concl. de M. l'avocat général Desjardins, aff. du *Phenix Espagnol*, Cass. 17 janv. 1888, D. 88, 1, 409, Jobit, *op. cit.*, n° 344.

TABLE ANALYTIQUE DES MATIÈRES

CHAPITRE II

De la loi française du 30 mai 1857.

CHAPITRE TROISIÈME

Des lois applicables aux sociétés étrangères qui fonctionnent en France.

CHAPITRE QUATRIÈME

Condition juridique des sociétés étrangères non autorisées.

CHAPITRE CINQUIÈME

De la faillite des sociétés étrangères.

APPENDICE

De la condition des sociétés étrangères d'assurances.

Orléans. — Imp. G. MORAND, 47, rue Bannier.

www.ingramcontent.com/pod-product-compliance
Ingram Content Group UK Ltd.
Pitfield, Milton Keynes, MK11 3LW, UK
UKHW031837260826
14628UKWH00001B/432

9 782014 021400